ERSHOUCHE
JIANDING
YU
PINGGU

依据新专业教学标准

"十四五"职业教育国家规划教材

高等职业教育汽车营销与服务专业
新形态一体化教材

# 二手车鉴定与评估

班孝东　编著

中国教育出版传媒集团

高等教育出版社·北京

## 内容简介

本书是"十四五"职业教育国家规划教材，由"十三五"职业教育国家规划教材复核而成。全书共分五个项目，主要内容包括二手车照片拍摄、车辆静态检查、车辆动态检查、特殊车况勘验和二手车评估的其他知识。每个项目下设若干任务，每个任务包括任务描述、相关知识、任务实施、学习小结以及课后思考五个部分，还会穿插验车时手记、拓展知识等拓展环节。

本书重点/难点的知识点/技能点配有微课等丰富的数字化资源，视频类资源可通过扫描书中二维码在线观看，学习者也可登录智慧职教（www.icve.com.cn）搜索课程"二手车鉴定与评估"进行在线学习。

本书适合作为高等职业院校汽车技术服务与营销专业学生的教学用书，也可作为二手车销售人员及对二手车鉴定与评估感兴趣的人员的学习用书。

授课教师如需要本书配套的教学课件等资源或是有其他需求，可发送邮件至邮箱 gzjx@pub.hep.cn 获取。

## 图书在版编目（CIP）数据

二手车鉴定与评估/班孝东编著. -- 北京：高等教育出版社，2019.11（2024.8重印）
ISBN 978-7-04-052833-6

Ⅰ. ①二… Ⅱ. ①班… Ⅲ. ①汽车-鉴定-高等职业教育-教材②汽车-价格评估-高等职业教育-教材 Ⅳ. ①U472.9 ②F766

中国版本图书馆CIP数据核字（2019）第216177号

| | | | | | |
|---|---|---|---|---|---|
| 策划编辑 | 张值胜 | 责任编辑 姚 远 张值胜 | 封面设计 姜 磊 | 版式设计 | 杜微言 |
| 插图绘制 | 黄云燕 | 责任校对 王 雨 | 责任印制 赵义民 | | |

| | | | |
|---|---|---|---|
| 出版发行 | 高等教育出版社 | 网　　址 | http://www.hep.edu.cn |
| 社　　址 | 北京市西城区德外大街4号 | | http://www.hep.com.cn |
| 邮政编码 | 100120 | 网上订购 | http://www.hepmall.com.cn |
| 印　　刷 | 北京中科印刷有限公司 | | http://www.hepmall.com |
| 开　　本 | 787mm×1092mm 1/16 | | http://www.hepmall.cn |
| 印　　张 | 14.25 | | |
| 字　　数 | 310千字 | 版　　次 | 2019年11月第1版 |
| 购书热线 | 010-58581118 | 印　　次 | 2024年8月第8次印刷 |
| 咨询电话 | 400-810-0598 | 定　　价 | 39.80元 |

本书如有缺页、倒页、脱页等质量问题，请到所购图书销售部门联系调换
版权所有　侵权必究
物　料　号　52833-A0

# "智慧职教"服务指南

"智慧职教"(www.icve.com.cn)是由高等教育出版社建设和运营的职业教育数字教学资源共建共享平台和在线课程教学服务平台,与教材配套课程相关的部分包括资源库平台、职教云平台和App等。用户通过平台注册,登录即可使用该平台。

● 资源库平台:为学习者提供本教材配套课程及资源的浏览服务。

登录"智慧职教"平台,在首页搜索框中搜索"二手车鉴定与评估",找到对应作者主持的课程,加入课程参加学习,即可浏览课程资源。

● 职教云平台:帮助任课教师对本教材配套课程进行引用、修改,再发布为个性化课程(SPOC)。

1. 登录职教云平台,在首页单击"新增课程"按钮,根据提示设置要构建的个性化课程的基本信息。

2. 进入课程编辑页面设置教学班级后,在"教学管理"的"教学设计"中"导入"教材配套课程,可根据教学需要进行修改,再发布为个性化课程。

● App:帮助任课教师和学生基于新构建的个性化课程开展线上线下混合式、智能化教与学。

1. 在应用市场搜索"智慧职教 icve"App,下载安装。

2. 登录App,任课教师指导学生加入个性化课程,并利用App提供的各类功能,开展课前、课中、课后的教学互动,构建智慧课堂。

"智慧职教"使用帮助及常见问题解答请访问 help.icve.com.cn。

# 配套资源索引

| 序号 | | 资源标题 | 页码 | 序号 | | 资源标题 | 页码 |
|---|---|---|---|---|---|---|---|
| 1 | 拓展视频 | 二手车概述 | 1 | 18 | 微课视频 | 发动机舱勘验 | 39 |
| 2 | 拓展视频 | 二手车购买的影响因素 | 1 | 19 | 图片 | 轿车翼子板外侧和内侧颜色 | 42 |
| 3 | 拓展视频 | 二手车拍照概述 | 2 | 20 | 图片 | 发动机舱部件内漆颜色不同 | 43 |
| 4 | 微课视频 | 二手车拍照的技术要求 | 2 | 21 | 图片 | 发动机舱盖折页与安装螺栓拆卸痕迹分析 | 44 |
| 5 | 图片 | 强光下拍摄,车身光泽与颜色效果差 | 3 | 22 | 微课视频 | 散热器框架勘验 | 46 |
| 6 | 拓展视频 | 二手车拍照实例 | 15 | 23 | 微课视频 | 纵梁概述 | 51 |
| 7 | 微课视频 | 车身线条检查 | 19 | 24 | 拓展视频 | 纵梁修复实例 | 52 |
| 8 | 微课视频 | 漆面质量检查 | 21 | 25 | 微课视频 | 发动机漏油勘验 | 58 |
| 9 | 图片 | 汽车油箱盖与车身颜色 | 22 | 26 | 微课视频 | 发动机拆修痕迹勘验 | 61 |
| 10 | 图片 | 漆面修复时油漆的调配和喷涂工艺造成的差异 | 23 | 27 | 微课视频 | 发动机磨损的检查 | 65 |
| 11 | 图片 | 通过各种缺陷可以判断修复痕迹 | 23 | 28 | 图片 | 机油状态分析过程 | 68 |
| 12 | 微课视频 | 检查飞漆 | 25 | 29 | 图片 | 不同质量的机油在滤纸上的扩散状态 | 69 |
| 13 | 图片 | 车门黑色内饰表面粘着白色油漆 | 25 | 30 | 微课视频 | 侧围与焊点检查 | 73 |
| 14 | 图片 | 维修过程中形成的飞漆 | 27 | 31 | 拓展视频 | 侧围拆换实例 | 73 |
| 15 | 图片 | 修理工在清理飞漆 | 27 | 32 | 微课视频 | B柱、C柱的勘验 | 77 |
| 16 | 图片 | 后保险杠与黑色塑料板间的缝隙中有轻微的飞漆痕迹 | 28 | 33 | 微课视频 | 车门勘验 | 86 |
| 17 | 图片 | 该车保险杠左前照灯下沿位置的边缘,油漆不平滑 | 28 | 34 | 微课视频 | 仪表台的勘验 | 90 |

续表

| 序号 | 资源标题 | | 页码 | 序号 | 资源标题 | | 页码 |
| --- | --- | --- | --- | --- | --- | --- | --- |
| 35 | 微课视频 | 座椅勘验 | 94 | 43 | 微课视频 | 车辆动态检查概述 | 152 |
| 36 | 微课视频 | 安全带检查 | 98 | 44 | 拓展视频 | 车辆动态检查实例 | 161 |
| 37 | 微课视频 | 后翼子板的知识 | 116 | 45 | 微课视频 | 事故车排查 | 164 |
| 38 | 拓展视频 | 后翼子板更换实例 | 116 | 46 | 微课视频 | 拼接车的勘验 | 171 |
| 39 | 微课视频 | 行李舱底板知识 | 121 | 47 | 微课视频 | 浸水车的勘验 | 175 |
| 40 | 拓展视频 | 后围板勘验 | 124 | 48 | 微课视频 | 油漆厚度检验 | 202 |
| 41 | 微课视频 | 轮胎勘验 | 145 | 49 | 拓展视频 | 事故车的判定依据 | 215 |
| 42 | 拓展视频 | 车辆底部勘验实例 | 150 | | | | |

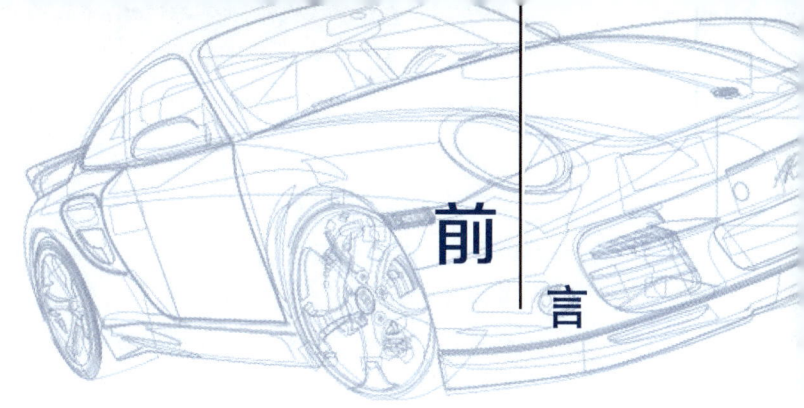

# 前言

　　汽车产业是国民经济中重要的战略性、支柱性产业，是稳增长、促消费的重要领域。保证二手汽车的销售、流通是促进汽车产业更新、发展的重要的一环。商务部统计显示，2021年，我国汽车保有量已超过3亿辆。但是全年二手汽车交易量为1 759万辆，不到汽车保有总量的6%，远低于国际成熟汽车市场比例。

　　党的二十大报告中指出："到二〇三五年，我国发展的总体目标是：经济实力、科技实力、综合国力大幅跃升，人均国内生产总值迈上新的大台阶，达到中等发达国家水平；基本实现新型工业化、信息化、城镇化、农业现代化""二〇三五年到本世纪中叶将我国建成富强民主文明和谐美丽的社会主义现代化强国"。由此可以预见，随着国民经济的进一步发展，未来我国的汽车产业以及二手汽车行业将有更为广阔的发展空间。

　　为搞活二手汽车的流通，扩大汽车消费，2022年，商务部会同工业和信息化部、住房和城乡建设部等16部门发布了《关于搞活汽车流通 扩大汽车消费的若干措施》，要求各地区严格落实在全国范围取消对符合国五排放标准的小型非营运二手汽车的迁入限制的要求，促进二手汽车自由流通，便利企业跨区域经营，方便群众异地买卖二手汽车。但是在实践中，二手汽车商品属性不明确、经销商业务能力不足、二手汽车车况不透明，而二手检验技术和二手汽车从业人员素质等也是阻碍二手汽车行业发展的现实因素。

　　受利益驱动，二手汽车交易过程中也时常出现将"严重事故车""水淹浸泡车""故障车"或者"拼装车"等冒充精品车的不诚信行为。汽车作为经济价值高、结构复杂大型商品，普通消费者对汽车了解和检查能力较弱，对车况、性能以及是否为事故车等无法进行有效辨识。消费者购置的二手汽车一旦存在质量问题或者事故隐患，不仅涉及后续保养和维修的花费，还影响到车辆的驾驶操控及行车安全。这些因素成为影响二手汽车消费的一大痛点。

　　随着二手汽车交易的日益增多，以及更多的结构复杂、技术精密的高端车型流入二手汽车市场，二手汽车检测和评估技术越来越受到二手汽车交易双方的重视。二手汽车评估涉及车辆使用知识、车辆故障诊断和维修技能以及事故车修复技术等多方面知识的综合运用，对人员的专业基础和技术能力要求较高。因此，如果有专业机构对车况进行全面、准确的勘验，出具客观的评估意见，使得消费者对车况知情，这将对提升二手汽车交易和维护市场秩序带来深远的影响。

本书响应党的二十大报告中关于"职业教育、高等教育、继续教育协同创新，优化职业教育类型"的号召，结合编者多年的汽车后市场从业经历及对汽车职业教育现状和未来发展的思索，对素材和内容进行调整，力争从形式上和内容上符合"就业战略""使人人都有通过勤奋劳动实现自身发展的机会""健全终身职业技能培训制度"等指导思想。

本书在结合汽车结构原理、故障诊断以及汽车维修、保养和事故车修复等知识基础上，系统讲解二手汽车检测评估的基本技能和关键技术。全书内容细分为二手车照片拍摄、车辆静态检查、车辆动态检查、特殊车况勘验以及二手车评估的其他知识五个项目。每个项目采用模块化编排，并配套课堂练习和课后拓展知识，针对各知识点配备丰富的视频资源，实现理论讲解、知识训练、实践演示立体化呈现，以此强化读者的知识运用能力，并让读者掌握独立分析和思考问题的能力。

本书内容结合大量实车评估图片，配合完整的车辆评估案例，并注重评估经验的总结，图文并茂、通俗易懂。本书内容能够满足高等院校、高等职业院校二手汽车评估相关课程的教学需求，也对二手汽车交易评估人员业务技能的提升有一定借鉴意义。本书在编写过程受到"汽车之家"网站、"验车帮"公众号以及其他媒体或同行的大力支持，在此一并表示感谢。

编者<br>2022 年 11 月

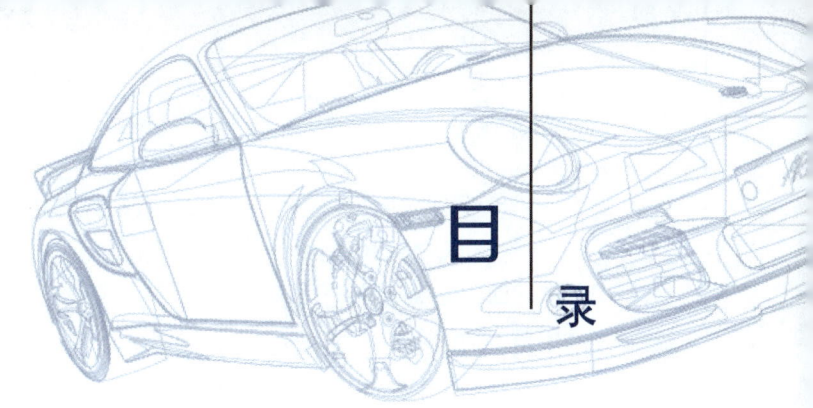

# 目录

| 项目一　二手车照片拍摄 | 1 |
|---|---|
| 知识目标 | 1 |
| 能力目标 | 1 |
| 项目简介 | 1 |
| 任务一　二手车拍照基本要素体验 | 2 |
| 任务描述 | 2 |
| 相关知识 | 2 |
| 一、光照条件 | 2 |
| 二、场地选择 | 3 |
| 三、画面布局 | 4 |
| 四、拍摄角度 | 4 |
| 任务实施 | 6 |
| 学习小结 | 7 |
| 课后思考 | 7 |
| 任务二　拍摄顺序和流程 | 7 |
| 任务描述 | 7 |
| 相关知识 | 7 |
| 一、车身外观拍摄 | 8 |
| 二、驾驶室内拍摄 | 10 |
| 三、发动机舱拍摄 | 12 |
| 四、车辆底部拍摄 | 13 |
| 任务实施 | 14 |
| 学习小结 | 15 |
| 课后思考 | 15 |

| 项目二　车辆静态检查 | 16 |
|---|---|
| 知识目标 | 16 |
| 能力目标 | 16 |
| 项目简介 | 16 |
| 任务一　车辆外观勘验 | 19 |
| 任务描述 | 19 |
| 相关知识 | 19 |
| 一、车身线条勘验 | 19 |
| 二、漆面质量检查 | 21 |
| 三、测量油漆厚度 | 24 |
| 四、检查飞漆 | 25 |
| 五、检查缝隙及胶条 | 29 |
| 拓展知识 | 30 |
| 一、更换风窗玻璃 | 30 |
| 二、汽车油漆知识 | 33 |
| 三、离车喷涂 | 34 |
| 四、就车喷涂 | 36 |
| 任务实施 | 38 |
| 学习小结 | 38 |
| 课后思考 | 39 |
| 任务二　发动机舱勘验 | 39 |
| 任务描述 | 39 |
| 相关知识 | 40 |
| 一、发动机舱零件认知及检测流程 | 40 |

二、发动机舱外围部件检查　40
　　三、发动机舱结构件检查　49
　　四、发动机勘验　58
　拓展知识　67
　　一、密封胶知识及查验密封胶　67
　　二、机油品质检查　68
　任务实施　69
　学习小结　70
　课后思考　70
任务三　车身中部勘验　70
　任务描述　70
　相关知识　71
　　一、中段车身骨架勘验　71
　　二、车门勘验　86
　　三、内饰检查　89
　　四、玻璃勘验　101
　拓展知识　104
　　一、拆装内饰用工具　104
　　二、车身焊接　105
　任务实施　113
　学习小结　113
　课后思考　114
任务四　后部车身勘验　114
　任务描述　114
　相关知识　115
　　一、后翼子板勘验　115
　　二、行李舱盖勘验　117
　　三、后保险杠勘验　118
　　四、后纵梁勘验　119
　　五、行李舱底板勘验　120
　　六、后减振器塔勘验　122
　　七、后围板勘验　124
　　八、车身后部维修痕迹勘验
　　　　实例　125
　任务实施　130
　学习小结　130
　课后思考　131

任务五　汽车底部勘验　131
　任务描述　131
　相关知识　131
　　一、底盘勘验　131
　　二、护罩和渗漏勘验　133
　　三、检查万向节　135
　　四、减振器勘验　138
　　五、核实底部事故　139
　　六、检查制动　142
　　七、轮胎勘验　144
　　八、底部其他检查项目　148
　任务实施　150
　学习小结　151
　课后思考　151

项目三　车辆动态检查　152

　知识目标　152
　能力目标　152
　项目简介　152
　任务一　发动机和底盘的路试
　　　　　检查　153
　　任务描述　153
　　相关知识　153
　　　一、发动机工作性能检查　153
　　　二、底盘的路试检查　154
　　任务实施　156
　　学习小结　157
　　课后思考　157
　任务二　自动变速器的勘验和
　　　　　路试后整车检查　157
　　任务描述　157
　　相关知识　158
　　　一、自动变速器的路试　158
　　　二、车辆路试后检查　160
　　任务实施　161
　　学习小结　162

课后思考　　162

## 项目四　特殊车况勘验　　163

知识目标　　163
能力目标　　163
项目简介　　163
任务一　事故和拼接车排查　　164
　　任务描述　　164
　　相关知识　　164
　　　一、事故车勘验　　164
　　　二、拼接车的辨识　　171
　　任务实施　　174
　　学习小结　　174
　　课后思考　　175
任务二　浸水车和火烧车的排查　　175
　　任务描述　　175
　　相关知识　　175
　　　一、浸水车辆勘验　　175
　　　二、火烧车辆勘验　　191
　　任务实施　　194
　　学习小结　　195
　　课后思考　　195

## 项目五　二手车评估的其他知识　　196

知识目标　　196
能力目标　　196
项目简介　　196
任务　二手车勘验常用工具和辅助方法　　197
　　任务描述　　197
　　相关知识　　197
　　　一、汽车电控系统检测　　197
　　　二、蓄电池检查　　198
　　　三、油漆测厚仪　　201
　　　四、制动液检测　　205
　　　五、冰点检查　　206
　　　六、查询车辆保养及事故记录　　207
　　　七、零部件编号　　208
　　　八、事故车的判定依据　　210
　　　九、鉴定调表车　　211
　　任务实施　　214
　　学习小结　　215
　　课后思考　　215

# 项目一
## 二手车照片拍摄

**工匠精神篇**

实践中你会感受到，即使是人人都会的手机拍照，要想拍好也是需要一定的技巧的。每一个效果好的图片，每一个漂亮的场景，都是拍摄者光影运用和场景构思的结果。唯有去推敲、去思考，才会有领悟；也唯有熟才能生巧！小事体现态度，细节决定成败。工匠精神往往都是以极致作为目标，脚踏实地，从细节去把握事物的精髓。

### 知识目标

1. 了解二手车拍照的作用和意义。
2. 掌握二手车拍照的基本要求。
3. 掌握二手车拍照的顺序。

### 能力目标

1. 能够拍摄画面布局合理、清晰度高、主题清楚的高质量二手车照片。
2. 能够正确读懂他人拍摄的二手车照片。

### 项目简介

传统车商收购二手车后，经过检测、整备、清洁后停放在展厅或者销售场地，供顾客现场看车。面对实车，客户能直观地感受到车辆的成色，选中后即可完成交易。

在当今的网络时代，更多的车辆信息是在线上发布，通过互联网等媒体以图片及文字的形式推送或介绍车辆信息。客户浏览车辆信息后，会对感兴趣的车辆进行基本的对比分析，对于有购买意向的车辆，消费者会来店进一步检验及挑选车辆。

由此看来，网上发布的每辆二手车的图片效果特别重要，因为这不仅能够很好地展示车辆，同时能够对经销商自身实力和品牌进行宣传，让消费者认可公司，网上展示是一个很好的集客和宣传的过程。大的二手车公司和二手车交易平台非常重视网上的宣传。

如何拍一张能真实反映车辆情况的好照片，提高车辆认可度，是网络宣传中很重要的一个环节，如图1-1所示。为了更好地体现差异化营销，一些大型的二手车交易平台特别重视对在其网站发布的车辆照片的内容和形式进行规范，做到真实与亮点的统一。

二手车交易和评估人员掌握二手车拍照和展示的知识是最基本的工作能力。

拓展视频
二手车概述

拓展视频
二手车购买的影响因素

拓展视频
二手车拍照
概述

图1-1 某网站车辆外观照片（截图）

## 任务一　二手车拍照基本要素体验

### 任务描述

高质量的二手车展示照片，应使车辆的轮廓分明、车身颜色真实，而拍摄的距离、角度和光线会影响车辆的展示效果。

优质的二手车展示照片拍摄技术涉及拍摄距离、光照条件、画面布局、拍摄角度和拍摄顺序等拍摄要素。

在拍照训练过程中，拍摄者可以针对不同光照条件、不同角度，调整画面布局等各个要素，体验拍照基本要素对画面质量的影响。

微课视频
二手车拍照
的技术要求

### 相关知识

下面就有关拍摄要素进行介绍。

### 一、光照条件

为保证良好的拍摄效果，状况良好、经过整备、清洁干净的车辆是前提。另外，选择高清晰、高像素的拍照装备是关键，建议采用1 000万像素以上的数码设备；合适的光线是拍照的基础，最好是充足的自然光线（早上8时左右，下午3时以后，切忌午间强光下拍摄。图1-2所示为光线过强拍照效果差的实例）。理想的状况是在光线漫反射的条件下进行拍摄,如果白天外界光线较强,可选择在阴影内拍摄,避免直射光线。

图片
强光下拍摄,
车身光泽与
颜色效果差

(a)光线太强,颜色差异大　　　　　　(b)光线太强且逆光

图 1-2　强光下拍摄,车身光泽与颜色效果差

注:本图为灰度图,观看彩图请扫描右侧二维码

一般来说,顺光和侧光拍摄出的照片效果都是比较好的(顺光即太阳在拍摄者身后,侧光即镜头和光线成一定角度,逆光就是镜头和光线相对),而逆光拍摄时则会拍出黑影、光晕等现象。

## 二、场地选择

拍摄照片的场地要因地制宜,相机与车辆之间要有足够的空间,有利于对车辆全方位拍照。拍摄距离越远,则拍摄范围大,所拍的汽车影像越小。一般要求全车影像尽量充满整个画面。

选择场地时要避免近处的物体对车体光线产生影响,而在车身表面形成投影,影响车身的光泽效果,另外,照片中有杂乱的物品作为车辆的背景,也会影响车身信息的读取(图 1-3)。

(a)周边物体在车身有投影,影响车身线条和轮廓　　　　(b)拍摄背景杂乱,车辆特点无法展示

图 1-3　车辆近处的物体对车体光线产生影响

有条件的情况下,将车辆放置在相对空旷的场所,如图 1-4 所示。如果场地条

件不允许,也可在车辆后方支撑背景布或选择一面干净整洁的高墙作为背景。

图 1-4　空旷背景时车身的拍摄效果

## 三、画面布局

在拍摄的过程中,每一张照片都要有明确表达主题,每一张照片都要突出核心内容,只有做到布局合理,才能做到主题明确、核心突出,便于观阅者读懂照片的信息。

照片所要反映的重点信息应集中在相片"黄金区域"内,如图 1-5a 所示方框覆盖的范围。所谓黄金区域是指照片的中心区域,此区域是观阅者观察图片时习惯性的关注点,当我们想要表达的主题以及核心内容位于中心区域时,观阅者能够第一时间发现。这样可提高图片的观阅速度,同时能够很好地突出核心内容。如图 1-5b 所示,该图片向读者展示车身尾灯的效果。

(a) 展示保险杠刮碰痕迹

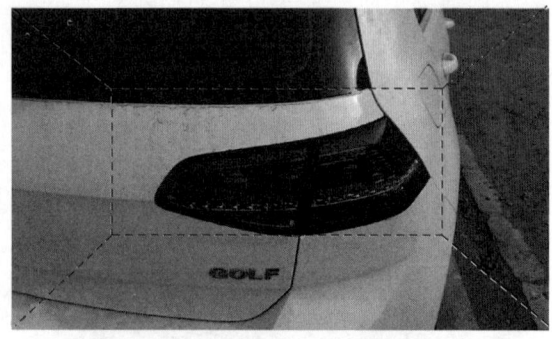
(b) 展示尾灯线条和缝隙

图 1-5　图片的"黄金区域"

## 四、拍摄角度

拍摄角度不仅对表达拍摄内容起重要作用,对形成优美的构图也是不可缺少的重要环节。不同的拍摄角度，拍出的照片差别很大。变换一下拍摄角度，能直接影响画面结构。例如，在同一距离、同一高度、用相同焦距的镜头，采用仰角、平角、俯角拍出三张照片（图1-6），虽然前后景物没有变化，但画面内包含的内容就不同了，前景和后景感官中的变化很大。这就说明相机与被摄物体的角度不同，产生的效果也不尽相同。镜头角度的高低，直接影响画面中的水平线和空间深度。现在分别介绍俯拍、平拍和仰拍的拍摄效果。

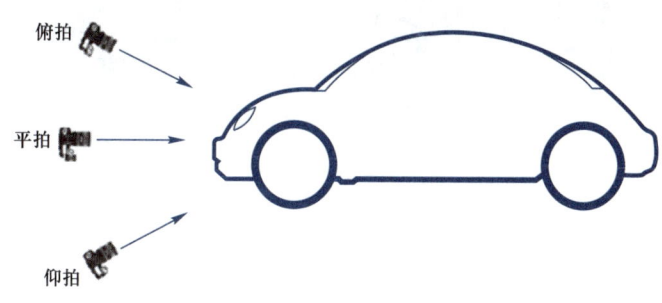

图1-6 拍摄角度示意图

### 1. 俯拍

俯拍即拍照时相机的位置高于物体，如图1-6所示，为从上向下拍摄。其特点是视野开阔，能拍摄的区域面积大，景物全，被拍摄物体之间的位置关系清晰。这种方法多用于表明车辆的配置和相关物品的位置关系，例如，拍摄发动舱布局、仪表台布局、驾驶舱内整体效果等。

### 2. 平拍

平拍即相机与被拍摄物体中心大致在一个轴线上，如图1-6所示，通常用于车身的正面拍摄、侧面拍摄或后部拍摄。这种角度接近人眼的观察习惯，平视构图使被拍摄物品线条不易产生视觉变形，较好地反映相对之间的比例关系，例如，拍摄车身线条、车身纹饰、车灯效果等。这种拍摄方法顺手、方便，不需要任何附加设备。

### 3. 仰拍

仰拍即从下向上拍摄，相机低于被摄物体，如图1-6所示。对于二手车拍照，仰角拍摄主要是为了反映车辆底部布局和个别底盘零部件的细节。

总之，拍摄的时候要选择符合人体日常观察的视觉角度，必要情况采用平拍、俯拍或者仰拍，不可采用斜机位拍摄。斜机位拍摄成像后，图片在平台上展示时被拍摄物体角度倾斜，不符合观看视角，如图1-7所示。

图 1-7　斜角度拍摄造成观看不便

## 任务实施

### 不同拍照要素的图片质感体验

#### 1. 工作准备

（1）用于拍照的汽车：车辆技术状况良好，配件齐全。
（2）相机或手机：像素在 1 000 万以上。
（3）场地：场地尽可能开阔，周围没有遮挡和干扰。
（4）光照条件：选择光照良好的场地，并可以调节场地亮度。
（5）辅助材料：手电筒、电脑等。

#### 2. 实施步骤

（1）将经过整备后的车辆停放在拍摄场地。
（2）拍摄不同光照条件下同一车身的照片，体验颜色差异和质感。
（3）更换车辆停放场地，体验不同场地背景的拍摄效果。
（4）调整场地光线至良好状态，体验不同画面布局效果的差异。
（5）调整场地光线至良好状态，体验不同拍摄角度对画面主题展示的差异。

#### 3. 注意事项

拍照过程中重点注意光线和画面布局要素的运用；仔细体验画面构图的黄金区域原则。有条件的情况下，拍摄后的照片可以同某些大型网站的同类照片对比，找寻效果差异，总结拍摄技巧。

教师也可以筛选优秀拍摄案例进行展示，供学生之间借鉴和交流。

## 学习小结

掌握照片拍摄的基本要素是二手车拍照的必然要求,在练习和研究过程中尤其要注意照片画面的布局,只有布局合理、光线合适才能很好地展现需要表达的主题。否则,只会有实物看起来挺好,拍摄出来的照片上却看不出亮点的感觉。

## 课后思考

1. 思考如果需要同时展示两处细节特征,怎么运用画面布局?
2. 思考拍摄现场光照不足,如何弥补?
3. 拍摄场地比较凌乱,又无法更换场地,如何对图片进行处理?
4. 你学习过各大汽车网站平台如何展示新车细节特征的拍摄技法吗?
5. 不同的拍摄角度对想要表达的主题有无明显影响,为什么?

# 任务二 拍摄顺序和流程

## 任务描述

车辆拍照的目的是真实记录车辆的状况,有经验的二手车评估师,能够做到对车辆边勘验边拍照,勘验和拍照同步完成。通过对车辆拍照能够及时记录车辆的问题,为车辆的勘验记录和评估报告提供材料,又能挖掘车辆的亮点和细节特征,为车辆网上展示提供素材。

合理的勘验和拍照顺序能够较好地完成对车辆的全面勘验。评估人员在勘验过程中既要对车辆本身进行全面细致的勘验,又要对客户购买车辆常关注的要点进行有效拍摄,例如座椅、踏板、转向盘等,尽量做到勘验和拍摄同步进行,必要情况下也可以先勘验填表,后拍照确认。因为车辆内部和外部需要关注的细节众多,为避免拍摄过程混乱和产生疏漏,在拍摄过程中对车辆拍摄内容进行分项目、分类别逐一拍照是非常必要的,并在拍摄项目照片时注重合理的拍照顺序。

在实际拍摄和展示车辆时,通常将车辆展示项目分为外观、驾驶室、发动机舱、底部等几部分,当前二手车拍照也通常遵循此分类形式。

## 相关知识

下面就有关拍摄顺序的知识进行介绍。

## 一、车身外观拍摄

随着个性化时代的到来,当汽车从身份的象征开始慢慢变成大众化商品时,消费者已不仅仅满足于汽车的性能、品牌、价格,外观造型和颜色搭配也成为汽车选购的重要参考。实际购买汽车时,消费者考察汽车的第一印象是车身外观件和造型。纵观世界汽车发展史,品牌影响力大的汽车公司,总会摸索出一些可传承的经典车辆外观。清晰、直观的高质量照片是展现车辆外观的关键。在车辆外观拍摄时力求做到既能够展现车辆整体轮廓效果,又能够体现细节特征,通常遵循如下拍摄顺序。

车身外观进行拍摄的顺序:车身前部正面(含前部灯具)—左前45°—左侧车身及轮辋—左后45°—后车身正面(含后部灯具)—右后45°—右侧车身及轮辋—右前45°,具体如图1-8所示。

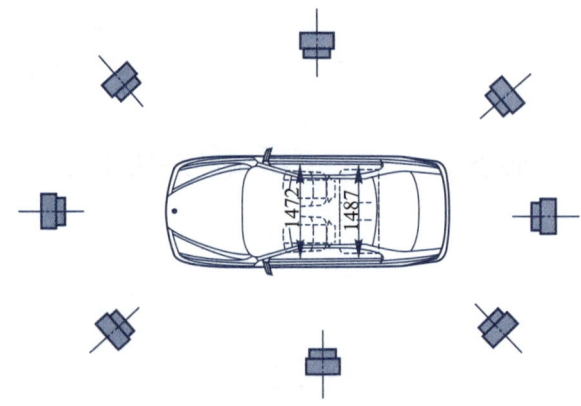

图1-8 车身外观拍照示意图

45°角拍摄是指为了便于展示整体轮廓,并减少拍摄的工作量,通常要求拍摄与车身中轴线呈45°角度的照片,达到一张照片展示两个面的效果。例如拍摄左前方45°角照片,可以清晰地展现车辆前部和左侧车身的线条和质感,让消费者对于这款二手车的车身造型和车身状况有一个直观的了解,如图1-9所示。

(a) 体现后部和右侧车身的状况

(b) 体现前部和左侧车身状况

图1-9 与车身呈45°角拍摄

拍摄整车 45°角照片时采用略微俯拍的方式，将车辆布满取景框四边即可，做到既能够充分利用像素又不遗漏车身部位。在实际操作过程中有些人员将 45°角照片理解为车身对角线照片，这是错误的，在对角线方向拍照容易造成车身侧面拍照夹角过小，侧面线条不够清晰，如图 1-10 所示。

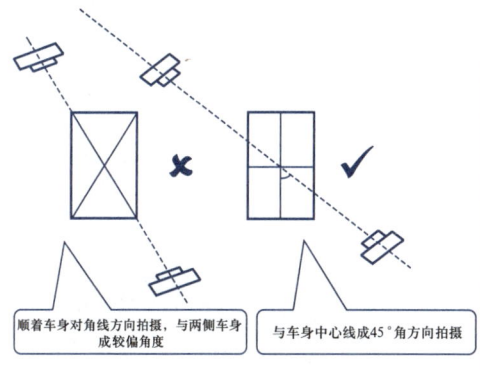
(a) 45°角拍摄示意对比

(b) 错误的 45°角拍摄效果

图 1-10　错误的 45°角拍摄

为了更好地展示车身的细节特征，突出车身亮点和个性，通常会对轮胎轮毂、车身侧面线条和前、后灯具，以及车身前、后部正面进行拍摄。拍摄过程中为突出线条和表面质量，建议采用平拍方式，如图 1-11 所示。

(a) 展示车身侧面情况

(b) 展示车辆前方、后方轮廓

(c) 展示车身大灯特征

(d) 展示车辆尾灯特征

(e) 展示车辆轮辋特征

图 1-11　建议采用平拍方式示例

## 二、驾驶室内拍摄

为了保证良好的拍摄效果，对内饰拍摄时要保证车内无杂物，并开启所有车窗和天窗遮阳板，这样既能防止玻璃反光，又能使得室内拍摄采光更佳。

对车辆内饰进行拍摄时，尤其要注意体现仪表台的整体造型和色调风格（动感或沉稳）。另外，需对车钥匙、转向盘、仪表盘、中控台、座椅、车门框等体现内饰特点和反映车辆使用程度的部件进行特别拍摄，尤其是行驶里程信息。

常见的驾驶室内拍摄顺序：车钥匙—左前门及门框和前排座椅—转向盘—仪表盘（含里程）—中控台—空调和音响控键—变速杆—左后车门及门框—后排座椅—行李舱—右后门框及后排座椅—右前门框框—右前座椅—铭牌，如图 1-12 所示。

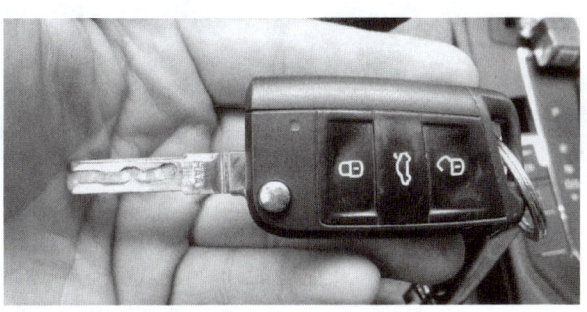

(a) 车钥匙造型及磨损情况展示

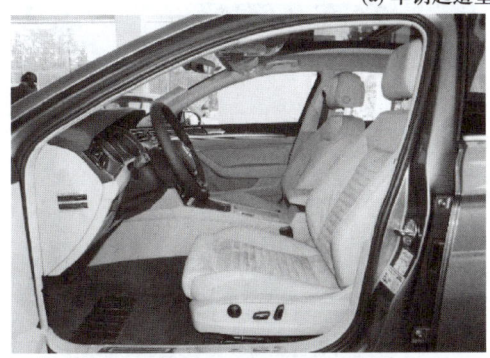

(b) 前门框及前排座椅展示
（几乎无损耗及调整方式为电动）

(c) 转向盘风格及磨损展示

(d) 仪表盘风格及行驶里程信息特写（为保证好的仪表盘拍摄效果，建议开启仪表指示灯进行拍摄）

(e) 内饰的整体造型及风格展示
（从车内后排中部位置向前拍摄整个仪表台，
突出仪表台的轮廓、线条、材质和颜色风格）

(f) 音响配置及工作性能展示

(g) 中控台上的空调控制模式展示（手动空调）　　(h) 变速器配置及变速杆外观展示

(i) 后排座椅空间及内饰风格展示　　(j) 开启天窗遮阳板展示天窗效果

(k) 行李舱的空间及后部车身内饰展示　　(l) 车身铭牌

图1-12　常见的驾驶室内拍摄顺序

对音响部件勘验时，要开启音响来测试收音机功能、播放媒体介质功能以及声音效果。在音响开启的情况下拍摄，既能体现音响控制面板布局特征，同时又能很好地展示播放界面效果。

车辆铭牌信息包含车辆的生产地、出厂日期、发动机型号等具体配置信息，将此铭牌展示给客户，能够很好地增加客户信任。但是，编辑车身铭牌图片时要对车辆识别代号有所处理，防止被不法之人利用。

## 三、发动机舱拍摄

发动机舱的拍摄要体现发动机舱的整体布局，并能够展现发动机舱的边角和棱线。拍摄时采用略微俯拍的方式。

发动机舱的拍摄顺序：发动机舱整体—右侧棱线及拐角—左侧棱线及拐角，如图 1-13 所示。

(a) 发动机舱整体展示

(b) 发动机舱右侧关键细节展示（右侧棱线及拐角）

(c) 发动机舱左侧关键细节展示（左侧棱线及拐角）

图 1-13　发动机舱的拍摄顺序

## 四、车辆底部拍摄

车辆在地面停放时很难对车辆底盘部件及底部信息做到有效拍摄。作为上传到网站用于初步展示的图片，基本的底部信息还是要有的。通常从车辆的前、后、左、右四个方位进行车辆底部的拍摄，向人们展示车辆底部基本的信息。

车辆在地面停放时，需要将相机放置于很低的位置，采用略微向上仰拍的方式，能够较好地展示底部的状况及层次，必要时采用辅助照明。

车辆底部的拍摄顺序：前方底部—右侧底边—后方底部—左侧底边，如图 1-14 所示。

车身底部侧边处容易出现刮碰、腐蚀等情况。另外，如果底部侧边曾有维修，维修处会与周边区域有所不同。

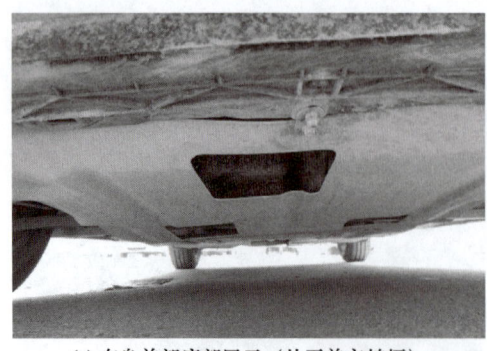 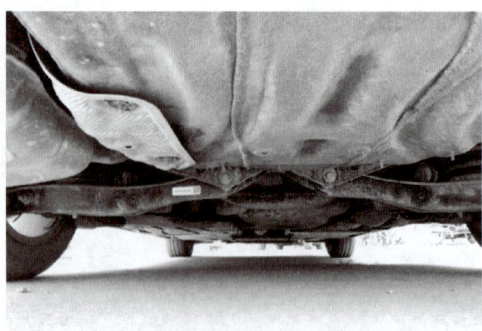

(a) 车身前部底部展示（从正前方拍摄）　　(b) 车身后部底部展示（从正后方拍摄）

(c) 车身底部右侧展示　　　　　　　　(d) 车身底部左侧展示

图 1-14　车辆底部拍摄顺序

▷▷▷ **验车手记之——验车师技能**

状况好的车辆只有配合高水平的拍摄和展示，才能产生好的价值。

所以作为验车师，在仔细勘验车辆每个角落的同时，也是在切身感受和挖掘车辆的特征点。将车的状况，尤其是显著的特征能够通过高质量的图片进行展示，也是验车师专业水平的体现。

## 任务实施

### 二手车展示照片拍摄实践

**1. 工作准备**

（1）用于拍照的汽车：车辆技术状况良好，配件齐全。

（2）相机或手机：像素在 1 000 万以上。

（3）场地：场地尽可能开阔，周围没有遮挡和干扰。

（4）光照条件：最好是充足的自然的光线（早上 8 时左右，下午 3 时以后）。

（5）指示标尺：用于表明车辆表面损伤程度。

（6）辅助材料：手电筒、电脑。

## 2. 实施步骤

（1）将经过整备后的车辆停放在开阔地带。
（2）对车辆外观进行拍照，注意拍摄顺序和常见展示部位。
（3）对驾驶室内进行拍摄，注意拍摄顺序、拍摄光线和驾驶室内常见展示要点。
（4）对发动机舱拍摄，注意光线条件和发动机舱的整体和细节的展示。
（5）对车辆底部进行拍摄，注意车辆底部关注要点的展示。
（6）对比和分析所拍摄照片的质量，对照片进行编辑和整理。

## 3. 注意事项

不同的拍摄部位存在不同的关注点，拍摄过程中要注意整体与局部、宏观与微观的统一。另外，合理的拍摄顺序，能保证不漏拍项目且效率高。有条件的情况下可以自行制作拍照顺序和项目表来协助拍摄，具体可参考二手车勘验项目表。

## 学习小结

拍摄高质量的展示照片需要拍摄者按照合理的顺序勘验和亲自感受车辆的各个细节特征，只有这样才能抓住车辆的特征进行有针对性的展示，从而吸引消费者。

**拓展视频**
二手车拍照实例

## 课后思考

1. 思考如何展示某款车辆变速器的亮点？
2. 思考如何展示某车辆内饰的整洁？展示整洁的内饰对购车者的影响有哪些？
3. 通过哪些手段可以不断提高拍摄技术？
4. 如何拍摄能使得发动机舱部件看起来更有层次感？
5. 思考如何形成固定的拍摄顺序模式？

# 项目二
## 车辆静态检查

> **职业素养篇**
>
> 实际进行车辆勘验时你会发现,每天都会面临大量不同品牌、不同性能和不同品质的车辆。还存在错误评估的风险。学会分类思考是每一个鉴定评估人应当必备的职业素养。
>
> 将勘验工作进行分项、归类,找寻之间的共性,辨证对比差异。唯有如此才能全面、客观地勘验车辆,给出合理的鉴定结论。

### 知识目标

1. 了解二手车静态检验的作用和意义。
2. 掌握二手车外观检验的基本要求。
3. 掌握二手车发动机舱检验的基本要求。
4. 掌握二手车中部车身检验的基本要求。
5. 掌握二手车后部车身检验的基本要求。
6. 掌握二手车底部勘验的基本要求。

### 能力目标

1. 能够对照《二手车勘验表》对二手车相应的各个静态项目进行勘验。
2. 在勘验过程中能够遵循合理的勘验顺序,并熟练运用相应的勘验设备和勘验方法。
3. 对勘验时发现的各种损伤或者修理痕迹能够做到多点结合、综合分析。

### 项目简介

静态检查是车辆在原地,未起动发动机的状况下,对车辆外观主要部件、发动机舱、乘员舱、车身后部以及车辆底部的悬架、轮胎等部件进行检查,确认车辆主要部件的使用以及磨损情况、事故情况以及是否存在故障等。车辆静态检查是二手车评估勘验过程中极为重要的技术环节,要求勘验全面、细致、准确,必要情况下制定相应的检查项目单和规范的点位检查顺序。通过静态检查能够较大程度上对车辆基本状况进行确认。

项目二 车辆静态检查

静态检查的项目繁多，为避免漏掉一些关键项目，可以在实施的过程中注意总结检查的经验，按照一定顺序合理推进。可使用18点位绕车检查法，绕车辆一周将所有项目包括进去，如图2-1所示。图中：1、2点分别为车前2m，车前左、右45°方向；3、17点分别为车左、右前翼子板；4、16点分别为车左、右A柱；5、15点分别为车左、右前车门；6、14点分别为车左、右B柱；7、13点分别为车左、右后车门；8、12点分别为车左、右C柱；9、11点分别为车左、右后翼子板；10点为车尾部；18点为车前部。检查过程中对车辆状况优良或者存在问题进行有效记录。

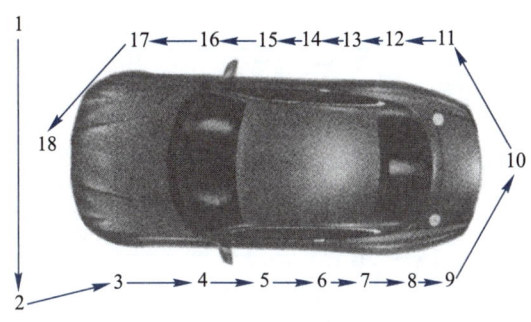

图2-1 18点位检查法

在常规的车辆静态勘验过程中通常会划分车辆外观勘验、发动机舱勘验、车身中部勘验、车身后部勘验、车辆底部勘验等几个项目或区域。例如，某公司二手车检查评估表如表2-1所示。

表2-1 二手车检查评估表

| ××××旧机动车鉴定评估事务所有限公司 ||||||||
|---|---|---|---|---|---|---|---|
| 二手车评估表 ||||||||
| 客户姓名 | | 信息来源 || | 联系方式 |||
| 车牌号码 | | 品牌型号 || | 颜色 |||
| 出厂日期 | | 上牌时间 || | 保险日期 |||
| 排量 | | 排挡 || | 公里数 |||
| 车辆配置 | |||||||
| 外观检查项目 | 正常 | 已修 | 待修 | 内饰检查项目 | 良好 | 一般 | 待修 |
| 发动机舱盖 | | | | 内饰板、密封条 | | | |
| 前保险杠、雾灯 | | | | 车顶饰板、遮阳板、地毯、踏脚垫 | | | |
| 左前翼子板、左前大灯总成 | | | | 仪表、仪表板、安全气囊外观、车内后视镜 | | | |
| 左前门 | | | | 桃木内饰、空调操作面板、各种开关及面板 | | | |
| 左A柱及门铰链 | | | | 座椅外观、头枕、座椅套 | | | |
| 左后门 | | | | 前后中央扶手、安全带 | | | |
| 左B柱及门铰链 | | | | 杂物箱及座椅抽屉、窗帘 | | | |

续表

| 外观检查项目 | 正常 | 已修 | 待修 | 内饰检查项目 | 良好 | 一般 | 待修 |
|---|---|---|---|---|---|---|---|
| 左后翼子板 | | | | 点烟器、烟灰缸、饮料架、出风口 | | | |
| 左C柱、左尾灯总成 | | | | | | | |
| 后保险杠 | | | | 功能项目检查（选填） | 良好 | 一般 | 待修 |
| 行李舱盖及铰链 | | | | 外后视镜调节装置、电加热 | | | |
| 行李舱内部 | | | | 收放机、CD（DVD）、车内音响及控制 | | | |
| 右后翼子板 | | | | 导航、倒车影像、车载硬盘、夜视 | | | |
| 右C柱、右尾灯总成 | | | | 空调系统（含鼓风机、压缩机）、出风口控制 | | | |
| 右后门 | | | | 头枕、座椅调节 | | | |
| 右B柱及门铰链 | | | | 集控门锁、倒车雷达、行李箱及油箱开启（电） | | | |
| 右前门 | | | | 车窗升降、天窗控制 | | | |
| 右A柱及门铰链 | | | | 雨刮控制及风窗洗涤控制 | | | |
| 右前翼子板、右前大灯总成 | | | | 仪表指示灯（ABS灯等） | | | |
| 车顶及天窗 | | | | 转向灯、远（近）光灯、雾灯、制动灯、警告灯、倒车灯 | | | |
| 车玻璃（全车） | | | | 顶灯、阅读灯、杂物箱灯、化妆灯、门灯 | | | |
| 轮胎磨损情况 | | | | 定速巡航、四驱、多功能方向盘 | | | |
| | | | | 路试检查 | 良好 | 一般 | 待修 |
| | | | | 怠速、慢加速、急加速 | | | |
| 发动机舱检查 | 正常 | 已修 | 待修 | 离合器 | | | |
| 散热器前围 | | | | 变速器 | | | |
| 左前纵梁 | | | | 行驶状态 | | | |
| 右前纵梁 | | | | 制动效果 | | | |
| 防火墙 | | | | | | | |
| 水、油、电检查 | | | | 附件检查项目 | 齐全 | 损坏 | 缺少 |
| | | | | 备胎 | | | |
| 底盘检查 | 正常 | 已修 | 待修 | 随车工具（千斤顶、警告牌等） | | | |
| 线路、管路 | | | | 随车文件（合格证、说明书、CD光盘等） | | | |
| 发动机底部 | | | | 钥匙及遥控器 | | | |
| 变速器底部 | | | | | | | |
| 双侧纵梁底部 | | | | 评估结论： | | | |
| 车身底部 | | | | | | | |
| 尾箱底部 | | | | | | | |

检测人： 复核： 时间：

# 任务一　车辆外观勘验

## 任务描述

车辆在使用过程中出现轻微刮擦或者发生严重事故均会造成车辆表面漆面损伤，需要重新喷涂或经拆卸后重新调整和装配。对此需要环绕车身一周甚至多周，有目的的检查各个观测点，通常以车身线条、车身颜色、车身表面件的装配和修复痕迹等外观所表现出来的特征进行车身事故的初步评判，如图 2-2 所示。

图 2-2　绕车一周做环车检查

## 相关知识

### 一、车身线条勘验

站在车辆前、后与车身轴线呈 30°～45°，移动观察车身各条贯穿前后的装饰线条，及各个板面是否整齐平顺。车身设计时为体现美观、动感及个性化，要求车身表面整齐，并且会有贯穿前后的线条或装饰条，如图 2-3 所示。

微课视频
车身线条
检查

图 2-3　车身侧面、发动机舱盖与翼子板的配合线条

因为线条延伸至多个板面，车身变形或者校正不到位会引起板面之间的线条位置出现偏差，最为明显的现象是线条错位或者平滑性变差。另外，板面之间装配位置偏差也会造成高低落差及宽窄不均匀等，如图 2-4 所示。

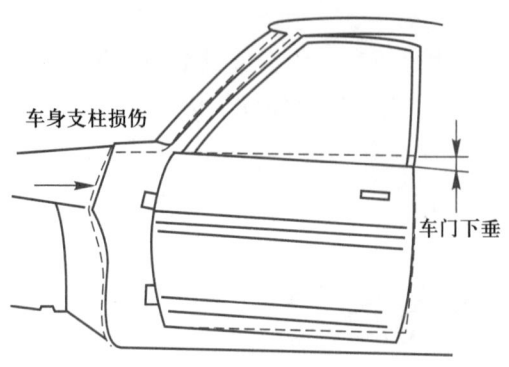

(a) 车门线条错位差异

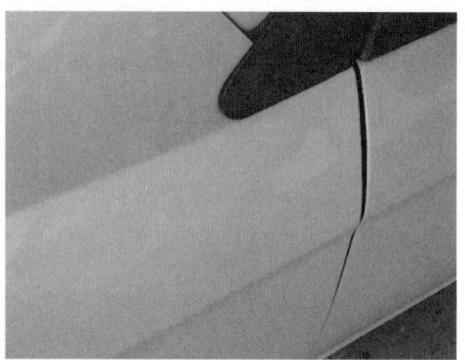

(b) 缝隙两侧板件高度不一致

(c) 车门缝隙上、下部存在较大差异

图 2-4　板面之间装配位置偏差

下面以某轿车为例说明车身的检查过程，如图 2-5 所示。

(a) 右侧前、后方向观察车身的侧面线条及缝隙

(b) 左侧前、后方向观察车身的侧面线条及缝隙

(c) 正前、正后方观察车身线条和缝隙

图 2-5　车身的检查过程

## 二、漆面质量检查

汽车漆面质量优劣是车辆给消费者的第一印象。二手车油漆质量勘验时，观察者可在光线充足的开阔空间观察车身漆面均匀度、色差、橘皮、平整度。可观察机舱盖、左右翼子板、左右车门、顶棚、行李舱盖、前后保险杠外壳、油箱盖、A/B/C 柱、门槛梁等大面积喷漆的部位。

通过观察整个车身漆面的均匀度可以反映出车身钢板的平整度以及车漆是否为原装。判断车身板件的平整度时需观察参照物在漆面上的投影，例如电线杆、树枝等。观察者在车身侧面观察车身板面上的参照物倒影，然后从上到下从左到右平移身体，查看参照物图像是否有平滑过渡，如图 2-6（a）所示。横向水平移动手臂和身体，观察手臂在发动机舱盖上投影的平直程度，图 2-6（b）为竖直方向移动视线，观察远处景物在车身侧面反射图像的平直程度。如果图像扭曲，说明该处钢板有凹陷问题。如果图像呈现波纹状，说明该处钢板有橘皮，经过补漆处理。

目前市场上新车，漆面统一性非常好。二手车的漆面，多数会存在新旧不一、颜色和质量有差异等问题。

车身板件无论是出现轻微损伤还是严重损毁时，修复过程中均需对板件重新喷涂。重新喷涂的油漆与周边没有经过重新喷涂的板件的油漆在光泽度、新旧程度、

微课视频
漆面质量
检查

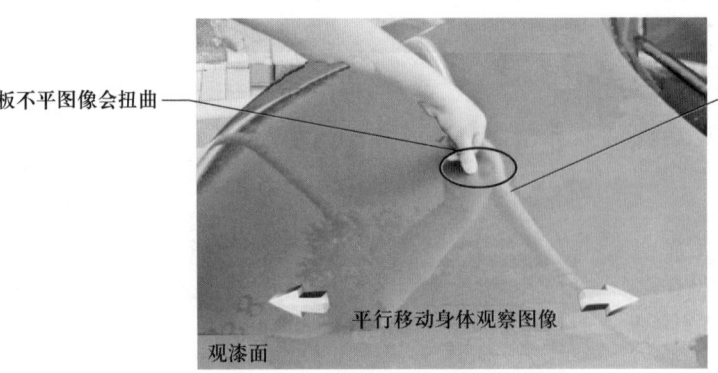

图 2-6 漆面平整度检查

颜色明暗度等方面均会存在一定的感官差异,对此简称为色差。

通过色差以及橘皮可以判断车辆补漆位置。因为汽车修理喷漆时,通常需要拆卸油箱盖,并将油箱盖拿至调漆部门作为调色参考。因此漆面判别和检查时可以用油箱盖的颜色和漆面质量为基准对比车身其他部位,如图2-7所示。

图片
汽车油箱盖
与车身颜色

图 2-7 汽车油箱盖与车身颜色

注:本图为灰度图,观看彩图请扫描左侧二维码

漆面修复时油漆的调配和喷涂工艺越粗糙,则造成板块间的油漆效果差异越明显,在光线充足的情况下观察尤为明显,如图2-8所示。

 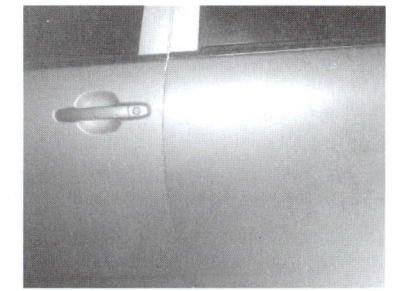

(a) 后翼子板和保险杠之间存在色差（珍珠漆）　　(b) 前、后门油漆的明暗对比感较大（金属漆）

图 2-8　漆面修复时油漆的调配和喷涂工艺造成的差异

注：本图为灰度图，观看彩图请扫描右侧二维码

具体勘验时可以在洗车后或者表面干净的情况下，迎光线在车身表面光的反射方向查看车辆，观察局部反光强度是否有明显的与整车不一致的区域。如果有，则很有可能补过漆，如图 2-9 所示。

图 2-9　车身表面反光强度一致，全车光泽度均匀

另外，部分车辆由于喷涂环境和喷漆工艺较差，造成喷漆后的各种缺陷，在对车身进行检查时，喷漆缺陷也是可以判断修复痕迹的依据，如图 2-10 所示。

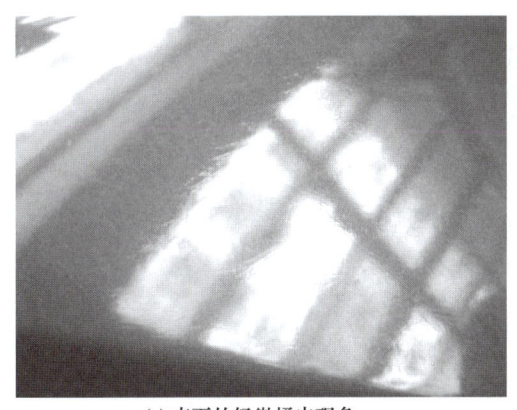 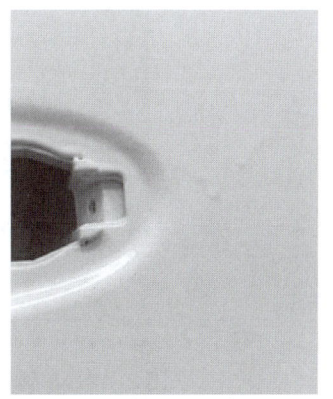

(a) 表面的轻微橘皮现象　　　　　　　　(b) 漆面流挂现象

图 2-10　通过各种缺陷可以判断修复痕迹

注：本图为灰度图，观看彩图请扫描右侧二维码

在车身油漆勘验过程中,还可以用手指沿着板件棱边触摸,感受棱边油漆的光滑程度,如图 2-11 所示。受环境和施工精细化程度影响,修补喷漆时棱边的处理很难达到原厂的光滑平整程度,会有一定粗糙度和凹凸感。

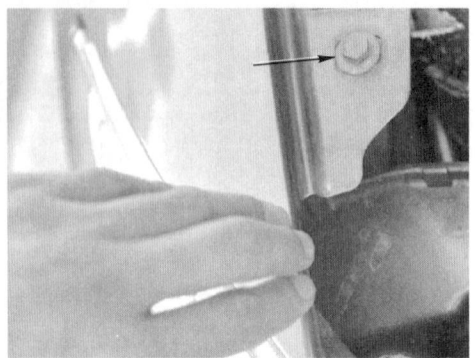

图 2-11　沿缝隙触摸感受棱线处的油漆质感

## 三、测量油漆厚度

近些年,随着喷涂工艺、喷涂设备和油漆材料的改进,以及过渡喷涂技术的应用,有些车辆,尤其是高端车的维修工艺和水平越来越精细,仅仅用肉眼观察表面喷涂质量以及相邻两块板件之间的色差已很难判断是否重新喷涂过油漆。此时,可用涂层测厚仪检查板件表面油漆的厚度。涂层测厚仪根据电磁波的发射和反射原理可以精确地测量金属板表面的涂层厚度,如图 2-12 所示。涂层测厚仪的厚度测量误差在 ±1% 左右。

图 2-12　车辆右后翼子板有漆面修复现象（885 μm）

针对金属表面被重新喷漆（通常修复喷漆的做法是仅处理掉少部分受损的旧漆,采用修补喷漆直接在原漆层上面覆盖）或者经过钣金作业后表面刮涂原子灰（腻子）

后进行喷涂油漆，因此，修复后的油漆层厚度会较原车状态异常增加。在勘验过程中可以对比相邻或者整车板面涂层厚度，对比差异量即可。正常情况下，涂层厚度在 100～200 μm。

如果某车型原车油漆厚度为 120 μm，测试二手车的数据为 200 μm，则基本断定二手车曾重新喷漆；如果数据达到 300 μm 以上甚至 600 μm，则基本断定该处钢板曾经的受损较为严重，用腻子修补找平导致漆面较厚，遇到这种二手车时消费者要格外谨慎。

例如，对某车车身油漆厚度进行测量时，结果如图 2-13 所示。

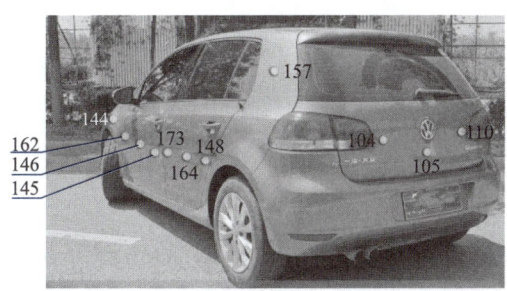 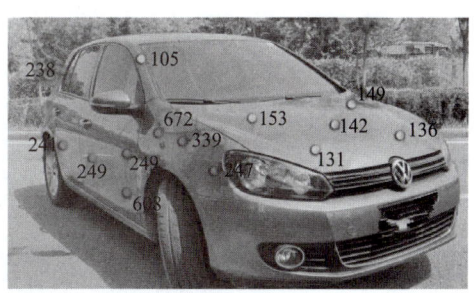

(a) 该车左侧及后部油漆厚度分布　　　　(b) 该车右侧及前车油漆厚度分布

图 2-13　对某车车身油漆厚度进行测量

由图 2-13 可见，该车车身右侧翼子板、右前门、右后门、右 C 柱漆面厚度均达到 200 μm 以上，甚至多处出现 600 μm 的数据。这组数据反映出该车右侧曾经有多处剐蹭，或者右侧发生较大的事故。对此，可以通过对右侧车身立柱、纵梁、底边梁等部件做进一步的勘验，确认右侧事故损伤程度和修复范围。

## 四、检查飞漆

飞漆是在喷漆过程中，由于某种原因，没有有限遮蔽不需要喷涂的部位，导致该部位被喷枪喷出的漆雾附着，而被污染的现象，如图 2-14 所示。

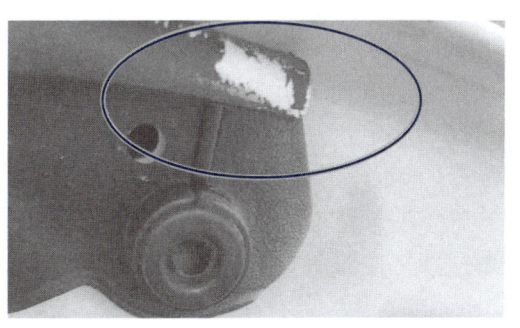

图 2-14　车门黑色内饰表面粘着白色油漆

注：本图为灰度图，观看彩图请扫描右侧二维码

汽车在生产制造过程中,具体工艺过程是先对车身、保险杠等部件进行单独喷漆、烘干,然后将车身、保险杠、玻璃、饰条等各个部件在生产线进行组装。按照这一流程,车身板件周围的塑料件、橡胶件或者玻璃制品等不需要喷涂的部件不可能有油漆附着。

汽车维修中的喷涂为修复性喷涂,多数为就车喷涂,即板件安装状态下进行喷涂。喷涂时对不需要喷涂的部位进行遮盖,如图2-15所示。

(a) 整车喷涂时的遮盖

(b) 局部修复时的遮盖与喷涂

图2-15 对不需要喷涂的部位进行遮盖

喷漆时为使得所喷涂的整个板件表面颜色均匀、厚度一致,喷枪必须在板件边缘也要有相应的喷涂速度和喷涂量,如图2-16所示。如果遮盖不够严密,带有流速的雾状油漆在喷射压力下会被喷涂至零部件间的缝隙或者未严密遮盖的部位,形成飞漆。这种情况在汽车维修过程中很常见,如图2-17所示。

在维修过程中如果不慎有少量飞漆出现,修理工通常会用除油溶剂浸湿棉布进行擦抹,除掉表面附着的漆雾,如图2-18所示。如果漆雾深入到缝隙内部,则比较难清除。

二手车勘验时如果发现整车漆面光线均匀,基本说明没有补过漆,或者曾经进行过较高质量的全车喷漆。此时,如果对车辆是否为原车油漆有所怀疑,可以进一步

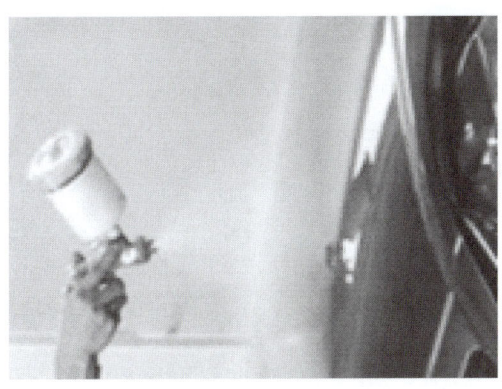 

图 2-16　喷枪喷出的带有流速的漆雾

 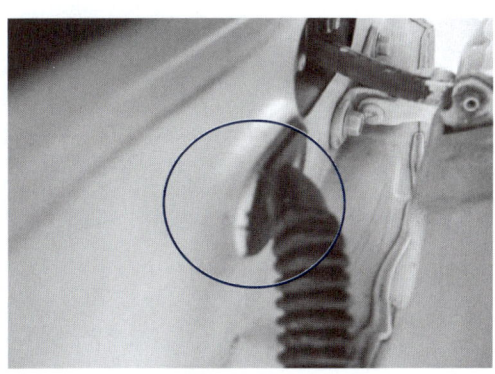

(a) 未遮盖到位，油漆喷到黑色压条上　　(b) 黑色塑料扣板上粘着的白色漆雾

图 2-17　维修过程中形成的飞漆

注：本图为灰度图，观看彩图请扫描右侧二维码

图片
维修过程中
形成的飞漆

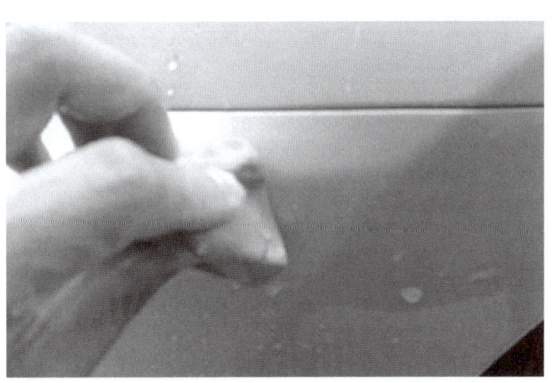

图 2-18　修理工在清除飞漆

注：本图为灰度图，观看彩图请扫描右侧二维码

图片
修理工在清
理飞漆

勘验细节。例如，评估师可勘验后保险杠两侧与后翼子板连接处，或者前保险杠与前照灯下沿位置有无漆雾残留或者未处理光滑之处，通常这些边角处在喷漆前后很难处理的同原车一样平滑。

如图 2-19 所示，某捷豹路虎轿车，勘验过程中发现后保险杠缝隙中有少量飞漆痕迹。

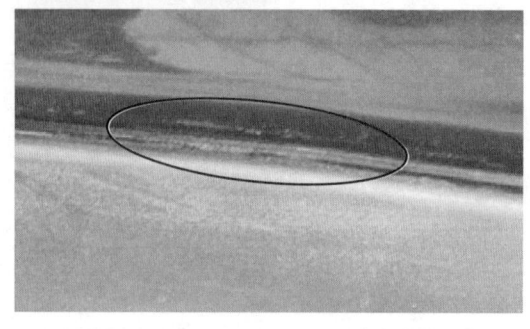

图片
后保险杠与黑色塑料板间的缝隙中有轻微的飞漆痕迹

图 2-19　后保险杠与黑色塑料板间的缝隙中有轻微的飞漆痕迹

注：本图为灰度图，观看彩图请扫描左侧二维码

例如，某保时捷卡宴轿车，在维修企业经过精细修理，表面光泽，颜色等无明显差异，但是对保险杠与翼子板的缝隙处仔细观察就能看到前保险杠的漆面出现了非常明显并且很粗糙的颗粒，如图 2-20 所示。对于生产企业来说，汽车出厂时出现这种情况是无法通过检验的，所以这就是前保险杠有后期喷漆的有利证据。

图片
该车保险杠左前照灯下沿位置的边缘，油漆不平滑

图 2-20　该车前保险杠左前照灯下沿位置的边缘，油漆不平滑

注：本图为灰度图，观看彩图请扫描左侧二维码

## 五、检查缝隙及胶条

在车辆外观勘验时,检查车身上一些板件的维修和装配痕迹也常作为事故认定的参考。在勘验过程中,仔细辨认维修或者重新装配后零部件的配合缝隙、表面密封胶的状况等细微的差异是勘验的常用手段。车身表面常见的缝隙有前、后保险杠外壳与翼子板间的缝隙,前、后门与门框间的缝隙,发动机舱盖与翼子板间的缝隙,行李舱盖与后翼子板间的缝隙等。

例如,板件在轻微变形后,需要经过手工整形来修复,由于金属变形后发生延展以及手工整形存在一定尺寸偏差,因此整形后的框架及线条难免会存在一定的配合问题,加之如果更换的灯具为非正规厂家供应,灯具形状本身也会出现偏差,因此造成灯具与边框配合间的缝隙不均匀或者棱边高度不协调的问题,如图 2-21 所示。检查过程中可以通过目测观察,同时也可通过触摸感受缝隙及棱边的平整和配合程度,如图 2-22 所示。

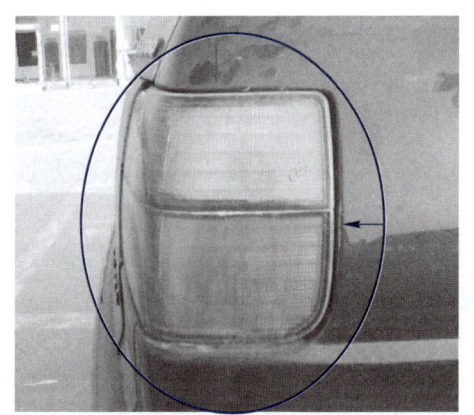 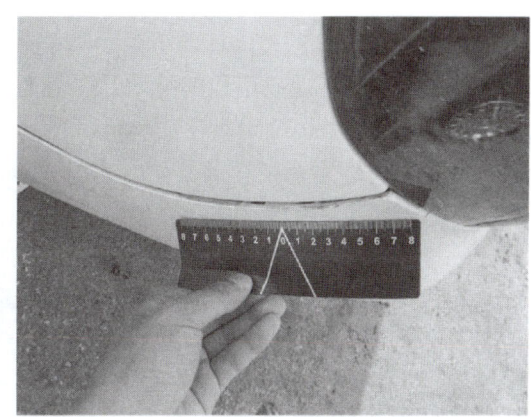

(a) 后尾灯与灯框间的缝隙不够均匀　　(b) 后保险杠与后翼子板间的缝隙不平整

图 2-21　缝隙不协调

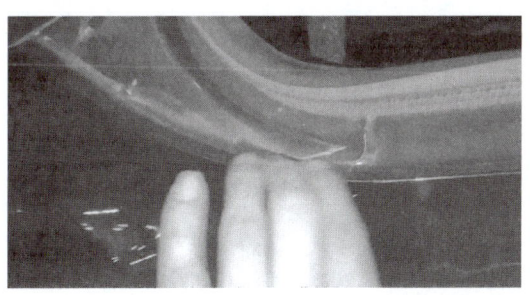

图 2-22　用手触摸车身棱线的边缘,感觉是否平滑

通过观察玻璃四周与边框的缝隙以及橡胶压条也是勘验玻璃是否有拆换的重要参考依据,如图 2-23 所示。

(a) 边缘勘验位置　　　　　　　　(b) 风窗玻璃压条粘接不平顺

图 2-23　勘验玻璃是否有拆换

查看玻璃边角的压条这种方式仅限前、后风窗玻璃，具体检查要领如下。

① 检查玻璃胶条是否平整，如果不平整的话有可能拆过玻璃，但不是每款车都带有玻璃胶条。

② 检查玻璃与两边 A 柱的缝隙距离是否一致。汽车在生产时由机器人负责安装前、后风窗玻璃，因此两边的缝隙几乎完全一致。但是后期更换是由人工操作，因此避免不了左、右缝隙距离存在一定的误差。

③ 检查前、后风窗玻璃缝隙内的车漆是否有细微的划伤，如果有，则可能是拆除旧玻璃时留下的痕迹。

④ 检查前、后风窗玻璃缝隙内是否存在挤出玻璃胶的情况。汽车生产时为机器手臂涂胶，维修时则是手工涂胶，为了防止漏风漏雨难免涂多从而挤出一部分。

 拓展知识

## 一、更换风窗玻璃

汽车生产过程中，利用专用玻璃胶将前、后风窗玻璃粘贴在框架上。维修过程中需要利用钢丝等工具将旧的玻璃胶粘贴部位割开，然后对玻璃安装框除胶、清洁，将专用的玻璃胶涂至需要装配的玻璃边框处，人工对玻璃进行定位和粘贴。粘贴过程中受工人经验和现场条件所限，与原厂生产线装配的效果在表面缝隙的平滑性和胶痕的整洁性方面有一定的差异，如图 2-24 所示。

对风窗玻璃、车窗玻璃等拆修或者更换痕迹的识别可以参考玻璃的更换过程进行深入分析。前风窗玻璃的更换过程如图 2-25 所示。

玻璃胶根据不同的品质和季节因素，一般完全干透的时间为 1 ～ 3 天，所以在没有完全干透的这段时间内，开车要小心。

 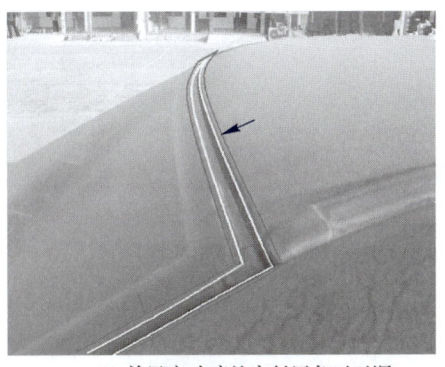

(a) 风窗玻璃压条损坏且有较大缝隙　　　　(b) 前风窗玻璃的密封压条不平顺

图 2-24　维修中更换风窗玻璃产生的问题

(a) 破损的前风窗玻璃

(b) 切割玻璃的绞盘机及吸盘

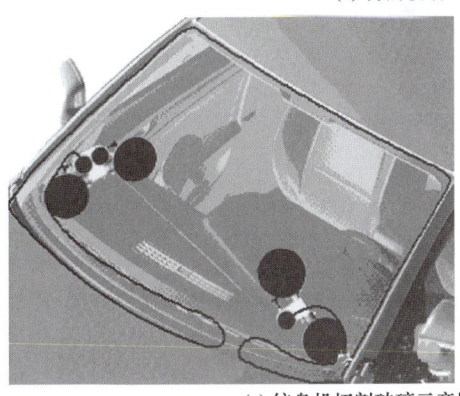 

(c) 绞盘机切割玻璃示意图（彩色线示意为钢丝）

 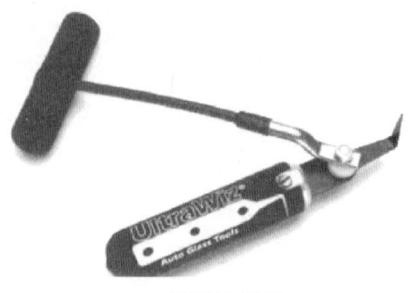

玻璃胶切割刀

(d) 操作人员利用玻璃切割刀切割玻璃黏胶

 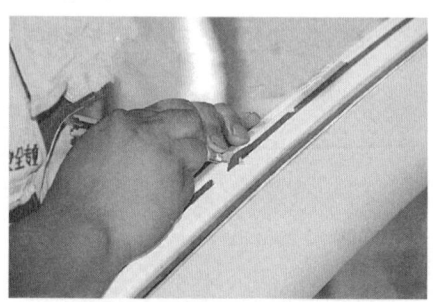

(e) 玻璃胶切割后拆下玻璃　　　　　　(f) 利用刀片清除玻璃安装框的残余胶

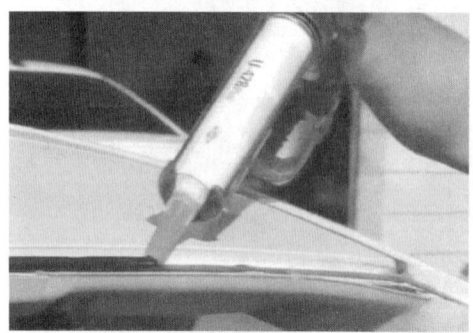 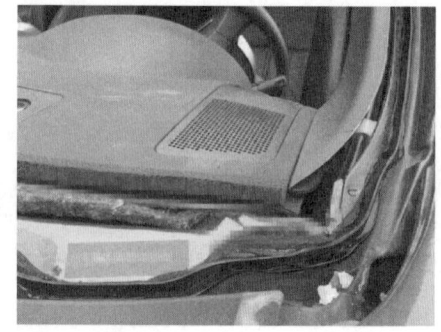

(g) 对玻璃框施涂玻璃胶

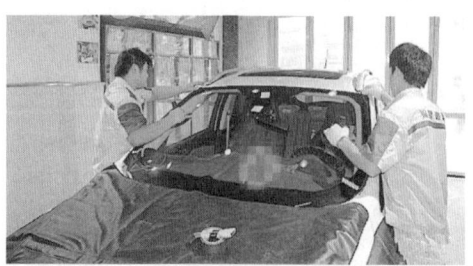 

(h) 安装并调正玻璃位置　　　　　　(i) 对玻璃固定待胶固化

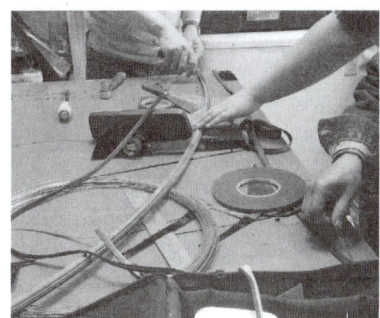

如果不更换玻璃压条，需对橡胶材质的玻璃压条进行修整，用刀将表面的旧玻璃胶清除后可继续使用，剩余胶条厚度控制在0.5~2 mm

(j) 玻璃压条（部分车型有）

(k) 安装风窗玻璃压条

图 2-25 前风窗玻璃的更换过程

通过以上对汽车风窗玻璃更换的案例，我们可以思考在对车身玻璃进行勘验时，可以通过哪些方面查看有无维修和更换的痕迹。

## 二、汽车油漆知识

### 1. 原车漆工艺及油漆结构

由于当前汽车生产过程中机械化程度较高，所谓原车漆是指汽车车身在涂装生产线，经过脱脂、酸洗、磷化、电泳、喷涂中涂漆、面漆、清漆、高温烘干等一系列工艺后，形成的附着力强、颜色饱满、厚度和光泽感均匀一致的高质量油漆涂层。原车漆涂层结构和厚度如图 2-26 所示。

### 2. 修补漆工艺及油漆结构

通常维修企业或者 4S 店对于受损的板件进行钣金整形，整形完毕后的微小凹痕则需进行原子灰填涂，对原子灰进行研磨和塑形之后进行油漆喷涂。所以进行油漆厚度测量时，测得的厚度值包含原子灰的厚度。修补漆的涂层结构如图 2-27 所示。

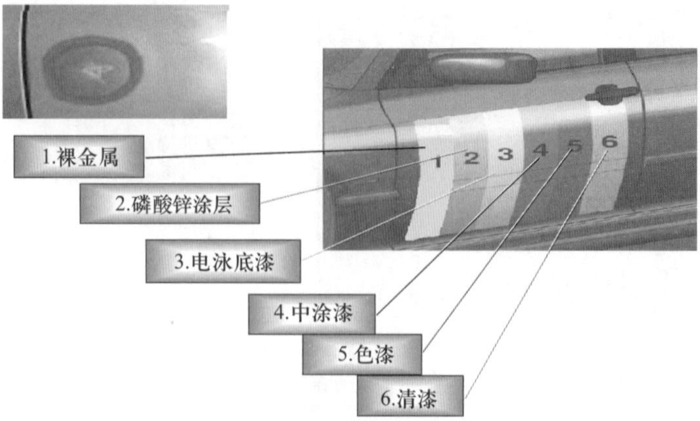

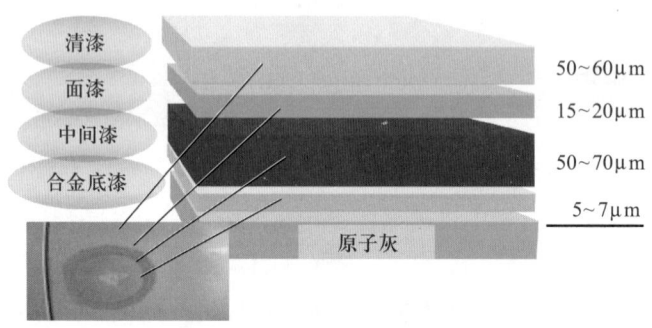

(a) 原车漆涂层结构

(b) 原车漆涂层厚度

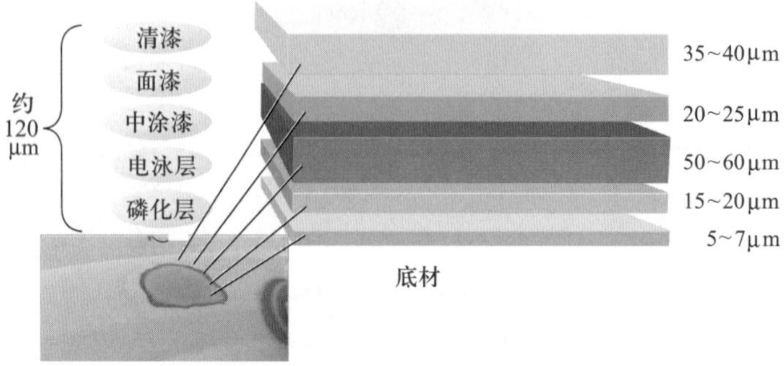

图 2-26 原车漆涂层结构和厚度

图 2-27 修补漆的涂层结构

在车身板件修复或更换后喷涂，根据施工方式不同可以分为就车喷涂和离车喷涂两种形式。

## 三、离车喷涂

方便拆卸的部件，可以将部件从车上拆下来单独进行喷漆，例如发动机舱盖，行李舱盖，前、后保险杠等。对于不方便拆卸，或者不进行整块喷漆的部件则采用就车喷涂的方式，例如对车顶、后翼子板、车门或者保险杠进行局部喷涂等。采用此种方式，对零部件进行离车喷涂时无需较大的遮盖。

如图 2-28 所示，某车辆发动机舱盖表面轻微受损，维修过程中采用对发动机舱盖拆卸后离车喷涂的方式进行油漆施工，待油漆工序完毕后再将发动机舱盖装回。

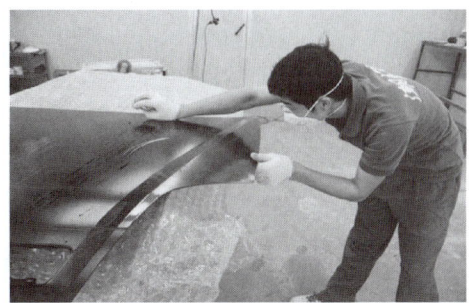
(a) 检查损伤部位，确定维修方案

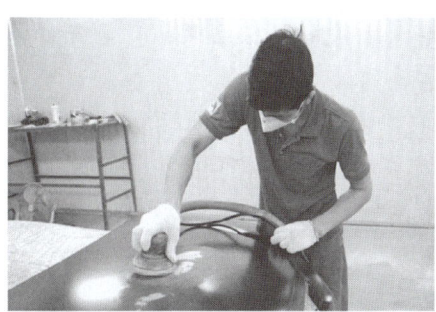
(b) 对损伤部位进行研磨，清除受损的油漆

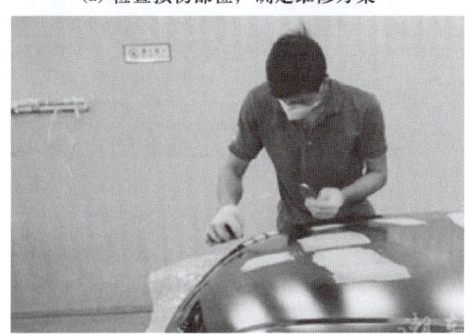
(c) 刮涂原子灰

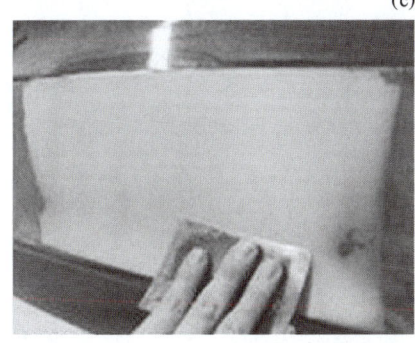

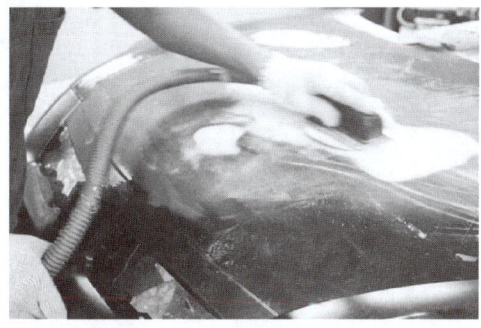
(d) 研磨原子灰，重新恢复平面和造型

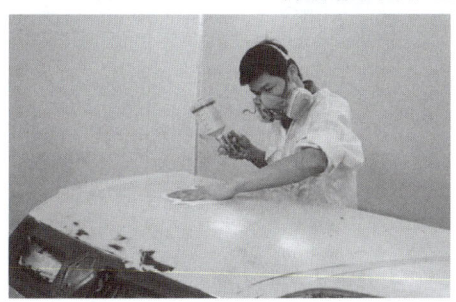
(e) 喷涂中涂漆，遮盖原子灰，零部件表面形成封闭层

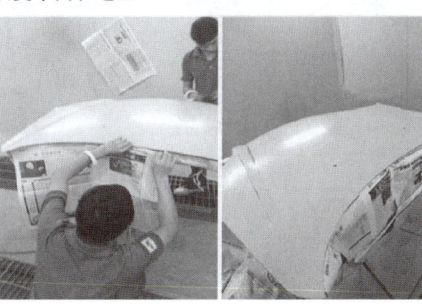
(f) 喷涂面漆前遮盖

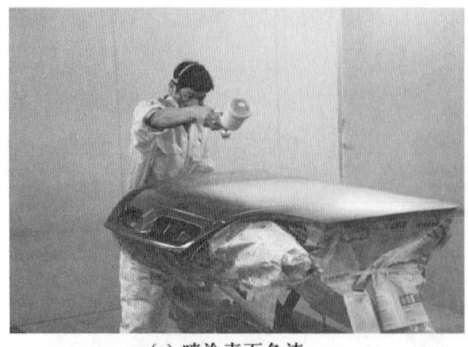
(g) 喷涂表面色漆

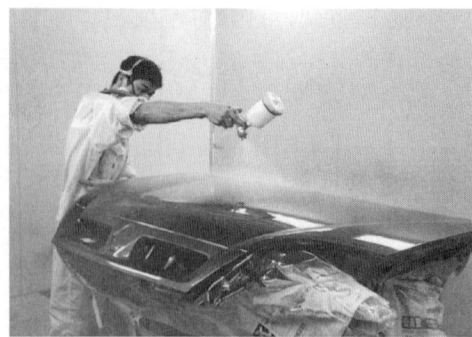
(h) 喷涂清漆层

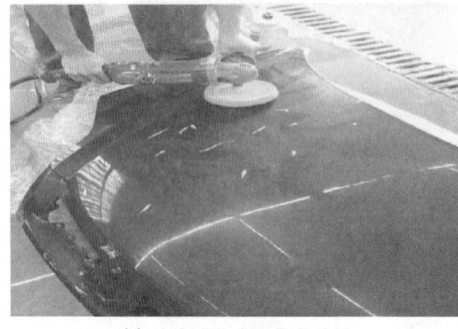
(i) 喷涂后检查和修复缺陷

(j) 完成

图 2-28 发动机舱盖离车喷涂全过程

## 四、就车喷涂

就车喷涂或者局部喷涂时，为防止漆雾飞溅对无需修复的表面造成影响，需要遮盖严实，如图 2-29 所示。

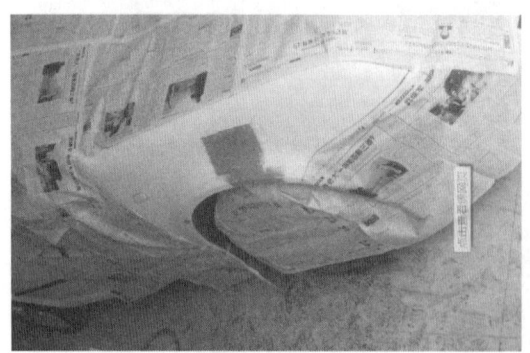
(a) 前翼子板就车喷漆

(b) 前保险杠局部补漆（非整块喷涂）

图 2-29 就车喷涂或者局部喷涂时需要遮盖严实

例如某车，前、后车门中间位置受损，经过中度钣金整形后，采用就车喷涂的方式施工，完成旧漆面打磨、刮涂原子灰、研磨原子灰以及喷涂的全过程，如图 2-30 所示。

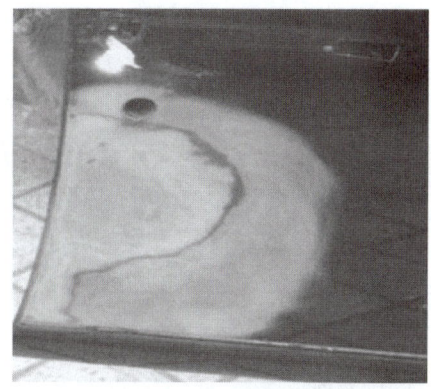

(a) 清除受损油漆并进行研磨处理

(b) 喷涂底漆，刮涂原子灰并研磨

(c) 喷中涂漆

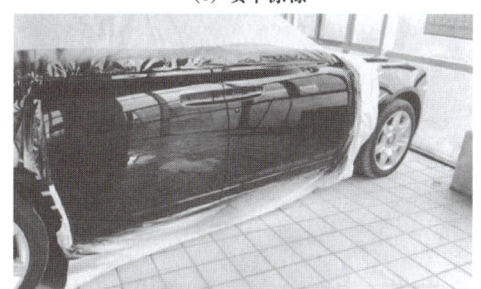

(d) 喷面漆(整块喷涂)

图 2-30　车门就车喷涂全过程

### ▷▷▷ 验车手记之——车身外观勘验

在进行车身外观勘验时要有所侧重的去排查。车身相关部位和区域。

当出现车身线条偏差、缝隙不均匀、颜色差异或者油漆厚薄差异、飞漆等现象时，要结合其他部件的勘验进一步查明损伤范围和维修方案。例如，发现保险杠重新喷漆且拆装痕迹明显，分析事故的程度和范围时，要进一步勘验散热器框、两前纵梁、发动机前部部件、散热器、风扇、前照灯等部件是否有维修或者更换的迹象，由此来锁定损伤的范围，确定事故的程度。

## 任务实施

### 车身外观勘验

#### 1. 工作准备

（1）用于勘验的汽车：车辆技术状况良好，配件齐全。
（2）相机或手机等拍照工具、涂层测厚仪、手电筒、指示标尺。
（3）勘验记录单。

#### 2. 实施步骤

（1）将车辆停放在开阔地带。
（2）左、右、前、后45°位置观察车身线条是否平直，轮廓有无异常凹凸。
（3）观察前、后保险杠，翼子板等各个板件漆面质量，确认漆面均匀度，有无色差、橘皮等缺陷，如果有，则进行测量并拍照记录。
（4）检查板件缝隙中有无飞漆存在，检查密封条及胶条有无飞漆存在，有无翘曲和褶皱现象。
（5）在每个板面上选取均匀分布的4个以上的测量点，记录并分析各个测量点的油漆厚度，厚度差应小于平均值的10%。

#### 3. 注意事项

拍照过程中着重注意光线和画面布局要素的运用；拍照顺序合理，才能保证不漏项目且效率高。有条件的情况下可以自行制作拍照顺序和项目表来协助拍照，具体可参考二手车勘验项目表。

## 学习小结

检查车身线条、观察油漆质量以及检查飞漆等操作是在二手车勘验中常用的技巧，例如通过观察漆面的倒影勘验漆面的平整性，通过侧向 45°观察棱线平直度等，这些工作需要勘验者掌握一定的经验，并不断实践才能熟练应用。

对于表面修复质量很高或者经过整体更换的板件仅凭观察是很难做到有效辨析的。必要的时候应结合测量工具，例如涂层测厚仪等。将工具和经验相结合才是最佳的勘验方式。

## 课后思考

1. 结合整体更换板件的施工工艺，思考对于更换板件的勘验要领有哪些？
2. 在测量板件油漆厚度时，如何区分新更换板件喷漆和修复后的板件喷漆？
3. 为什么有些车辆板件缝隙中会留下飞漆，如果有飞漆说明什么问题？
4. 更换风窗玻璃的施工工艺过程有哪些？通过这些施工工艺给我们的车辆勘验带来什么启示？
5. 对于车身板件就车维修和离车维修在事故程度上通常有没有区别？如何去全面勘验？

## 任务二　发动机舱勘验

### 任务描述

发动机舱位于车辆的前部，是由两前纵梁和翼子板骨架、散热器框架、发动机舱盖等部件组成的区域，是发动机、变速器、悬架、冷凝器、散热器等部件的安装和布置场所，如图 2-31 所示。

由于发动机舱位于车辆的最前端，发生事故时这里是比较容易受损的，越是靠近前端，受损的概率和程度就越大。

同时，安装在此区域的发动机、变速器、悬架系统也是车辆动力和控制系统的核心部件，也是因使用程度不同，容易发生故障的易损部件。一旦这些部件出现故障或者存在故障隐患，则会给车辆的使用造成较大影响或者需要花费较多费用去维修，这对二手车的购买和后续使用影响较大。在车辆勘验过程中发动机舱是非常重要的一个环节。

图 2-31　发动机舱整体

微课视频
发动机舱勘验

相关知识

## 一、发动机舱零件认知及检测流程

面对发动机舱这么多的部件,如何去有效勘验呢?可以在勘验时遵循一定的流程和方法,这样做使勘验工作既准确又高效。

认知发动机舱的部件是勘验的基础。知道哪些是易损件;哪些是非易损件;哪类部件的损伤或者异常对车辆的影响大;哪类现象是正常的老化,在后续的维修中使用适当的花费即可有效解决。

发动机舱结构复杂,所以必须有合理的流程才能高效准确的进行检测。通常情况要按照一定的顺序对各个部件逐个排查,做到既要减少重复路线,又不至于漏掉关键部位。评估过程中,评估师通常会对发动机舱从外围到内部,从内部到细节逐项进行勘验。

这个检测流程可具体分两步进行,即发动机舱外围检查以及发动机和变速器检查。

如图2-32所示,发动机舱外围检查包括发动机舱盖、舱盖折页、翼子板内缘、前照灯、散热器框架、减振器、散热器、冷凝器、风扇、进气管路、蓄电池、助力泵、制动液、雨刮器等部件,按照一定的方向逐个检查。如有问题,则记录具体事项和严重程度。然后,对发动机、变速器等发动机舱核心部件进行检查。这样可以较为方便快捷地对整个发动机舱进行全面检查。

图2-32 发动机舱的检查流程

## 二、发动机舱外围部件检查

发动机舱的四周是发动机舱外围部件,包括发动机舱盖、舱盖折页、翼子板及翼子板骨架、前照灯、散热器框架等几个部件。因为这些部件位于发动机舱的外围,发生事故时，最容易受损的就是些部件，同时这些部件位于外围，检查和勘验也比较容易实现。

## 1. 发动机舱盖

车辆在遭受正面撞击时，撞击力度稍大，发动机舱盖即可受损变形。同时，翼子板、散热器框架、前照灯等前部部件也易受损。对于此类损伤，视损伤程度确定维修方案，通常是钣金修复或者更换总成。如图2-33所示，该车前部发生碰撞，大部分发动机外围件受损。

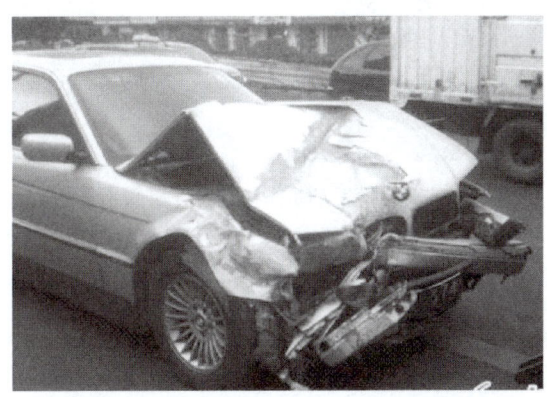

图2-33 车辆前部发生碰撞后损伤范围

这里主要介绍如何辨别发动机舱盖、翼子板、散热器框架和前照灯等部件是否更换，而且更换的是否是原厂部件。

鉴别发动机舱盖和翼子板是否曾修复或更换，有三个主要参考点：封胶、内色和螺栓。

发动机舱盖为内外两层金属板在边缘处折边扣合而成，折边结合部位涂抹密封胶用以防腐，如图2-34所示。

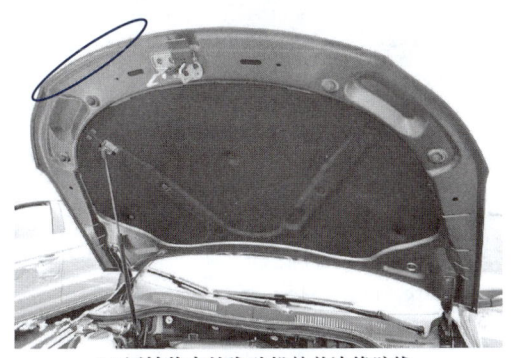   

(a) 原始状态的发动机舱盖边缘胶线　　(b) 原始状态的发动机舱盖周边胶线

图2-34 发动机舱盖折边结合部位涂抹密封胶

检查发动机舱盖表面密封胶时,首先观察胶线是否平直均匀,然后用手在密封胶表面移动、触摸,感受边缘有无不平滑处或噪点,如图2-35所示。判断封胶是否为汽车的原始状态要有一定的经验,如果经验少,可以采用不同部位之间对比的方式。不同品牌的车封胶状态有所不同,美系车封胶通常看起来就比较粗糙。

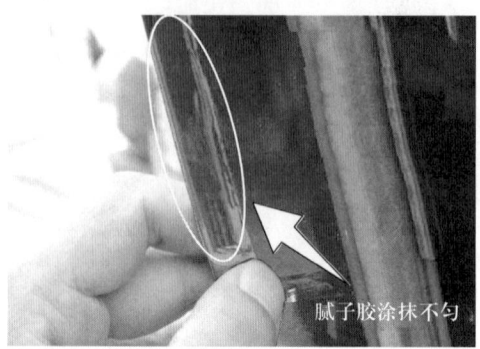

图2-35 触摸发动机舱盖边缘,感受平滑性

### 2. 内色

发动机舱盖、翼子板等大面积部件,都可以通过空隙观察内表面的颜色,称之为内色。内色实际上是指内表面的颜色。金属板内外两个表面都要喷涂油漆,我们能看到的都是外表面,为了防止腐蚀,内表面通常也喷上油漆,但是对油漆的光泽性、美观性要求不高,起到遮盖防腐作用即可,如图2-36所示。

图片
轿车翼子板
外侧和内侧
颜色

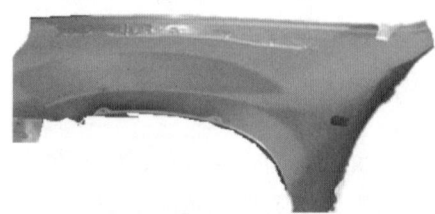
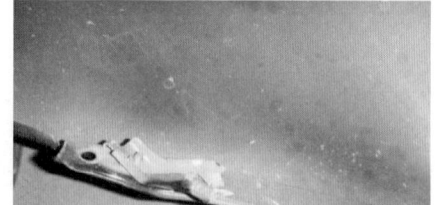

(a) 某轿车翼子板正面颜色　　　　　(b) 某轿车翼子板背面颜色

图2-36 轿车翼子板外侧和内侧颜色

注:本图为灰度图,观看彩图请扫描左侧二维码

汽车制造过程中,金属板件采用电泳喷涂或者机械喷涂时内表面同样也会附着一定的油漆,且内、外表面的油漆都是同一工序中完成的,因此颜色相同。如果发

现发动机舱盖内侧漆颜色为黑色，翼子板内侧漆颜色为灰色，那么这两个部分肯定有一处被更换了，如图 2-37 所示。

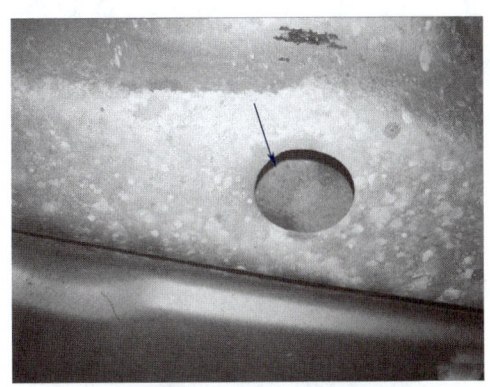
(a) 发动机舱盖内侧颜色（箭头所指）

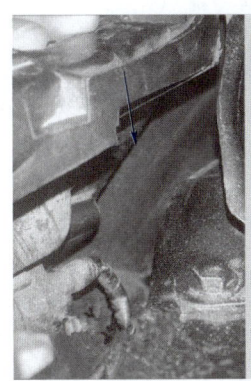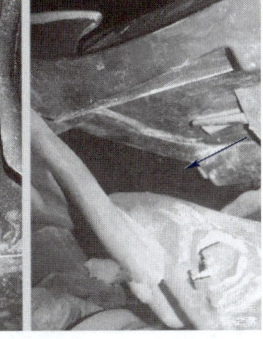
(b) 左、右侧翼子板内表面的颜色有差异（箭头所指）

图 2-37　发动机舱部件内漆颜色不同

注：本图为灰度图，观看彩图请扫描右侧二维码

图片
发动机舱部件内漆颜色不同

如图 2-37 所示，左侧翼子板内色为灰色，右侧翼子板内色为黑色，而发动机舱盖内板颜色为黑色。如果是正常的情况下，可以推测内色为灰色的左侧翼子板为更换件，但是这种猜测必须建立在右侧翼子板和发动机舱盖没有更换的基础上（图 2-37 中的车三个零件均不是原车零件，实际为拆车件拼凑而成）。

### 3. 螺栓

发动机舱盖和翼子板的安装螺栓也是判断是否有拆装更换迹象的主要依据。发动机舱盖用固定螺栓连接发动机舱盖铰链，舱盖铰链通过螺栓固定至车身，如果发动机舱盖有拆卸，以上螺栓表面会出现拧动痕迹。检查螺栓痕迹不仅局限于此，同样适合于翼子板、前照灯、散热器框架等部件，凡有螺栓固定的地方都可以采用这种方法，但仅仅判断有拆装痕迹，无法说明拆装的原因，因此要结合其他勘验结果，共同分析事故或者故障原因。

对发动机舱盖安装螺栓进行勘验时，仔细观察铰链与发动机舱盖之间的安装印痕，螺栓、法兰盘与铰链之间的印痕，螺栓六角面及棱角是否有拆装痕迹，如图 2-38 所示。通过以上三点，可以检查发动机舱盖、翼子板、铰链部件是否曾拆卸或更换过。

如图 2-38b 所示，可以看到螺栓有拆卸痕迹；如图 2-38c 所示，螺栓、铰链与发动机舱盖内侧漆面质量一致。

### 4. 前照灯

车灯位于车身的边缘处，在轿车上通常把前照灯和转向灯组合在一起，当车灯出现外壳破损、进水、固定爪断裂等故障时，通常需要对前照灯总成进行更换。另外有些车主对现有车灯不满意，改换车灯也是常有的事情。

图片
发动机舱盖
折页与安装
螺栓拆卸痕
迹分析

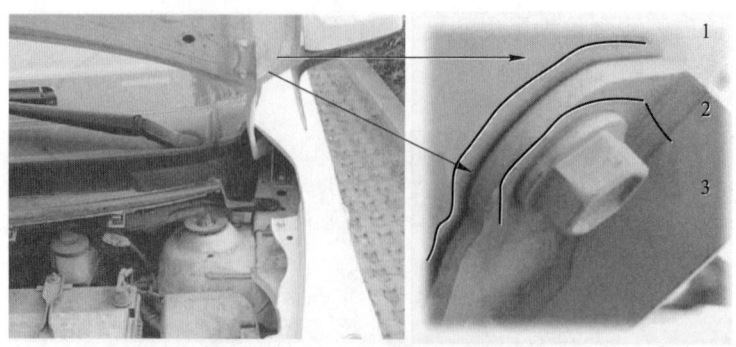

(a) 发动机舱盖安装螺栓与铰链

(b) 发动机舱盖螺栓有拆装痕迹

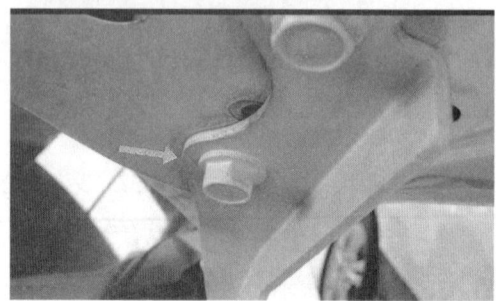

(c) 发动机舱盖螺栓油漆和其他地方一致

图 2-38　发动机舱盖折页与安装螺栓拆卸痕迹分析

1-铰链与舱盖的接触印痕　2-螺栓与法兰盘的接触印痕　3-螺栓表面的拆装印痕

注：本图为灰度图，观看彩图请扫描左侧二维码

勘验车灯，主要看左、右前照灯罩、转向灯罩、雾灯罩新旧程度、颜色是否一致，如果不一致，发生过事故的可能性较大。但有时候车灯改装或者因效果不好而更换也较为普遍，此时要根据其他痕迹一并分析更换的原因。例如，如图 2-39 所示，通过前照灯螺栓判断该车前照灯拆卸过，但是该车前照灯属于后期改装。

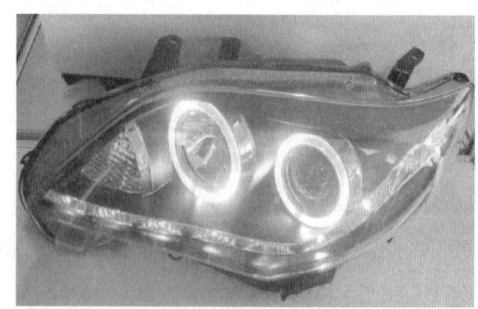

图 2-39　该车前照灯拆装过，符合该车前照灯改装过的事实

需要注意的是，车灯后部的塑料外壳上印有出厂标签，或者有出厂标识，有些标识是圆圈状，内圈周边带有数字，类似时钟一样的图印，有些则是一个椭圆形或矩形方格内印有数字。

例如，某欧洲品牌车系的前照灯壳体在制造时即标注有生产日期。如图2-40所示，通过圆形标记中间位置的两位数10，可知该前照灯的生产年份为2010年，通过周边的数值及箭头的指向，可知该车前照灯的生产月份为12月，即该前照灯的生产日期为2010年12月。通过车身铭牌可知车辆的生产日期为2011年4月，零部件的生产日期略提前于整车的生产日期，属合理现象。因此，推断该车辆的前照灯未曾更换。

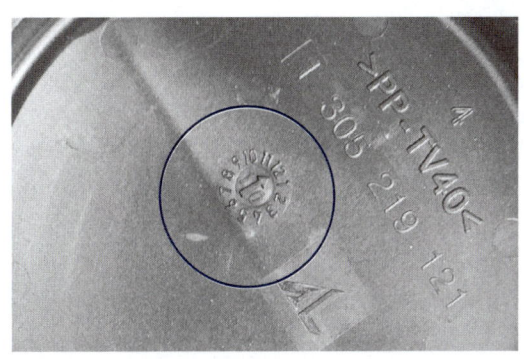

图2-40　前照灯生产日期

也有些车型的生产日期和铭牌为贴上去的标签，例如VOLVO轿车，如图2-41所示。

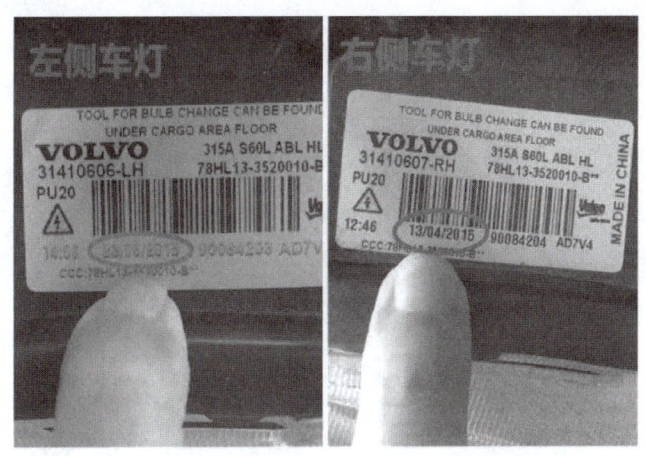

图2-41　左、右两侧车灯的标签（显示生产日期不同，左侧为2016年，右侧为2015年）

通过车辆出厂日期描述和车灯铭牌上的日期对照，出厂年份不大于铭牌年份基本可以确定车灯是原厂部件。

### 5. 散热器框架

散热器框架也叫龙门架、散热器支架，如图2-42所示。散热器框架是一个相对独立的框架，位于车体结构的前端，它固定于两个前纵梁最前部，用于固定散热器、冷凝器、前照灯等组件，同时在它的顶部还安装有机盖锁，前部连接保险杠外壳等。

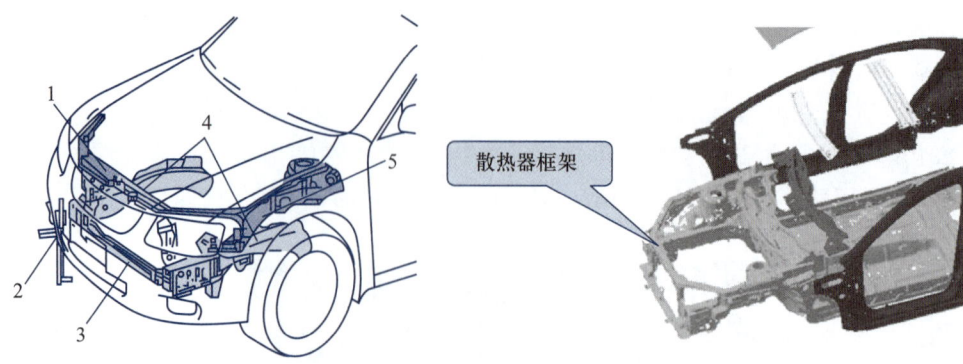

图 2-42 散热器框架的安装位置示意图

1- 散热器框架　2- 溃缩箱　3- 前横梁　4- 前纵梁　5- 翼子板支撑板

微课视频
散热器框架
勘验

早期车型的散热器框架为铁质，车型不同散热器框架的装配方式也不同，例如韩系车散热器框架是螺栓固定，部分日系车散热器框架是焊接在纵梁和翼子板骨架上，如图 2-43 所示。

(a) 散热器框架的安装位置及安装螺栓

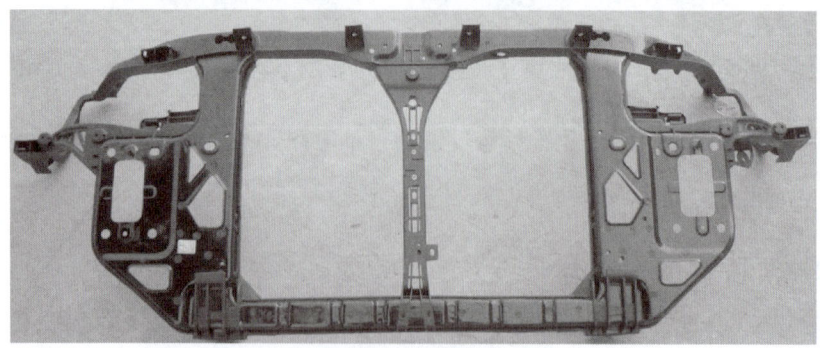

(b) 伊兰特悦动铁质散热器支架(焊接安装)

(c)奥迪A6散热器支架(螺栓安装型)

图 2-43　散热器框架的安装形式

近些年部分车的散热器框架为纤维材质，通过螺柱安装在保险杠前端，例如大众速腾、奥迪等，如图 2-44 所示。

 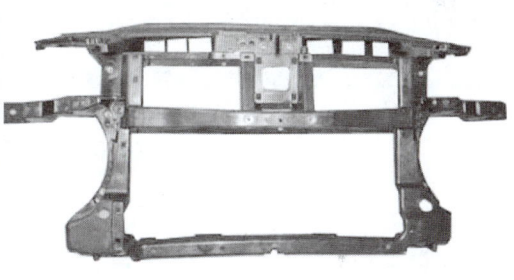

(a)奥迪轿车塑料材质的散热器框架(安装状态)　　(b)塑料散热器框架(单件)

图 2-44　塑料材质散热器框架

因为散热器框架位于发动机舱较为靠前的部位，一旦发生碰撞事故，散热器框架较为容易受损。在修理中，受损轻微时，采用钣金整形的方式予以修复，修复后会存在油漆爆裂或者钣金后用腻子填平的痕迹，如图 2-45 所示。

当散热器框架受损严重时需进行整体更换。如图 2-46 所示，该车前部受损严重，需更换散热器框架及散热器框架周边附属部件。

由图 2-46 可知，车辆勘验过程中，涉及散热器框架损伤时，可以一并勘验前照灯、散热器、冷凝器等部件是否有更换或者拆卸痕迹，因为一旦散热器框架损伤必然伴随着这些零部件的损伤。

例如，某车辆前部损伤严重，需要更换散热器框架或对散热器框架进行整形，涉及拆卸散热器框架的安装螺栓和附属部件，如保险杠外壳、前照灯、散热器、冷凝器、发动机舱盖等。所以虽然有些车辆的发动机舱布局紧凑，从外表无法直接

(a) 散热器框架油漆爆裂痕迹　　　　　　　(b) 散热器框架的平整性差，可见修复痕迹

图 2-45　勘验散热器框架油漆爆裂和修复痕迹

(a) 车身前部损伤严重　　　　　　　　　(b) 拆卸附件后更换散热器框架

图 2-46　更换新的散热器框架

观察散热器框架的安装螺栓，但通过分析散热器框架周围部件是否有大范围的拆装痕迹可以推断散热器框架受损情况。

在车辆勘验过程中，检查的重点是勘验散热器框架是否有过拆解，冷凝器是否曾更换，以及判断散热器框架后面的纵梁等结构是否受到波及，而判定基础是安装螺栓，如图 2-47 所示。

(a) 冷凝器结构　　　　　　　　　　　(b) 冷凝器的安装位置

图 2-47　冷凝器结构及安装位置

由图 2-47 可见，冷凝器由多个螺栓固定在散热器框架上，观察哪些固定螺栓表面有拧动痕迹及更换迹象，也可进一步证明事故的范围。

另外，勘验散热器框架的新旧程度、表面质量、焊点是否为原厂部件状态及观察散热器上标签等也是常用的勘验手段，如图 2-48 和图 2-49 所示。

图 2-48　检查散热器框架安装螺栓

图 2-49　检查散热器框架上的标签

多数原厂散热器框架上会贴有一些标签，但是副厂件就没有标签，所以如果散热器框架上没有标签，或者标签歪曲，那就可能是更换了散热器框架。

### ▷▷▷ 验车手记之——散热器框架

散热器框架位于保险杠、散热器、冷凝器等部件的后方，纵梁和发动机的前方，一旦散热器框架有修复或者更换迹象必然会牵扯到周边的诸多部件。

对散热器框架的更换情况务必要准确核实损伤范围，是否同时涉及纵梁前部和翼子板支撑板，以及发动机本身部件等，这是围绕散热器框架展开勘验的重点。

有时候，虽然仅散热器框架受损，不牵扯车辆安全性能，但是同众多外围件一样，经过后期拆装及重新装配、喷涂等工序后，散热器框架会在一定程度上影响美观和防腐性能变差，使车辆贬值。

## 三、发动机舱结构件检查

发动机舱是汽车前部碰撞时重要的碰撞缓冲区，同时也是前部载荷的承载体和发动机、悬架等部件的安装体,如图 2-50 所示。

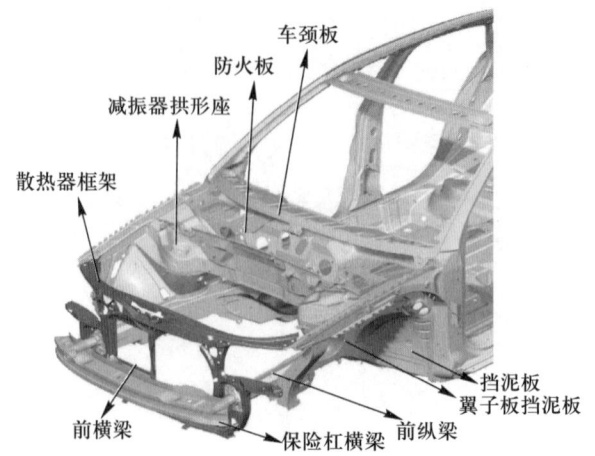

图 2-50 组成前段车体的主要结构件

现代轿车多为承载式车身,用点焊或激光焊接的方式,将形状各异的冲压薄板连接在一起,构成了一个整体结构。这种结构质量轻,刚性大,具有较强的抗弯曲和扭曲变形能力。

通过对纵梁、翼子板骨架、减振器钟形座以及轮罩板等结构件的检查,可确定发动机舱是否曾发生较大事故。对于前部碰撞,最容易伤及的部位是前纵梁、翼子板支撑板、减振器支座、防火板、A柱等,如图 2-51 所示。

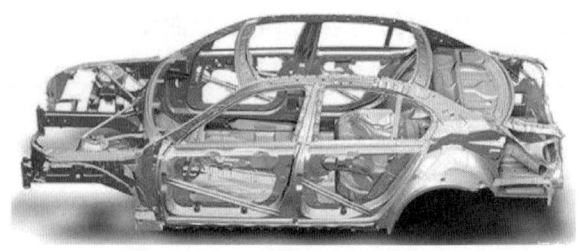

图 2-51 整体式车身的结构

这些部件一旦有修复、焊接的情况,说明部件的结构性遭到一定程度的破坏,可能会造成尺寸偏差,引起悬架定位不准,影响驾驶性能,并且在二次碰撞时的保护性能也将严重下降。因此,出现发动机舱结构件损伤的车辆,通常被定义为事故车。

1. 纵梁的勘验

纵梁检查是二手车勘验中必备的项目。作为汽车主要安全保护结构,两条最粗壮的前纵梁是发动机舱部件保护的关键,同时也是前部碰撞时对驾驶舱进行吸能和缓冲保护的重要装置。对于纵梁可以从以下几方面勘验。

（1）观察梁体油漆

对于纵梁的检查要仔细、全面。从纵梁与保险杠吸能盒的连接处开始，观察梁头、梁身以及梁体其他部位是否存在油漆破损，油漆是否有颜色差异、错位、裂痕，封胶震裂的情况。

正常的纵梁应当漆面完好，原厂的焊点、缝隙紧贴梁体，纵梁头表面平整，曲面顺滑，如图 2-52 所示。如果纵梁表面有油漆爆裂或者锈蚀痕迹，则纵梁很可能有受伤或修复的情况，如图 2-53 所示。

微课视频
纵梁概述

图 2-52　汽车纵梁外观

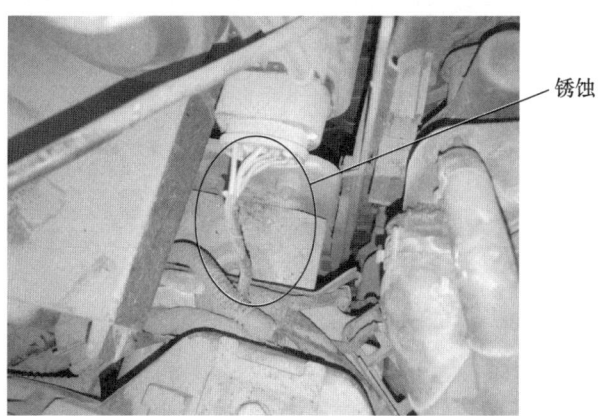

图 2-53　右前纵梁端部有油漆破损后的锈蚀

纵梁作为发动机舱的重要结构件，一方面起到支撑发动机舱的作用，另一方面在车辆发生前部撞击时起到缓冲和吸能的作用，因此，纵梁表面会设有一定的冲压凹槽，降低某些特定区域的强度，在碰撞发生时引导纵梁沿着特定轨道变形，吸收撞击能量。

例如，如图 2-54a 所示，方框内所示的钣金件上的两个凸起点为福克斯轿车碰撞时前纵梁的折弯点。如图 2-54b 所示，福克斯轿车左前纵梁内板（圈内）处可以看到一条分界线，说明这也是一个激光拼焊件，并设计有折弯点。

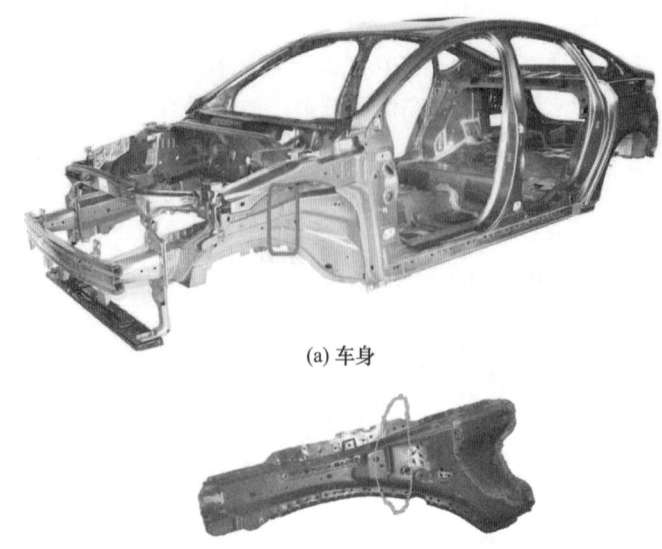

(a) 车身

(b) 左前纵梁内板

图 2-54 福克斯车身、左前纵梁内板

拓展视频
纵梁修复
实例

在一些不太严重的纵梁受损事故中，通过对纵梁拉拽校正恢复其尺寸，当变形时溃缩点表面油漆会爆裂脱落，待整形后，溃缩点附近通常需要重新补漆，如图 2-55 所示。如果油漆爆裂处喷漆处置不当，经过一段时间后，重新喷漆处易产生锈迹，如图 2-56 所示。这些关键部位有无油漆爆裂或者有无油漆的颜色异常应当作为勘验的重点。

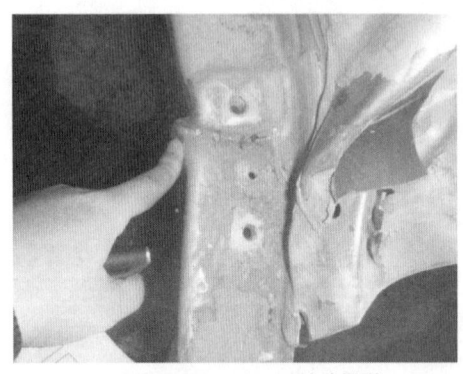 

(a) 纵梁的溃缩点变形并油漆爆裂　　(b) 拉伸矫正后的前纵梁

图 2-55 纵梁的溃缩变形及拉伸矫正

（2）观察梁体焊点和变形

纵梁作为纵向碰撞重要的承受载体，撞击严重时，纵梁的褶皱变形还会蔓延至梁身的部分，当纵梁轻微变形或溃缩时，通常采用就车直接拉拽的方式进行修复。当纵梁损毁严重时需要整体更换或者分解纵梁后重新组合焊接，此种方式应当拆卸纵梁与车身的连接点，并进行重新焊接，如图 2-57 和图 2-58 所示。

图 2-56 某车纵梁的锈蚀痕迹

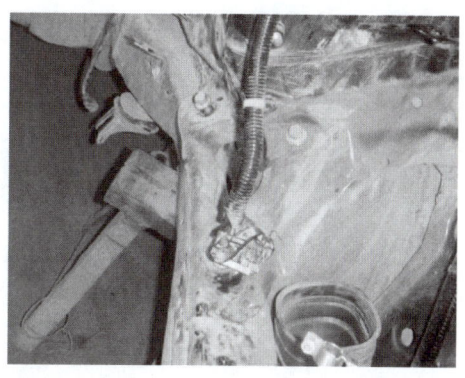
图 2-57 左前纵梁弯曲（可分解校正）

(a) 解体后拉拽纵梁

(b) 采用拉拽并配合锤击的方式进行校正

图 2-58 拉拽校正左侧纵梁前部（辅助锤击）

纵梁受损时无论采用拉伸校正或者是切割更换的方式，表面都会留存一定的修整、焊接或拆卸痕迹。在勘验时，要沿着纵梁，从前部到后部逐点观察。正常原厂纵梁应该是严丝合缝的，如果发现有开裂迹象、不规则的褶皱或者纵梁上各个部件的安装螺栓有拆卸痕迹，则要核定原因。

例如，勘验某车时，发现纵梁前部有不正常的凹陷，或者异常的焊接痕迹，可以推断纵梁存在变形后整形的情况，如图 2-59 所示。

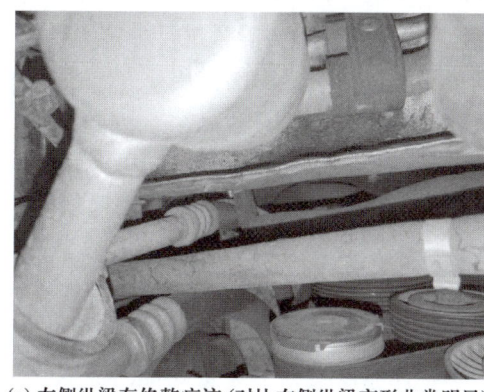
(a) 左侧纵梁有修整痕迹（对比右侧纵梁变形非常明显）

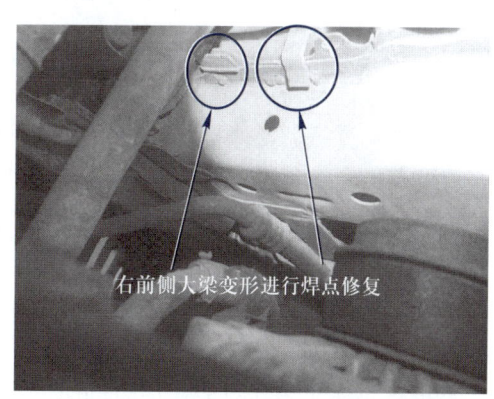
(b) 某车右前纵梁端部有修复痕迹（上方观察）

图 2-59 纵梁表面状态检查

判断纵梁及前部是否受损的重要参考是纵梁端部的安装螺栓是否存在拆卸痕迹，如图 2-60 所示。

(a) 纵向上各个支架有拆卸痕迹　　(b) 某车型防撞梁与纵梁的连接螺栓有拆卸痕迹

图 2-60　检查纵梁端部的安装螺栓

图 2-61　纵梁表面的焊接痕迹

如果发生严重的纵梁损伤事故，则需对纵梁进行整体更换。更换纵梁时需要将纵梁连接的各个部件的焊点去除，拆卸纵梁连接处的相关附件并拆卸受损纵梁，通过焊接将新的纵梁固定，并重新涂抹焊缝防腐胶后进行装配。如图 2-61 所示，位于右侧纵梁的发动机支架安装螺栓有拆卸痕迹，纵梁箱体部件的结合处有非原车焊点（塞焊）的痕迹。由以上两点可以确定该车右侧纵梁曾经受损。

### 2. 翼子板支撑板

翼子板支撑板也叫上纵梁，它是翼子板的支撑部件，同时也是发动机舱的重要结构组成部件。在遭受纵向撞击时，翼子板支撑板能够对撞击能量进行一定的吸收，同时将能量向车身前立柱及车顶传递，起到传导和分散撞击力的作用。在二手车勘验过程中，翼子板支撑板能够比较容易观察到，如图 2-62 所示。

翼子板支撑板结构和安装位置如图 2-63 所示。图 2-64 所示是本田思域轿车发动机舱上的纵梁（不规则形状框内），可以看到向下连接到前纵梁上，这样增强了发动机舱的结构性。

翼子板骨架和减振器钟形座在事故勘验时也是重点排查部位。翼子板骨架、减振器钟形座以及纵梁共同构成发动机舱的结构，当车辆前部发生碰撞时，能够提供一定的支撑和起到吸能作用。同时减振器钟形座是减振器的安装部位，钟形座的定位如果出现偏差，将影响减振器的安装，同时影响车辆的行驶性能。因此，在

图 2-62　就车观察前翼子板支撑板

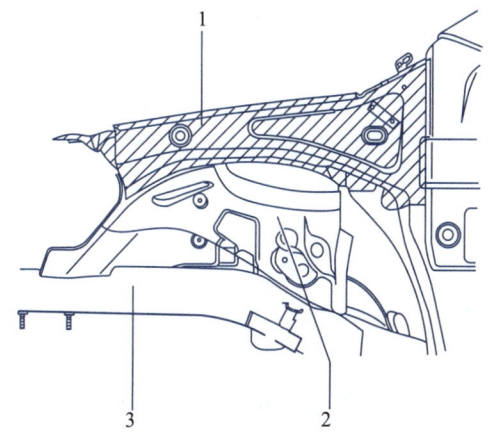

图 2-63　某轿车翼子板支撑板位置示意图
1—翼子板支撑板　2—轮罩板　3—纵梁

图 2-64　本田思域轿车翼子板支撑板示意图

事故车的划分中，此部位出现变形或修复迹象即认定为事故车。如图 2-65 所示，该轿车左前翼子板支撑板受损，波及减振器的安装，影响到车身骨架的吸能和传力性能。

根据修复工艺可知，有些车辆翼子板骨架前端受损轻微，可以通过整形校正恢复轮廓和尺寸，整形后表面会留有一定的敲击校正痕迹，原本光滑平整的表面会存在一定的凹凸翘曲，这在整形过程中是无法避免的。

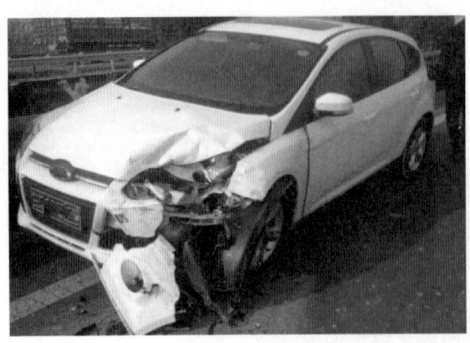 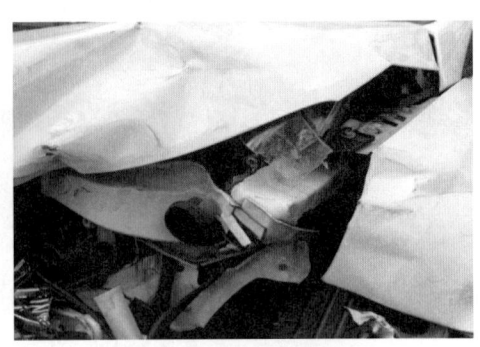

(a) 某轿车翼子板骨架损伤　　　　　　　(b) 翼子板骨架前端溃散吸能

图 2-65　前部损伤及翼子板骨架损毁

有些较为严重的事故，造成翼子板骨架或者减振器钟形座损毁严重，需要整体更换，如图 2-66 所示。更换过程中受维修水平和工艺限制，部分位置只能采用塞焊来代替电阻点焊，因此表面的平整度和焊接质量与原厂焊点相比有较大差异。对比分析表面焊点即可辨别维修痕迹和范围。

图 2-66　右前翼子板骨架及减振器钟形座损毁（需更换）

有关翼子板骨架焊接和修复后的痕迹，在勘验时可以通过左、右侧对比或者同一车型的两辆车之间对比的方式进行判断，如图 2-67 所示。

至于一些轻微的变形，判别上有一定的难度，更多是结合维修和整形的需要来判断。例如，翼子板支撑板前端整形涉及翼子板安装螺栓的拆装、翼子板支撑板密封胶的刷涂、前照灯的拆装、散热器框架的拆装等。通过这些部件的拆装痕迹以及一定的钣金和喷漆痕迹可以有效判断翼子板支撑板是否曾发生事故，如图 2-68 所示。

任务二 发动机舱勘验 57

(a) 右侧翼子板骨架外表面无原厂焊点且表面凸凹不平

(b) 左侧翼子板骨架外表面平整且原厂焊点整齐

图 2-67 左、右翼子板支撑板的焊接痕迹对比

(a) 翼子板安装螺栓有拆卸痕迹

(b) 右侧前照灯和翼子板安装螺栓有拆卸痕迹

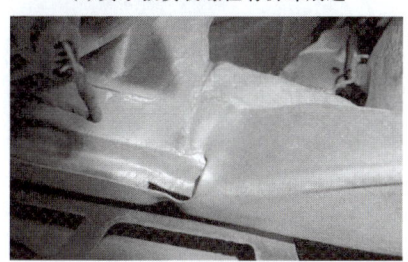

(c) 右前侧散热器框架与翼子板骨架连接处的修复痕迹

(d) 右前侧翼子板内衬有钣金痕迹

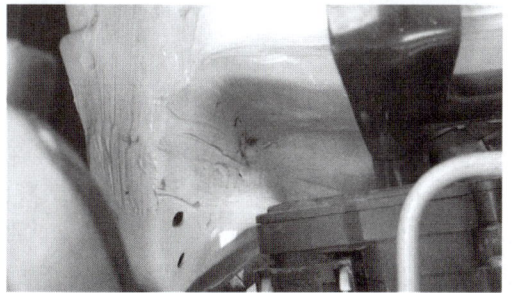

(e) 右前侧翼子板密封胶有重新涂抹痕迹

图 2-68 检查翼子板支撑板附件的拆卸痕迹及密封胶痕迹

▷▷▷ **验车手记之——勘验侧重点**

综上所述，二手车勘验应本着由简入繁的思路和顺序，但并非对每辆车都进行彻底仔细的勘验，应当针对不同状况的车辆采用不同的勘验重点。

例如：在勘验某车时发现纵梁端部螺栓及发动机安装螺栓等关键螺栓有拆装痕迹，则可以断定该车曾发生事故，对纵梁勘验可以适当简化，勘验方便观察的点即可。如果某车的纵梁端部螺栓有拆卸痕迹，发动机支架有拆卸痕迹，甚至副车架都有拆卸痕迹，纵向是否损伤应当作为勘验的重点。如果未发现纵梁有整形迹象，则需进一步勘验是否有更换纵梁的可能。总之，要找到每处修复痕迹的损伤根源。

▷▷▷ **验车手记之——大事故勘验**

对于伤及汽车骨架，严重影响汽车安全性的事故，也就是通常所说的大事故的排查，在鉴定的时候不要放过发动机舱结构的异常细节。

因为中、高级车辆和一部分发动机舱布置较为紧凑的车型，从发动机舱上方很难全面地观察到纵梁以及翼子板支架的密封胶、装配及变形痕迹，所以只能通过翼子板安装螺栓、散热器框架安装螺栓、前照灯螺栓等外围部件推测翼子板支撑板等结构是否有损伤。

如果确有损伤的可能时，可以在下一步举升车辆时对未能确定的部位，从车辆底部着重勘验。

## 四、发动机勘验

发动机作为汽车的"心脏"，是汽车的动力源，同时发动机的价值高、结构复杂，使用过程中容易磨损、老化，使用保养不当容易造成过早的磨损甚至损坏，并且发动机的故障不容易直观观察。

二手车的发动机如果存在故障，会极大地影响车辆的使用，并给后续维修保养带来较大的经济支出。

发动机的检测主要有三个要点：渗油痕迹、拆卸痕迹和磨损状况。

**1. 渗油痕迹**

微课视频
发动机漏油
勘验

在行驶里程较多的情况下，不同车系的发动机渗漏表现有所差异。一般情况下，某些品牌的车在100000 km以内发动机基本不渗油漏油，某些品牌的车行驶50000 km以上就开始渗油。渗油情况对车辆的影响要根据车型区别对待。

发动机容易出现油迹的几个位置：气门室盖垫、曲轴前油封、曲轴后油封、发动机油底壳、曲轴箱通风孔。曲轴后油封的渗漏通常需要将车辆举升后在车辆底部查看。

（1）气门室、油底壳渗油

气门室盖与气缸盖的缝隙处以及油底壳与缸体结合的缝隙处有油渍存在，严重时可能有滴落的现象，此种情况均属于密封垫或者密封胶老化后渗油，如图 2-69 所示。

(a) 某车气门室盖垫渗油

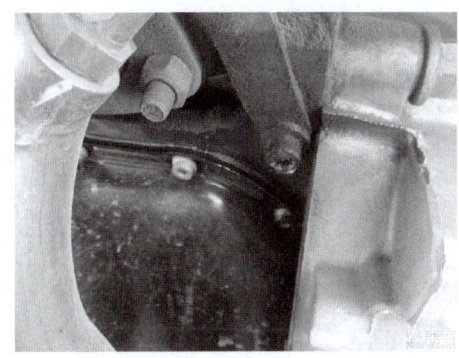
(b) 某车油底壳渗油

图 2-69　漏油痕迹

气门室盖垫、发动机油底壳的渗油可以较为方便地维修，不用拆解发动机，只需拆卸气门室盖、更换油底壳垫片或者填涂密封胶即可，解决过程较为简单。

（2）曲轴后油封漏油

曲轴后油封安装在曲轴的后端部，靠近飞轮处。如果发现发动机和变速器的结合面处存在较多的机油渗漏痕迹，则曲轴后油封渗漏的可能性比较大，如图 2-70 所示。对此问题的处理方式是更换曲轴后油封。更换曲轴油封是比较费时、费力的工作，需要将变速器整体与发动机分离，并从车上拆下来，然后对发动机飞轮等大部件进行拆卸才行。工作量大，涉及部件多，维修花费高。具体工作过程如图 2-71 所示。

图 2-70　某车发动机曲轴后油封渗油（变速器与发动机结合面处油渍较多）

（3）曲轴通风装置渗漏

曲轴箱通风的原理：在发动机工作时，总有一部分可燃混合气和废气经活塞环窜到曲轴箱内（油底壳和发动机下部组成的空腔），窜到曲轴箱内的汽油蒸气凝结后将使机油变稀，性能变差。废气内含有水蒸气和二氧化硫，水蒸气凝结在机油中形

(a)拆卸变速器后的发动机

(b)将变速器从车上拆卸

(c)曲轴后油封

图 2-71　更换曲轴后油封的操作

成泡沫，破坏机油供给，这种现象在冬季尤为严重。二氧化硫遇水生成亚硫酸，亚硫酸遇到空气中的氧生成硫酸，这些酸性物质不仅使机油变质，而且也会使零件受到腐蚀。由于可燃混合气和废气窜到曲轴箱内，曲轴箱内的气体压力将增大，机油会从曲轴前、后油封及曲轴箱衬垫等处渗出而流失。

  曲轴箱通风装置将曲轴箱的废气过滤、沉淀后引入进气管，参与燃烧，可以减轻曲轴箱内的压力并能够减少空气污染，具体工作原理如图 2-72 所示。曲轴箱强制通风是较好的解决曲轴箱内压力的办法，是当前汽车发动机必须配备的通风装置。

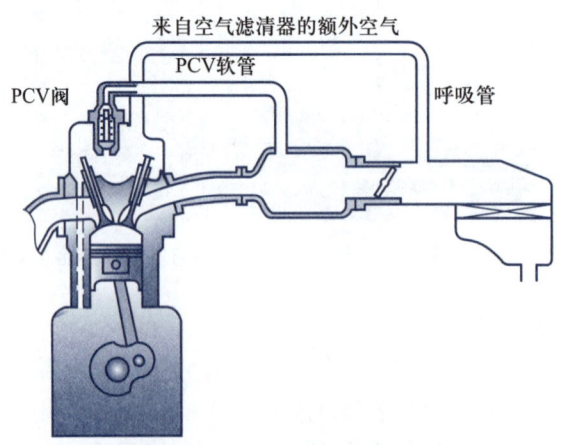

图 2-72　曲轴箱通风原理

曲轴箱通风不良时，会造成发动机各个油封容易渗油，并容易造成发动机进气系统脏污，引起发动机工作不稳定。该装置出现故障表现为进气软管接头处有油污，如图 2-73 所示。维修方案是清洁通风阀或对通风阀进行更换，并清洁管路。此类问题的维修费用通常较少。

(a) 曲轴箱通风管有机油渗漏　　　(b) 曲轴箱通风装置有机油渗漏

图 2-73　曲轴箱油气分离装置

## 2. 拆卸痕迹

如果发动机有明显的拆卸痕迹，则应当查明原因。当前发动机和变速器的正常使用里程都在 20 万 km 以上，如果车辆行驶时间或者里程较短即对发动机或者变速器进行拆解，属不正常现象。发动机或者变速器拆解后，受维修企业的维修技术和维修设备及所更换配件和装配工艺等限制，经维修后的发动机很难达到原车的发动机技术状况，水平差的维修更是会降低发动机或变速器性能稳定性，同时造成故障率提升，例如发动机大修后容易出现渗漏、异常磨损等。

所以，在发动机和变速器勘验时重点检查发动机拆卸和分解所涉及的螺栓，观察这些螺栓有无拆卸痕迹。如图 2-74 所示，可观察到的关键螺栓有发动机支架螺栓和发动机表面的各个装配螺栓。

微课视频
发动机拆修
痕迹勘验

(a) 气门室盖螺栓有拆卸痕迹　　　(b) 发动机支架螺栓有拆卸痕迹

图 2-74　发动机附件的拆卸痕迹

（1）发动机安装螺栓

发动机和变速箱装配到发动机舱内，需要一定的支撑和固定，才可能保证发动机的正常工作。所谓发动机支架，就是用来固定发动机的部件，通常被大家称为机爪。发动机支架的结构基本相同，大部分汽车都装配有三个发动机支架，也有个别车型会装配四个发动机支架。

支架外壳是金属，中间有一层橡胶材料用以缓冲。因此，发动机支架也叫机脚胶，专业名称是发动机悬置。发动机支架胶垫是起固定发动机和缓冲汽车行驶过程中发动机振动的作用。当出现冷车起动或者挂挡时发动机出现抖动，或者行驶过程中遇到某些颠簸路段发动机出现抖动情况说明需要更换发动机支架总成了。

有些拆卸下的发动机支架中会发现橡胶与金属连接的处已经分离，不能缓冲发动机的振动，久而久之会导致发动机螺栓部件因振动而松脱，造成行车危险。图2-75所示为部分发动机支架及安装螺栓。

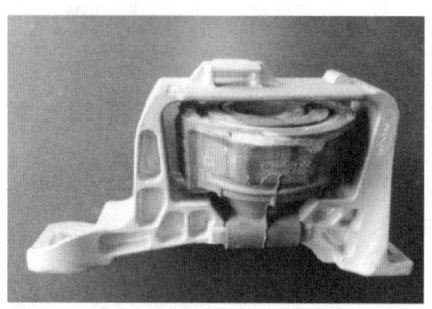
(a)福克斯发动机支架总成

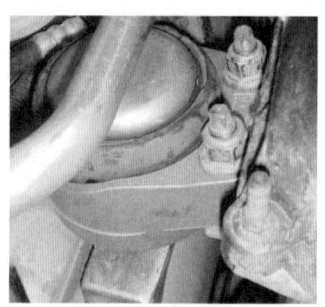
(b)发动机及支架螺栓

(c)发动机支架橡胶

(d)发动机支架减振胶

图2-75 发动机支架及安装螺栓

综上所述，发动机支架及其橡胶件为易损件，汽车使用过程中发动机支架的更换里程通常在10万km左右，如果某车年限及行驶里程均不长，出现发动机支架拆卸或者更换的迹象，则需要认真核实是否为发动机维修或因事故对其进行拆装或更换。如图2-76所示，部分车型的发动机安装螺栓在车辆出厂时涂抹油漆标识，用以检验螺栓是否松动。如果油漆标识完好，由此也能够较好地说明螺栓是保持出厂状态，未经拆卸，如图2-77所示。

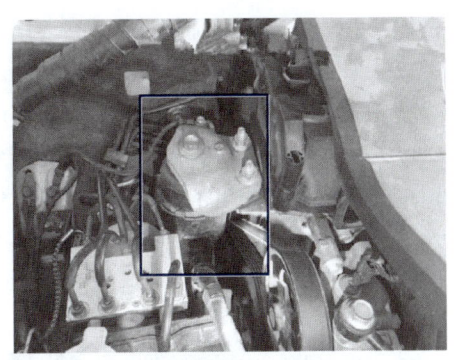
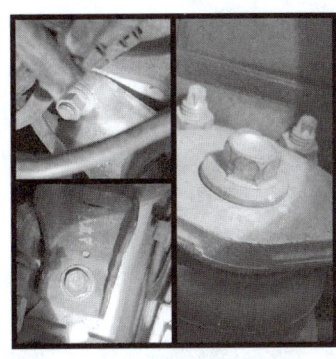

图 2-76　更换发动机支架，螺栓拆装痕迹很明显

图 2-77　发动机支架安装螺栓的油漆标识

（2）发动机装配螺栓

发动机静态检查主要用以确定发动机是否存在故障隐患。检查的重点是发动机是否有拆卸或分解痕迹，如果有拆卸或分解痕迹，则需通过对车主询问并结合现场勘验的拆装痕迹核实和分析拆卸或分解的真正原因。

如图 2-78 所示，这辆车的发动机支架及气门室盖没有拆卸痕迹，附件的原厂标线还在，基本可以排除曾维修发动机的可能。

另外，在对车辆勘验时发动机支架有拆卸迹象，证明发动机拆卸过。但是无法确认是否有拆卸时，需要进一步确认发动机进、排气歧管以及发电机、起动机、变

图 2-78　发动机气门室盖未曾拆卸

速器等部件与发动机进行装配的螺栓有无拆装痕迹。总之，此种情况需要围绕发动机表面各个装配螺栓进行细致检验。

有些发动机舱空间比较小的车型，例如别克、大众的部分车型需要换正时皮带或者正时链条时需要拆卸部分发动机支架以及周边部件。此种情况的拆卸与发动机故障维修拆卸应当进行区分。如图2-79所示，该车发动机的发电机、发动机支架等附属件的螺栓有拆卸痕迹，但是气门室盖螺栓、发动机与变速器装配螺栓等未见拆卸痕迹，由此可知发动机缸盖、缸体未拆卸过。

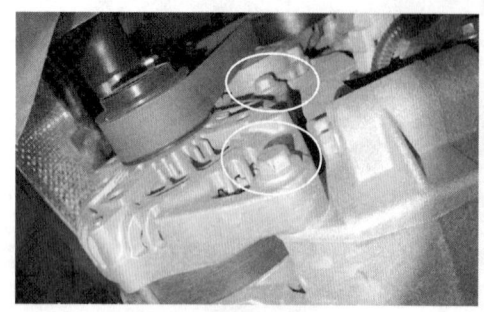 

(a) 发电机安装螺栓有拆卸痕迹　　　　(b) 发动机正时机构螺栓未见拆卸痕迹

图 2-79　发动机装配螺栓勘验

有些车辆的发动机装配螺栓表面脏污，或螺帽棱角因拆卸时间过长，拆卸痕迹不明显，也可以勘验气门室盖、油底壳、正时盖等处的密封胶状态判别是否有拆卸及分解痕迹。如图2-80所示，正时盖密封胶不平整，并有大量溢出，不符合原车的状态，判断发动机有分解的可能。

▷▷▷ **验车手记之——发动机大修**

发动机大修时，需要将发动机拆解，将变速器拆离车辆。这个过程需要拆卸发动机所有连接线路、管路以及助力泵、发电机、空调压缩机等附属机构的固定螺栓，甚至有的还要把副车架也一并拆离车身。发动机分解还需要拆卸发动机前端盖、发动机气门室盖、油底壳等发动机本体上的部件，如图2-81所示。

图 2-80　发动机装配螺栓有拆卸（密封胶不平整痕迹也很明显）　　　　图 2-81　发动机大修分解图

当确定发动机的支架有拆卸痕迹时，以上这些附件及发动机本体有无拆卸痕迹是发动机是否曾解体的有力证据，需利用维修的需求思维去观察拆卸痕迹。

### 3. 检查发动机磨损状况

有关发动机磨损，通常是指发动机内部运转零部件的磨损，在静态检查过程中不太容易发现发动机存在的机械问题。勘验经验中，检查机油的品质是较为常见的措施。机油是发动机工作过程中极为重要的介质，起到润滑、冷却、密封等作用，通过检查发动机机油的状况，可以对发动机的保养和使用的频繁程度进行间接的判断。

微课视频
发动机磨损的检查

（1）机油尺检查

对发动机机油进行检查，最简单易行的方法是通过机油尺观察机油量和品质。

检查机油前应把车辆停放在平整路面上，而且检查前车辆要停转 10 min 以上，如果车辆发动机已经冷却，要先热车再检查才准确。

先拔出机油尺，把机油尺末端擦拭干净，然后插回油尺管，插到底，再次拔出机油尺，才能准确测出机油量。一般在机油尺末端会有刻度提示，分别有上限和下限，机油印痕处于之间属于正常状态，如图 2-82 所示。

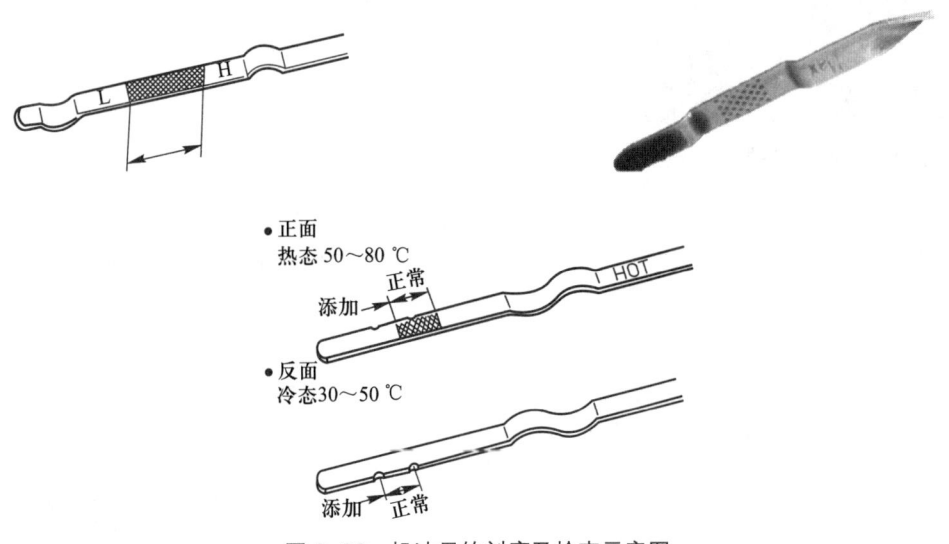

图 2-82 机油尺的刻度及检查示意图

在观察机油量的同时也可以观测机油尺末端附着的机油的颜色和品质。如果机油呈现淡黄色，则机油品质较好。如果机油发黑或者黏稠，则需进一步检查机油的黏度、杂质等。

对机油品质进一步检查时，可以利用一张白纸，将机油滴在上面，观察机油的洁净程度。

如果机油中有金属杂质、色泽偏暗和刺鼻气味等状况,说明车辆疏于保养。如图 2-83 所示,该机油中有较多磨料,说明发动机磨损较为严重。

图 2-83 机油品质检查

(2) 机油加注口观察

图 2-84 通过机油加注口观察

如果机油长时间没有更换或者刚刚更换,此时通过机油尺附着的少量机油,很难对机油性能进行判断。必要情况下可以打开机油加注口的盖子,触摸机油加注口盖内侧附着的机油,判别有无油泥、发黑、发黏等。同时也可以通过加注口向内观察,确定是否有油泥附着等。如图 2-84 所示,某车车龄 5 年,在机油加注口观察,内部未见任何积炭、油污痕迹,发动机保养极好(前提是发动机未见任何拆装痕迹)。

某车车龄 9 年,经检测整体车况无大事故、浸水、火烧迹象,但是发动机及底盘部件老化严重。打开发动机机油加注口盖,观察加注口盖及气门室内侧,发现加注口盖内侧及发动机内部积满油泥,如图 2-85 所示。此种情况油泥极易造成发动

(a) 机油加注口盖机油状况较差,此种情况会对发动机产生较大磨损

(b) 通过机油加注口观察内部机油焦化严重

图 2-85 检查加注口盖及气门室盖内侧

机油道堵塞，使发动机内部部件得不到润滑，导致发动机损坏，对发动机大修需要较多花费，因此购买此类二手车不够经济。发动机内部油泥过多通常为车主平时不注重保养，或使用劣质机油导致。另外，发动机燃烧不良，废气窜到曲轴箱导致机油变质也会造成此种情况。总之，发动机出现此种油泥沉积现象，已经严重影响发动机性能。

 拓展知识

## 一、密封胶知识及查验密封胶

原厂密封胶都是一次性涂抹完成，非常平顺，触摸质感平滑，表面很少有磨砂或毛刺凸起。如果修复后人工涂抹密封胶则表面粗糙，甚至有一层一层反复涂抹上去的迹象，如图 2-86 所示。密封胶通常涂抹在车身钣金件焊接组合处，不同车辆密封胶的表面质量即使是新车也会不尽相同，因此无法根据不同品牌及型号之间的差异来判断是否为原厂工艺。有关密封胶的检查要领，最为有效和常用的方法是就车比较，即对比本车前、后部位或者左、右部位的密封胶形态差异。

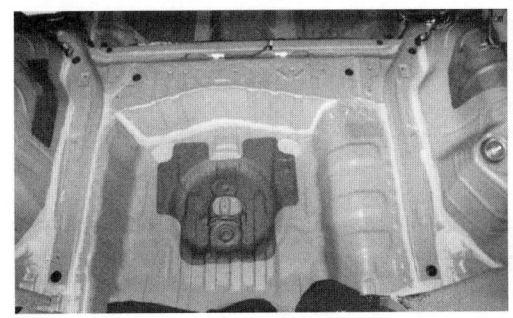 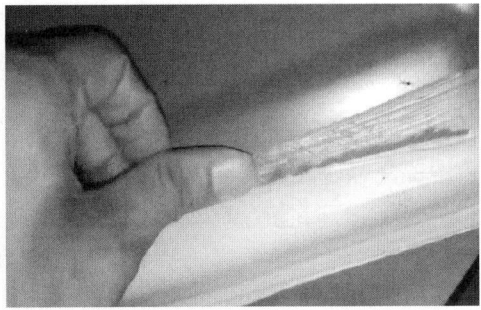

(a) 车身行李舱底板密封胶（原车工艺）      (b) 用手触碰感受密封胶的平滑性

(c) 比较差的涂抹防腐胶的痕迹（后期涂抹）

图 2-86 原厂密封胶与修理厂涂抹密封胶的差异比较

## 二、机油品质检查

对机油状况的检测可以用渗透性较好的试纸进行，能测定机油里面所含的颗粒物及机油的润滑状况，从而判断机油是否已经老化。这种试纸可以通过网购获得。一般使用 9～11 cm 直径的慢速定性试纸即可，每次机油检查需试纸一张。

取出机油尺，在慢速定性试纸滴一滴机油，把试纸水平放置（注意：滤纸背面请悬空，以免影响测试结果。可用杯子架空），静待 24 h。试纸上将出现 3 个环带，如图 2-87 所示。

图片
机油状态分析过程

 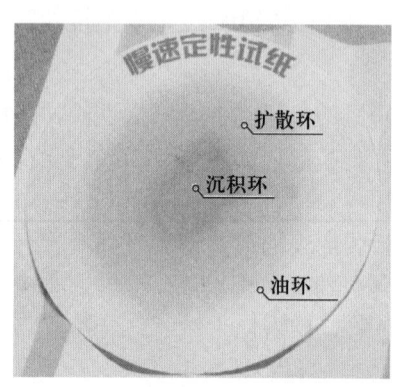

图 2-87 机油状态分析过程

注：本图为灰度图，观看彩图请扫描左侧二维码

① 沉积环在油斑的中心，是机油内粗颗粒杂质沉积物集中的地方，由沉积环颜色的深浅可粗略判断机油被污染的程度。

② 扩散环在沉积环外围，它是悬浮在机油内的细颗粒杂质向外扩散留下的痕迹。颗粒愈细，扩散的愈远。扩散环的宽窄和颜色的均匀程度是观察的重要因素，它表示机油内添加剂对污染杂质的分散能力。

③ 在油环扩散环的外围，由浅黄色到棕红色，表示机油的氧化程度。

不同质量的机油在滤纸上沉积的状态如图 2-88 所示。

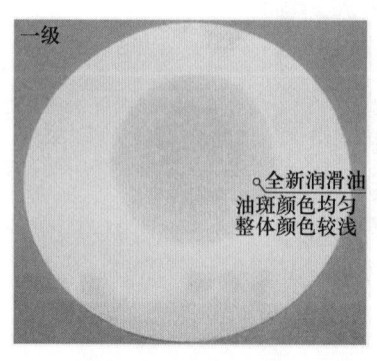 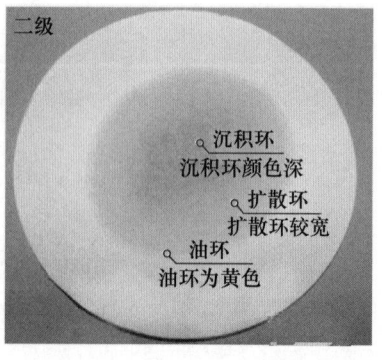

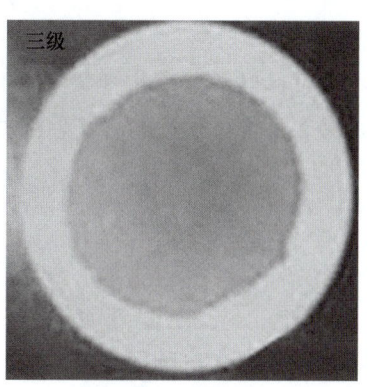
三级
沉积环深色，扩散环窄，
油环颜色较深

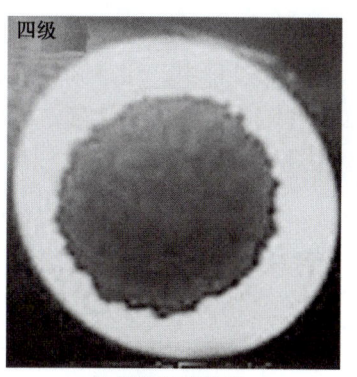
四级
只有沉积环和油环，
没有扩散环

图片
不同质量的机油在滤纸上的扩散状态

图 2-88　不同质量的机油在滤纸上的扩散状态

一级：油斑的沉积区和扩散区之间无明显界限，整个油斑颜色均匀，油环淡而明亮，机油品质良好。
二级：沉积环色深，扩散环较宽，有明显分界线，油环为不同深度的黄色，机油已污染，尚可使用。
三级：沉积环深黑色，沉积物密集，扩散环窄，油环颜色变深，机油已经劣化。
四级：只有中心沉积环和油环，没有扩散环，沉积环乌黑，沉积物密而厚稠，不易干燥，油环呈深黄色和浅褐色，机油已经氧化变质。
注：本图为灰度图，观看彩图请扫描右侧二维码

## 任务实施

### 发动机舱勘验

#### 1. 工作准备

（1）用于勘验的汽车：技术状况良好，配件齐全。
（2）相机或手机等拍照工具、手电筒。
（3）勘验记录单。
（4）机油测试纸（或普通软纸）。

#### 2. 实施步骤

（1）将车辆停放在开阔地带。
（2）制定发动机舱外围零部件的勘验顺序。
（3）对发动机舱盖的漆面质量、胶条状态、飞漆以及拆装痕迹进行勘验并拍照记录。
（4）对翼子板、前照灯、散热器框架等部件损伤或更换状况进行勘验并记录。
（5）对发动机渗油、拆装、磨损等状况进行勘验并记录。
（6）对发动机舱的纵梁、减振器座及翼子板支撑等结构部件的损伤或维修状况进行勘验并拍照记录。

### 3. 注意事项

在勘验过程中，注意区分拆装痕迹和修复痕迹；通过拆装的范围估算受损的程度和受损范围。对于不能确定之处，可以先行记录，并在后续勘验中结合其他部件的勘验进行综合分析。

## 学习小结

勘验时，发现发动机舱外围件有严重损伤或者更换迹象时，可能同时涉及发动机本体的损伤，对于二手车事故程度的判断要结合事故车辆修复的知识进行分析。

发动机舱的结构件有无维修或者更换痕迹是判断车辆前部是否发生严重事故的重要依据。

发动机的拆卸痕迹和使用状况也是勘验的重点，对于拆卸痕迹要注意核实是常规保养所进行的拆卸还是因故障维修所进行的拆卸。

## 课后思考

1. 如何制定发动机舱部件的勘验顺序和路线？
2. 确定发动机舱盖有损伤后，还要进一步勘验哪些部件？
3. 确定翼子板有拆卸痕迹后还要进一步勘验哪些部件？
4. 如何判断前照灯是否有更换？
5. 多个板件内侧的颜色不一致说明什么问题？

## 任务三　车身中部勘验

### 任务描述

车身中部是指整个乘员舱，中部车身的主要结构件有底板、门槛板、立柱、车门、座椅、仪表台、变速杆、转向盘、安全带、车顶、风窗玻璃等部件，它们焊接在一起构成乘员舱，为乘员提供安全、舒适的乘坐空间，在前部碰撞或者侧面碰撞的事故中可以有效保护乘员安全。

在二手车勘验时，应当对车身中部部件的使用磨损情况、零部件的拆装和修理情况进行详细勘验，确定车辆的基本状况。

在勘验过程中要将车辆结构知识、维修知识、使用知识以及勘验技巧综合运用。例如，某别克轿车行驶中失控，冲入路边，车身侧面撞击电线杆造成车辆严重损毁，如图 2-89 所示。在勘验时需要研究和了解此车的中段车身结构，了解此类事故的维修手段和维修方式，这样才能对此类车辆事故进行有效勘验。

 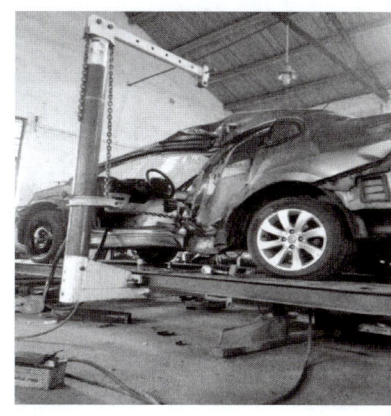

图 2-89 某轿车车身侧面受损

 相关知识

## 一、中段车身骨架勘验

对于常见的四门轿车，乘员舱骨架件分别由左、右两侧 A、B、C 三根立柱，及上、下边梁构成。在车身前部碰撞或者侧面碰撞事故中，这些结构件为乘员舱提供必要支撑，是保证乘员安全、减少乘员伤害的基础，如图 2-90 所示。

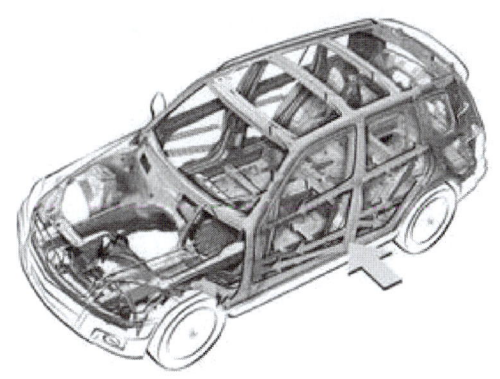

图 2-90 事故中车身中部受力示意图

为了提高立柱及边梁的支撑强度，在车身制造中，这些重要支撑结构件由多层钢板组合而成，外层钢板通常仅仅起到装饰和美观的作用，内层钢板强度相对要高很多，如图 2-91 所示。

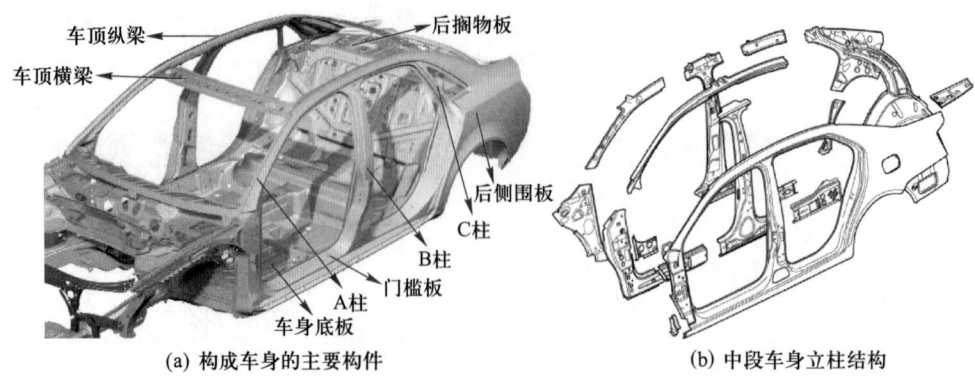

图 2-91 构成车身的主要构件及中段车身立柱结构

在当前的车身设计中,车身中部普遍采用高强度材质,例如,宝马 X5 系列轿车,A 柱上部加强件及加强件支架均采用微合金钢材质,拉伸强度为 500 MPa（N/mm$^2$）。图 2-92 所示为宝马 X5 中部车身结构图。

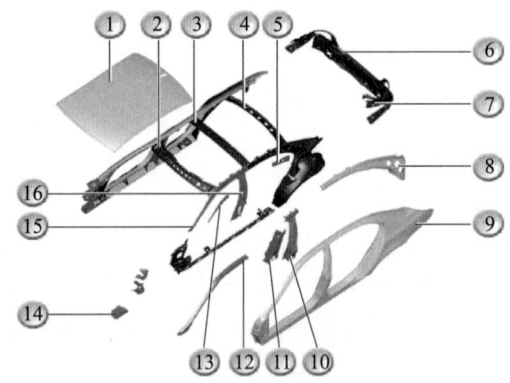

图 2-92 宝马 X5 中部车身结构图

1—车顶面板深冲钢板,200 MPa　2—上部风窗框板 BH 钢,300 MPa　3—车顶弓形架 BH 钢,300 MPa　4—后窗框 BH 钢,300 MPa　5—C 柱加强件支架 BH 钢,500 MPa　6—尾部饰板 BH 钢,220 MPa　7—C 柱尾部饰板拉带 BH 钢,300 MPa　8—C 柱加强件各向同性钢板,340 MPa　9—侧车架 IF 钢,240 MPa　10—B 柱上部加强件硼钢,1300 MPa　11—B 柱下部加强件微合金钢,500 MPa　12—A 柱上部加强件微合金钢,500 MPa　13—A 柱加强件支架微合金钢,500 MPa　14—车门槛加长件微合金钢,500 MPa　15—前部内侧框架微合金钢,500 MPa　16—内侧 B 柱微合金钢,500 MPa

## 1. 侧围板

侧围板是指包括前、后门框的外板、后翼子板在内的整个盖板,如图 2-93 所示。侧围板属于形状复杂、强度要求较低的零件,所以使用拉延性能比较好的低碳钢板冲压成形。在一些面积大、容易变形或者容易产生振动的部位,会在内侧贴沥青胶板或 PVC 胶板来改善或避免振动。

图 2-93 两厢车侧围板

微课视频
侧围与焊点检查

侧围板通过点焊与车身其他部件搭接在一起。图 2-94 所示为车顶边梁与侧围板之间的焊接焊点。

图 2-94 侧围板与车顶边梁的焊点

拓展视频
侧围拆换实例

当侧围板出现少部分损伤，且损伤较为轻微时，可以通过整形予以校正。当损伤严重时，可以通过局部更换或者整体更换的形式进行修复，如图 2-95 所示。例如，大众高尔夫的侧围板使用镀锌低碳钢制成，这种材料拉伸强度在 270 MPa，厚度约 0.7 mm。在车身修理中，侧围板损伤面积较大时，厂家维修手册通常采用局部更换的方式予以修理，关于切割部位及切割工具、焊接工艺等，厂家有严格的修复技术要求，如图 2-96 所示。

## 2. A柱

A柱是从车顶向下一直伸到车体底部的钢制箱型构件，A柱向前与前纵梁进行焊接，横向上与前围板焊接，底部连接底边梁，中间起到支撑乘员舱的作用，同时为前门提供铰接安装点的，上部起到支撑风窗玻璃及车顶的作用，如图 2-97 所示。

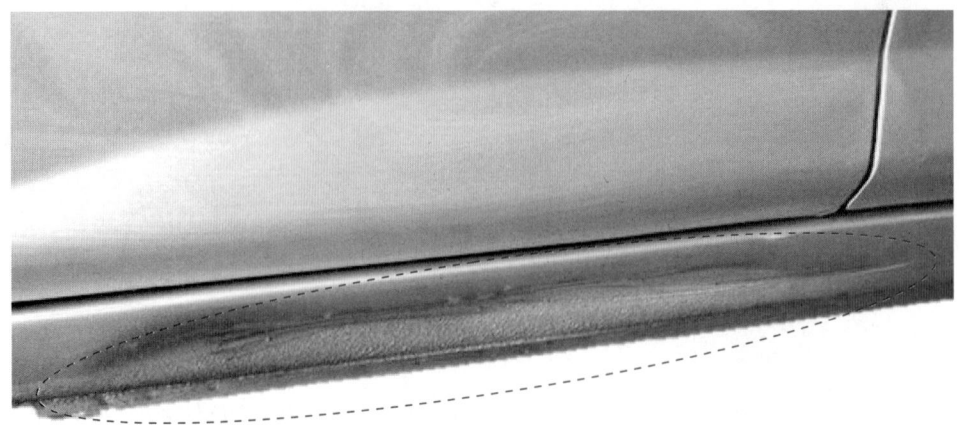

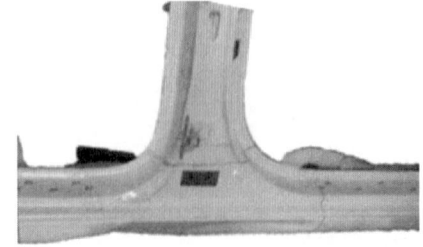 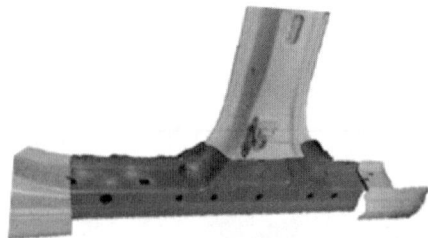

图 2-95 某轿车侧围板底边的切割更换

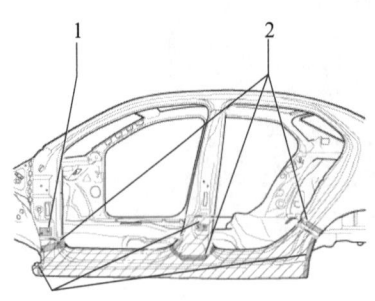 

(a) 底部侧围板示意图　　　　　　　　(b) 不规范的轿车侧围板局部更换

图 2-96 底部侧围板的切割部位示意图（切割时避开折页安装点及止振胶分布点）

1-车门折页安装点　2-止振胶分布点

　　A 柱除了上述作用，还在车身安全中扮演了重要角色。在现代汽车安全理念中，发生正面/侧面碰撞或车身翻滚时，保证乘员舱有足够的生存空间是最终的目的。即使车身其他地方有较大变形，侧面的 A、B、C 柱和顶部只要没有严重变形，乘客的存活率就会大大提升。因此，要求 A 柱强度比较高，能够把前部的撞击力向各处分散，起到保护乘员舱的作用，如图 2-98 所示。

　　A 柱由高强度钢板冲压成型，通常为多层钢板拼焊为箱形结构，在较轻的质量下，提供更高的强度。为了进一步提高 A 柱的强度，通常内部局部还装有加强件。图 2-99 所示为大众 POLO A 柱结构。

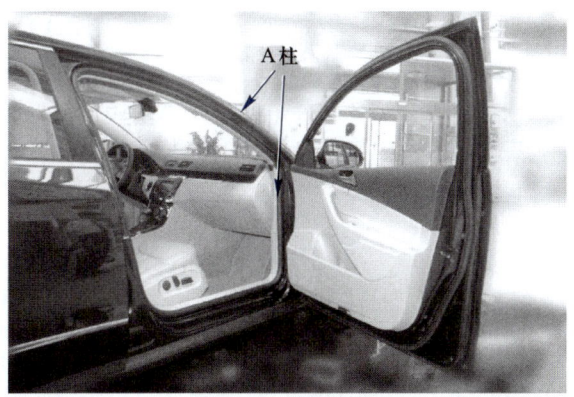

图 2-97　A 柱

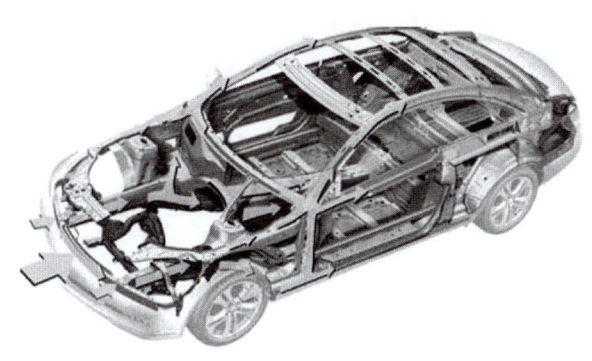

图 2-98　A 柱承力和传力

 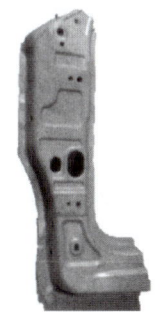 

(a) A 柱外侧钢板　　(b) A 柱内侧加强板外表面　　(c) A 柱内侧加强板内表面

图 2-99　大众 POLO A 柱外侧钢板及内侧加强板

修理过程中，涉及 A 柱的损伤时，如果损伤严重则整体更换 A 柱，需钻除原车的焊接焊点，拆卸 A 柱，并利用塞焊焊接新的 A 柱。此种形式会破坏 A 柱边缘处的原厂点焊痕迹，较为容易勘验。另外，更换 A 柱时需要拆装前风窗玻璃、翼子板、车门等。在 A 柱轻微变形的事故中，有些维修方案是对前纵梁进行拉拽，达到矫正 A 柱的目的，在拉拽校正过程中也需配合适当的敲击。

因此，在二手车的勘验过程中，取下前门密封条，勘验 A 柱的焊接点是较为常见的检测手段。检查焊接有无异常，同时也要检查是否存在钣金敲击修复痕迹。如图 2-100 所示，该车 A 柱上部没有原车点焊坑，应当为切割后修理过程中焊接所致，尽管 A 柱下部大部分焊点还在，但是 A 柱下部存在一定敲击痕迹，由此可以证明该车侧面曾发生事故。

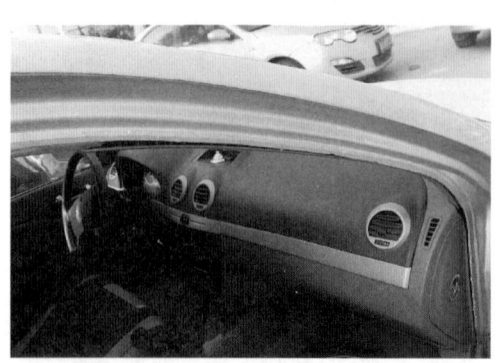 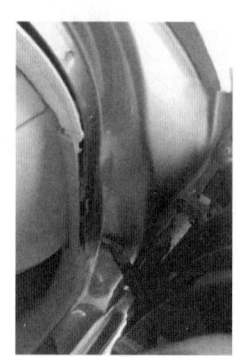

(a) 右侧A柱上部有维修焊接痕迹　　(b) 右侧A柱下方有钣金痕迹

图 2-100　A 柱勘验

▷▷▷ 验车手记之——A 柱

关于侧围板及 A 柱的损伤要注意区分损伤的范围。有些事故仅仅造成少部分侧围板损伤而采取局部更换，也有些严重的事故，不仅涉及侧围板同时也涉及 A 柱等结构件的损伤和更换。

尤其是有些车辆拆卸内饰板勘验 A 柱焊点不太方便或不允许的情况下，应当结合风窗玻璃、内饰板的拆卸痕迹等，分析具体车型维修 A 柱需要拆卸的部件及维修的具体操作来找寻有价值的线索。

### 3. B 柱

B 柱位于前门和后门之间，是重要的承力构件，不仅要保证前车门在承受一定冲击下能够打开，同时作为前车门锁扣、后车门铰链及前排安全带卷收器和高度调节器的安装部位，必须具有较高的强度和刚度。

B 柱对于汽车发生侧面碰撞时乘员的受伤程度有着直接的影响。B 柱既不能硬度过高，也不能硬度过低。因为 B 柱过硬会使撞击能量迅速转移到乘员身上，不能使撞击能量通过车身和变形移动来很好地吸收；相反，B 柱过软则会使其变形过大，从而对车内乘员造成更大的伤害。在碰撞时，合理的 B 柱变形模式和侵入速度能有效防止侧面碰撞中乘员的损伤，因此通过优化 B 柱强度而使得车辆侧面达到了合理的变形模式和侵入速度、侵入量，从而有效改善侧面碰撞性能。在车辆设计和试验过程中经常要对 B 柱进行侧面碰撞仿真分析及实车试验，通过材质的选用和形状结构的合理设置可以达到理想的强度分布，因此在维修过程中切勿影响 B 柱强度和结构。图 2-101 所示为长城 C30 优化 B 柱结构后的侧面碰撞试验。

(a) 侧面撞击试验

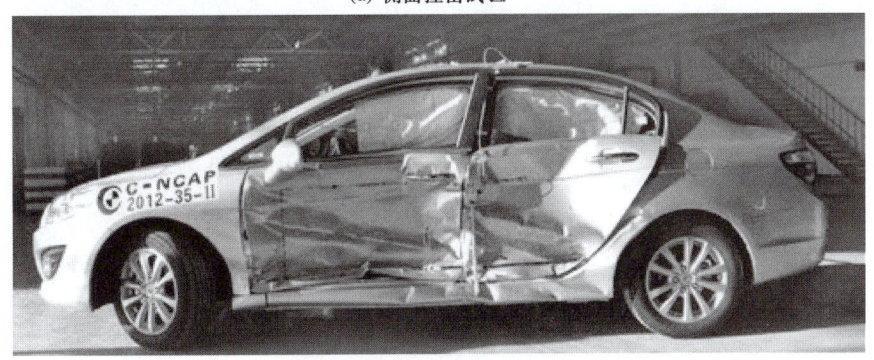

(b) 侧面撞击后的车辆变形情况

图 2-101　长城 C30 轿车侧面碰撞试验

B 柱的整体形状必须呈曲面状态，与车身外形保持一致。在当前轿车上对 B 柱的设计和制造有两种类型，分别是组合式 B 柱和整体式 B 柱。

B 柱上端与车顶横梁及车顶焊接在一起，底部与车门槛板焊接。由于车门和尺寸的限制 B 柱截面无法过大，因而要设置内部和外部加强板，形成一个强度较好的箱形结构，达到侧面受到碰撞时保护乘员的作用，因此一般在箱形构件中间装有加强件，这种情况称为组合式 B 柱。图 2-102 所示为 B 柱截面图。

另外，B 柱零件加工时的结构特点是成形深度较大、零件截面变化比较复杂。图 2-103 所示宝马 X5 B 柱总成由 B 柱和上、下内加强板组成；

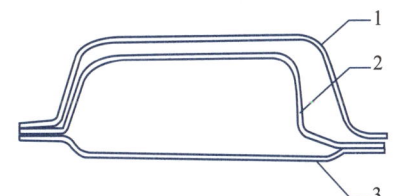

图 2-102　组合式 B 柱截面图
1-B 柱侧围板　2-B 柱　3-B 柱内加强板

微课视频
B 柱、C 柱的勘验

B 柱上部加强件硼钢强度为 1 300 MPa，B 柱下部加强件微合金钢强度为 500 MPa，内侧 B 柱微合金钢强度为 500 MPa，其厚度分别为 1.2 mm、1.0 mm、1.4 mm。

也有些车型，例如福特福克斯、大众高尔夫等，采用整体式 B 柱，通过激光拼焊或者变厚度滚轧技术实现 B 柱强度合理分布。图 2-104 所示为整体式 B 柱。

图 2-103 宝马 X5 组合式 B 柱结构图

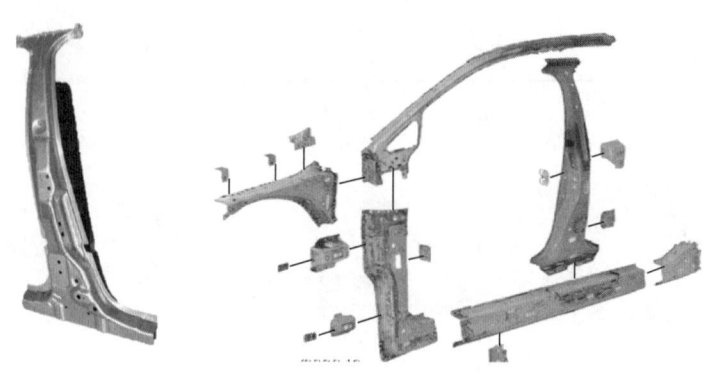

(a) 整体式 B 柱　　(b) 大众高尔夫轿车 A 柱、B 柱、底边梁、上边梁分解图

图 2-104 整体式 B 柱

大众高尔夫轿车采用热成型钢板的变厚度滚轧式 B 柱，如图 2-105 所示。图中 B 柱中间区域使用热成型材料（拉伸强度大于 1 500 MPa）。采用滚轧变厚度设计，最大厚度约为 1.8 mm，很好地满足了不同部分对强度的不同要求，不但减轻了质量，而且强度连续性更好。

当碰撞来自侧面时，为了最大限度地保护车内乘员，无论是组合式还是整体式 B 柱均采用 B 柱上部强度高于底部的设计方式，使得侧面撞击时，撞击能量的吸收较多地集中到 B 柱的根部，门槛部位由底板的横梁进行横向支撑，如图 2-106 所示。即使来自侧面的撞击力度较大，也能起到最大限度的支撑作用。

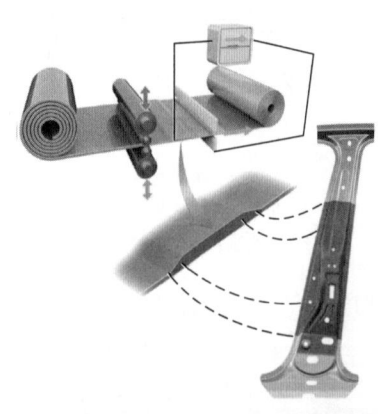

图 2-105 大众高尔夫轿车热成型变截面 B 柱

(a) B柱连接示意图　　(b) 大众高尔夫B柱支撑示意图（拆掉侧围板）

图 2-106　车身 B 柱和门槛板支撑示意图

在车辆维修过程中，如果涉及 B 柱受损，通常需要对其进行整体更换。在更换过程需要对内、外层钢板切割及焊接，因此在勘验车辆 B 柱时，通常需要取下前后门框拐角处的密封胶条，查勘 B 柱边缘多层钢板搭接处的焊点状态。原厂焊点为点焊状态，修理厂焊点则为塞焊，或者塞焊后用原子灰进行抹平处理，表面没有点焊坑。如某车拆下车门橡胶密封条后，侧围板与 B 柱的焊接处无点焊痕迹，如图 2-107 所示。

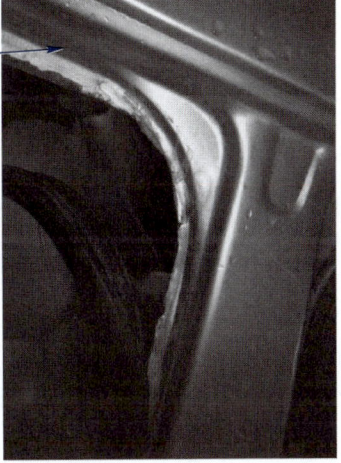

图 2-107　B 柱与上边梁连接处的修复痕迹（右侧）

## 4. C 柱

后柱也称 C 柱，从后侧围板向上一直延伸到车顶，用于固定车顶后部和后窗玻璃，安装后减振器座及车身后部的其他重要组成结构，在车辆发生后部碰撞或侧面碰撞时起到支撑和缓冲作用，其形状因车身形式不同而有所不同，如图 2-108 所示。C 柱通常为深冲压的箱形结构，与侧围的后翼子板通过搭接点焊的形式焊接在一起，边缘处安装有后门密封条，如图 2-109 所示。

图 2-108　C 柱的部位

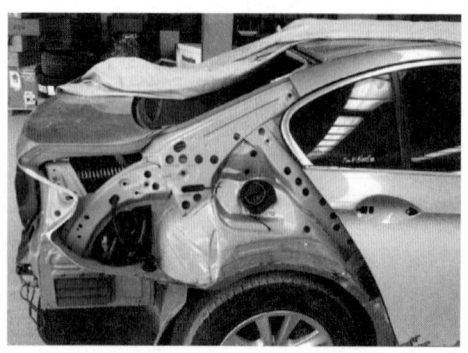
(a) 速腾轿车C柱(拆除后翼子板)

(b) 速腾轿车C柱单件

图 2-109　速腾轿车 C 柱

在二手车勘验时，通常要拆下两侧后门框 C 柱的密封条，勘验 C 柱有无维修焊接痕迹或整形痕迹。如图 2-110 所示，某轿车拆下车门密封条后发现 C 柱边缘的整形痕迹。

(a) C柱的后期焊接痕迹

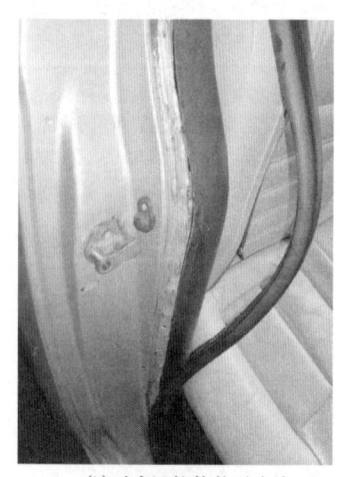
(b) 右侧C柱的整形痕迹

图 2-110　C 柱的痕迹勘验

▷▷▷ **验车手记之——B柱、C柱**

关于伤及B柱和C柱，尤其是伤及B柱时，往往涉及较为严重的事故，修复不当或不规范不仅造成车门密封性差、车门开关不平顺等，还容易改变B柱的强度结构，造成侧面防护能力下降。

车辆勘验时，有些车辆拆卸内饰板不太方便或不允许的情况下，怀疑车辆发生较为严重的侧面或者后部碰撞事故时，修复方案通常为切割并更换后侧围板，修复或更换C柱，在这个过程中需要拆装后风窗玻璃、C柱内饰板、后座椅、燃油箱、后桥悬架等部件。图2-111所示为车辆受损范围。

因此在判断C柱是否受损时，一方面勘验门边结合处的焊点，同时也可以勘验C柱内饰、后风窗玻璃、后减振器以及后侧围板等有无拆卸及焊接痕迹，由此对C柱及后翼子板的损伤范围进行综合判断。

从维修工艺流程查找事故线索，如图2-112所示。

图2-111 轿车后部侧围受损及受损范围

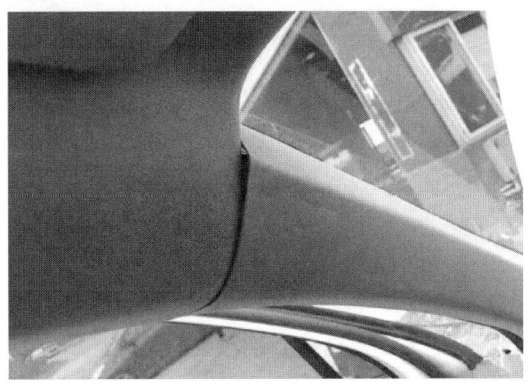

图2-112 修复后该车内饰板有拆卸痕迹

5. 底边梁

底边梁又称为门槛板内板，是装在车门框底部的纵向加强梁，贯通车身中段前后，左、右两侧各有一根。如图 2-113 所示，底边梁前端连接 A 柱底部，后端连接 C 柱底部，中间与 B 柱底部、底板横梁以及底板连接，现代轿车底边梁多采用电阻点焊或者激光焊接的方式连接。

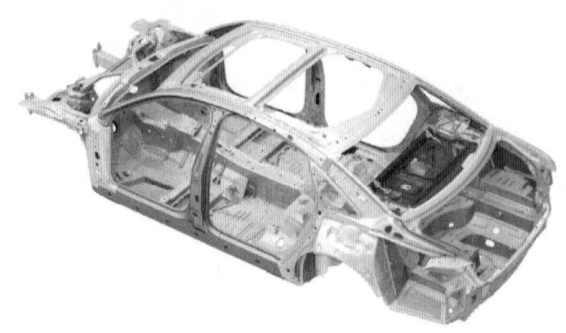

图 2-113　车身底边梁示意图

底边梁对汽车底板和车身侧面具有重要的加强作用，在侧面碰撞时能够对乘客进行保护。高强度的底边梁和 B 柱一起承受侧面撞击，并将侧面撞击能量通过舱内底板处隆起的横梁和车顶横梁分散和吸收，如图 2-114 所示。

在车辆的设计和制造过程中，底边梁通常由高强度钢材制造。

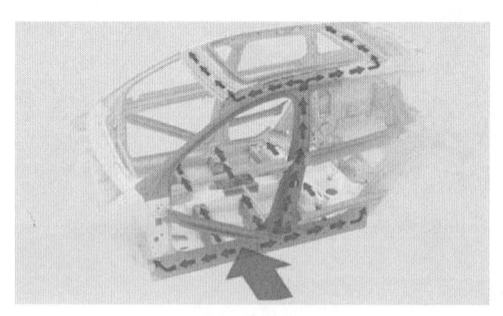
(a) 边梁承力示意图

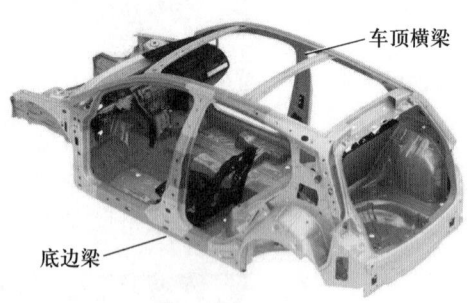
(b) 轿车底边梁连接件

图 2-114　底边梁结构及传力示意图

此外，有些车型的门槛区域的材质进行了升级，且制造时焊点密度加大，板件的箱形空间中施加结构胶。也就是说，不仅有焊点连接，还有曲面上结构胶的粘连，从而实现可靠连接，强度高。一般维修企业的维修工艺很难达到原厂设计的强度要求。

底边梁为多层钢板组成的复合结构，通常由内层钢板、中间钢板和外层钢板三层组成。如图 2-115 所示，该车左侧 C 柱下部及底边梁后部受损，底边梁后部溃缩严重，要对底边梁逐层切割、拆解后整形或更换，由图可见底边梁钢板及组合情况。

由以上维修过程可知，勘验某轿车底边梁是否曾发生事故，可以通过检查车辆门框架的下边沿有无维修焊接现象，或从车底观察底边梁的下边沿有无拆卸或焊接痕迹来确认，如图 2-116 所示。

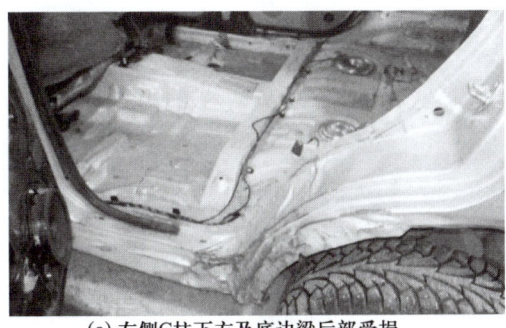
(a) 左侧C柱下方及底边梁后部受损

(b) 拆卸外板后漏出底边中层板

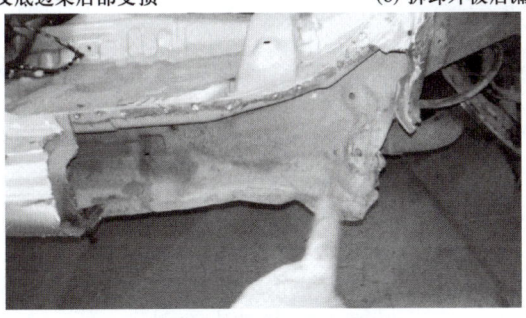
(c) 拆卸底边梁内板（后端溃折）

图 2-115　底边梁层级结构

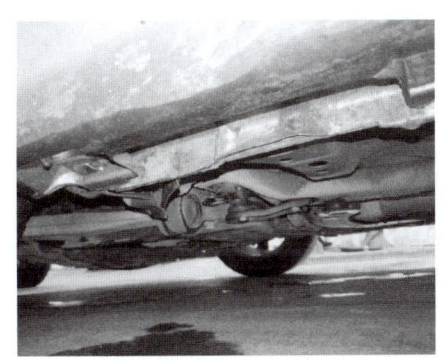
(a) 底边梁的切割及焊接痕迹

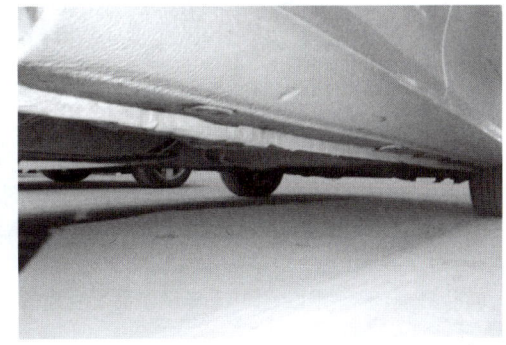
(b) 某车右侧下方勘验（无维修痕迹）

图 2-116　底边梁下沿勘验

在侧面发生碰撞的事故中底边梁外板容易受伤，由于底边梁是多层钢板组成的复合结构，当损伤较轻，仅造成外层薄壁钢板变形时，可以进行钣金整形。当内层骨架变形时，则影响车身尺寸，需将车身固定至校正台校正车身底边梁或者对底板梁进行局部更换，如图 2-117 和图 2-118 所示。

由于底边梁位置较低，车辆行驶至低洼路段时容易对底边梁造成磕碰。底边梁未造成主体变形时，仅通过恢复表面防腐涂层即可修复，此种情况不影响车辆正常使用，如图 2-119 所示。

在对底边梁勘验中，如果发现有切割或者焊接痕迹，则需进一步勘验车厢的切割范围和事故成因。

 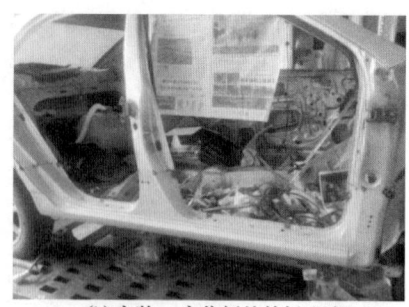

(a) 切割、剥离受损的外板　　　　　　(b) 安装、定位新的外板(局部)

(c) 焊接完毕的外板效果

图 2-117　底边梁外板局部更换示意图

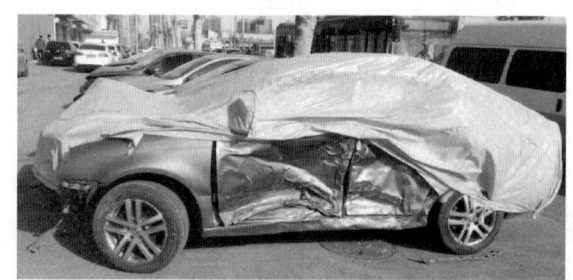

图 2-118　车辆侧面发生事故，伤及底边梁内板，需校正

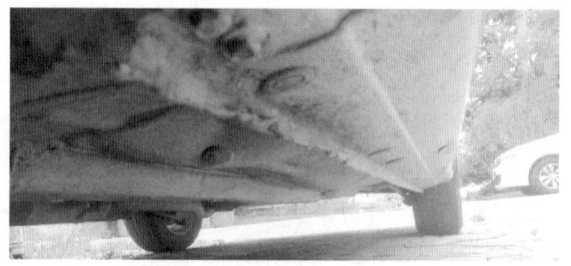

图 2-119　底边的刮碰痕迹

## 6. 车身底板

车身底板是乘客舱底部的主要结构，通常是几个大块钢板冲压成形后，与底边梁及底部横梁焊接而成。车身底板是全车焊接的基础件，是与各大总成连接的重要

构件。它承受和传递汽车载荷（自身质量、载质量）、地面反作用力、牵引力、制动力、惯性力、离心力、侧向力等各种交变冲击力，因此对其强度要求很高。底部车身中段主要由底板、底板横梁和底板主纵梁等构成，如图2-120所示。前置后驱（FR）车型的车身因为变速器纵向放置，并且有传动轴传递动力至后方，所以需要较大的底板拱起空间。

车辆设计过程中，在不增加车辆质量的情况下，为了进一步加强底板的强度，很多车型在底板部件的制造过程中，不同部位采用不同材质及刚度的板材。例如，大众新迈腾轿车中央通道等处使用了高强度（屈服强度1 000 MPa）的热成形钢板，如图2-121所示。

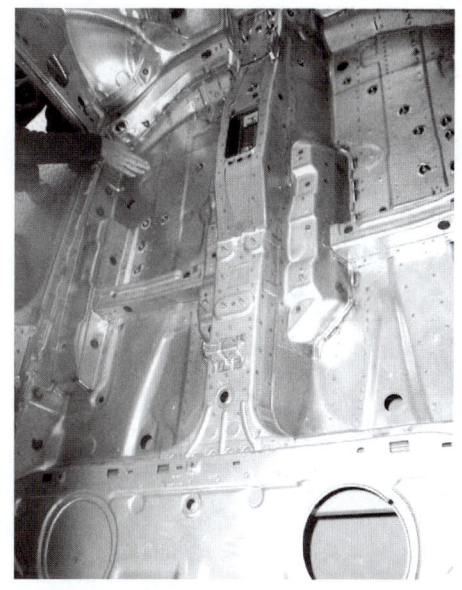

图2-120　大众速腾车身底板

图2-121　迈腾轿车的底板及底板加强梁

热成形钢板技术是指将钢板经过950℃的高温加热之后一次成形，又迅速冷却从而全面提升了钢板强度，每平方厘米能承受10 t以上的压力。把这种材料用在车身上，在车身质量几乎没有太大变化的情况下，承受力提高了30%，而且热成形钢板具有极高的材料强度及延展性，又具有钢材的韧性。因此，由热成形钢板制成的车身极大地提高了车身的抗碰撞能力和整体安全性，在碰撞中对车内人员会起到很好的保护作用。车身维修过程中，如果维修措施不当，极易改变热成型钢板的特性，降低车身的安全性。

底板在严重的事故中损伤时，或者底板严重锈蚀后，可以对底板进行拆卸和更换，具体过程如图2-122所示。在二手车勘验时，可以检查底板与底板梁、纵梁以及车底横梁的结合点有无焊接痕迹、密封胶是否异常等细节，如图2-123所示。

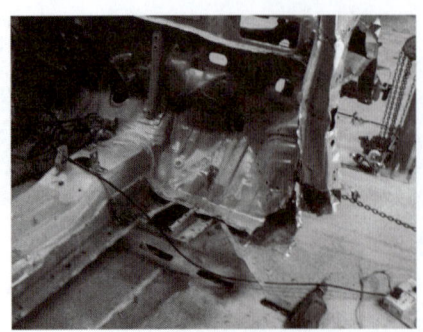
(a)拆卸底板

(b)装配底板及边梁

图 2-122　更换轿车底板

图 2-123　举升车辆后勘验车身底板

## 二、车门勘验

微课视频
车门勘验

车门是车身必不可少的部件，也是事故中较为容易受伤的部件。车门总成包含了外板、内板、加强梁、侧防撞钢梁。其中，内板、加强梁和侧防撞钢梁以点焊结合在一起，而内板和外板通常是以折边连接。

现在越来越多的厂家将侧门防撞梁装入了汽车侧门。侧门防撞梁也叫车门防撞梁，是指在车门内部结构中加上横梁，用以加强车辆侧面的结构，如图 2-124 所示。

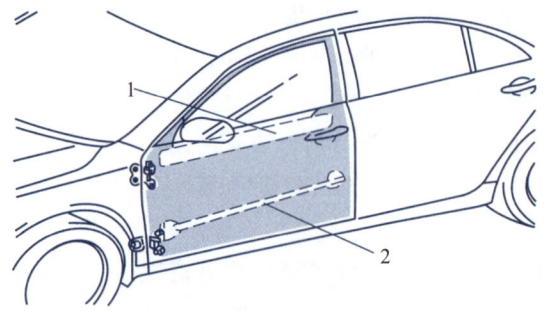

图 2-124　车门及防撞梁

1—上加强板　2—防撞梁

基于侧面撞击的概率较高，车门防撞梁作为一种额外吸能保护，可以降低乘员可能遭受的来自外部的力量，也能保护车内零部件。对车门的勘验从以下方面进行。

## 1. 开关车门，检验平顺性

二手车勘验中，通过往复开启和关闭车门 2~3 次，感受开启和关闭的平顺性。部分车辆车门或车门框在事故后的整形工作不到位，容易造成车门闩卡滞现象。

## 2. 勘验有无拆卸痕迹

另外，着重勘验四个车门铰链螺栓有无拆装痕迹，如图 2-125a 所示。如果有拆装痕迹，则车辆曾经发生事故的可能性比较大。有些车，尽管螺栓表面有一定的锈蚀迹象，但是通过螺栓法兰与螺栓的接触面可以判断有无拧动摩擦迹象来判断是否有拆装。如图 2-125b 所示，尽管螺栓棱角有锈蚀，但未发现有后期拆装痕迹。

 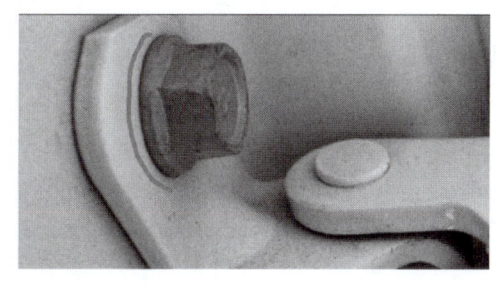

(a) 右前车门铰链曾经拆装　　　　(b) 车门铰链安装螺栓自然生锈

图 2-125　勘验车门折页安装螺栓

事实上对于车门的拆装痕迹要结合其他勘验结果综合分析车门拆卸的具体原因。例如某事故车，车门处被撞击，车门损毁严重，已无修复价值，需更换车门总成，但是车身立柱没有变形。此种情况则不属于影响车辆安全的事故，如图 2-126 所示。此种情况修复是仅更换车门即可。

对于发生严重事故的车辆，不仅造成车门损毁，同时车身结构也随之变形，不仅需要拆装更换车门，同时车门立柱、位于车门前方的翼子板、风窗玻璃、同侧的其他车门也会同样被波及。如果某车辆同侧车身部件存在较大范围的拆卸和修复痕迹，应重点勘验是否发生大事故的可能性。如图 2-127 所示，该车发生较大事故，一侧车身附件大量损毁。

图 2-126　左侧车门损伤，仅伤及车门

图 2-127　左侧车身受损严重

车辆生产制造过程中由于装配工艺不同，有些生产工艺是在车门安装前对车身进行喷涂施工，有些则是车门装配后对全车进行喷涂施工，因此有些车辆的铰链及安装螺栓表面带有油漆，有些则不带，如图 2-128 所示。在勘验车门铰链安装螺栓时，观察如果安装螺栓表面带有油漆，应注意勘验油漆是否有损坏或者重新喷漆。安装螺栓表面不带油漆时，要注意螺栓棱角有无拆卸痕迹。

(a) 车门铰链螺栓未见拆卸痕迹(带有油漆型)

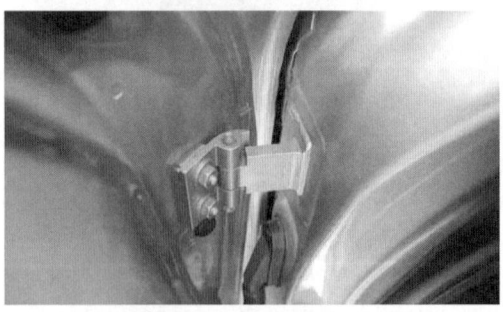
(b) 车门铰链螺栓未见拆卸痕迹(无油漆型)

图 2-128　车门安装螺栓

### 3. 勘验车门制造工艺

对于有些车辆，可以观察车门的制造工艺细节来进一步判断是否为原厂车门，以此证明车门是否曾经更换过。如图 2-129 和图 2-130 所示，对比车门外板和内板

之间折边处的密封胶，或者车门窗框和车门中部的焊接痕迹等。

(a) 车门折边没有密封胶　　(b) 车门折边有密封胶

图 2-129　车门折边处密封胶对比

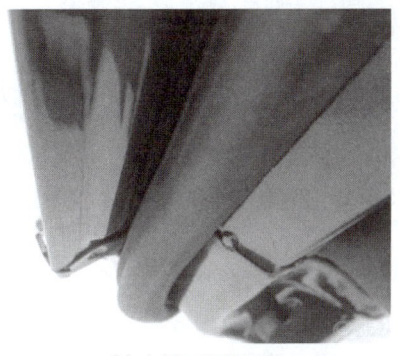 

(a) 金属板焊接粗糙　　(b) 金属板焊接精细

图 2-130　车门焊接质量对比

## 三、内饰检查

车辆使用频率最多的位置就是驾驶室，而驾驶室的仪表台、座椅、转向盘、脚踏板可以很真实地反映出二手车的使用频繁程度，也能够间接验证车况。

### 1. 仪表台检查

仪表台是各种控制功能的综合体，除装有组合仪表、收放机（CD 播放机）、暖风和空调控制面板、通风口等零件之外，仪表板下方通常还装有安全气囊、电控单元、线束等电气器件，一些高级轿车还带有驾驶信息显示屏，如图 2-131 所示。仪表台板通常为塑料材质，表面粘附柔性材料。

前排乘客安全气囊安装在副驾驶前方仪表台之下，如图 2-132 所示。由图 2-133 可见，副驾驶侧安全气囊爆炸后，气囊盖周边的蒙皮会被撕裂，同时前风窗玻璃也会

微课视频
仪表台的
勘验

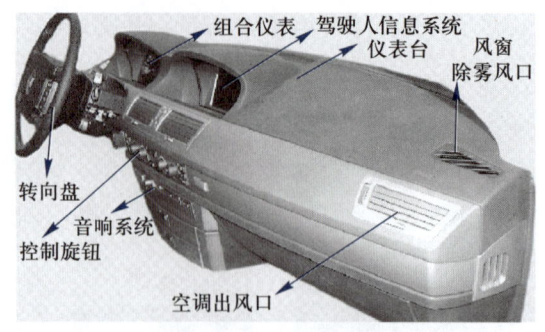

图 2-131 仪表台表面蒙皮以及安全气囊标识

图 2-132 仪表台前安全气囊标识

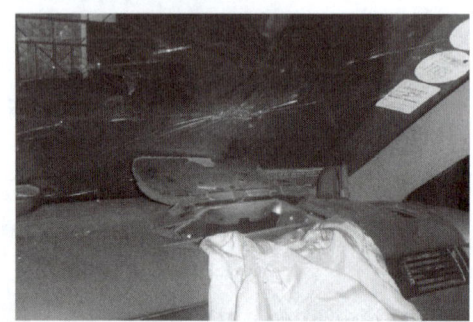

图 2-133 副驾驶侧安全气囊爆炸，仪表台破损

有一定的损伤。对于此类损坏的修复方法通常是更换仪表台外壳。

目前，也有些维修方案是修复仪表台的塑料骨架后更换仪表台蒙皮，由于粘接水平或者蒙皮粘贴工艺的差异，修复后会在表面遗留少许不平整的迹象，如图 2-134 所示。

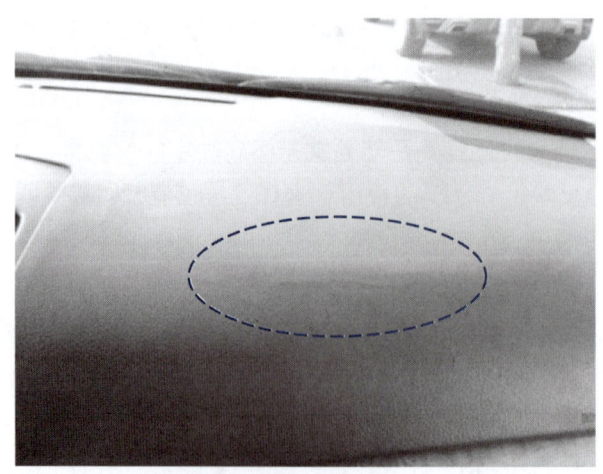

图 2-134 汽车仪表台上前排乘客侧安全气囊的修复痕迹
（通过气囊线条和接缝判断）

另外，在拆卸或者更换仪表台过程中，需要拆卸仪表台上各个开关、组合仪表、收音机面板等部件，这些部件在拆卸过程中会产生一定的撬动和拆卸痕迹，如图 2-135 所示。结合这些部件的拆卸痕迹，可以进一步查明仪表台是否曾拆卸，必要时要核实拆卸和更换的真正原因。

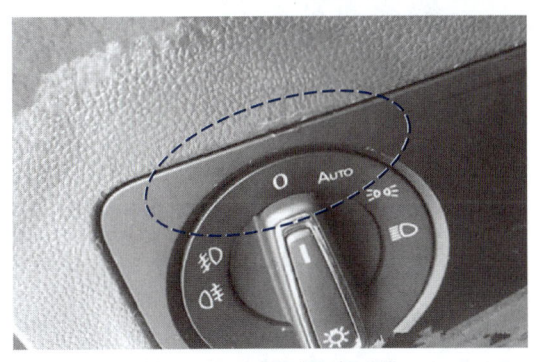

(a) 灯光组合面板的拆卸痕迹　　　　　　(b) 仪表台扣合严密，未见拆撬痕迹

图 2-135　检查仪表台的拆卸痕迹

甚至有些轿车可以拆卸仪表台的侧盖，通过空隙能够观察仪表台下部，以及副驾驶处的前排乘客安全气囊有无拆装痕迹，如图 2-136 所示。

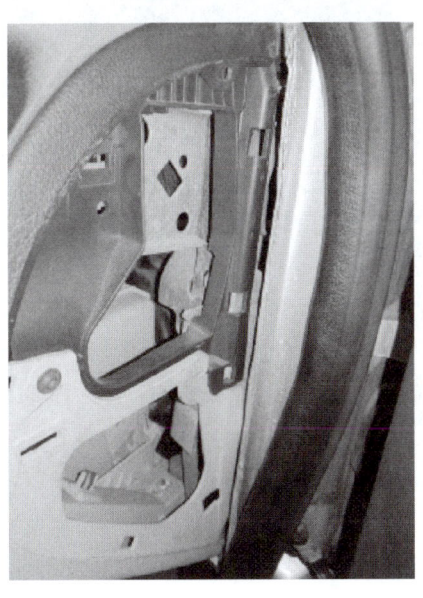

图 2-136　某轿车通过侧面观察仪表台螺栓有明显的拆卸痕迹

## 2. 仪表盘检查

仪表盘是车辆的信息中心，如图 2-137 所示，不仅显示里程信息，同时也能检测车辆的故障状态。

图 2-137  汽车仪表显示

仪表盘上的指示灯主要由驻车指示灯、蓄电池指示灯、制动指示灯、机油指示灯、水温指示灯、安全气囊指示灯、ABS 指示灯和发动机故障指示灯组成,如图 2-138 所示。这些灯在打开点火开关时应当亮起,在发动机起动后则熄灭。当对应的系统出现故障时这些指示灯才会一直点亮。

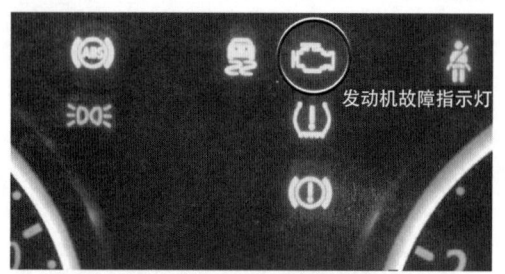

图 2-138  仪表故障指示灯

### 3. 内饰磨损程度检查

对于二手车,通常车内各种控制操作机构或者开关有一定的磨损是正常的。车辆使用越频繁,磨损程度就越重。

勘验二手车时,如果仪表显示车辆行驶 3 万～5 万 km,且车龄 1～3 年,但是内饰和操作机构磨损程度严重,则会让人怀疑里程的真实性。对照转向盘、座椅、车顶棚的颜色以及各个内饰板的表面颜色可以判断磨损程度和原车主对车辆保养或维护状况。

另外,内饰如果为新座套、新踏板、新转向盘套,有可能某些人想掩饰粗暴的操作或使用痕迹。常见的检查部位包括玻璃升降开关、变速杆手柄、转向盘、制动踏板和加速踏板等。

(1) 开关磨损

玻璃升降开关和挡位开关在每次驾驶车辆时都会多次使用,所以其磨损程度有代表性。图 2-139 所示为车辆行驶里程在 18 万 km 左右时开关和变速杆的磨损程度。

(2) 转向盘磨损

驾驶人每天开车离不开转向盘,在不停的使用中,会在转向盘表面留有磨损印

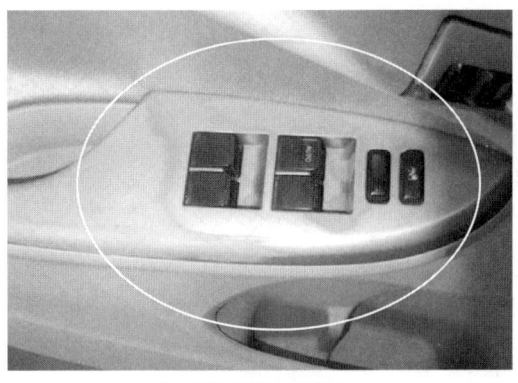

(a) 升降开关磨损严重　　　　　　　(b) 变速杆磨损检查

图 2-139　升降开关和变速杆磨损痕迹

记,使用越频繁留下的磨损印记越多。在车辆整备过程中更换转向盘的可能性很小,因此它最能反映一辆车的使用频率。如图 2-140 所示,转向盘磨损严重,表明该车辆使用频率较高。

(a) 转向盘表面的磨损痕迹　　　　　　(b) 转向盘磨损很轻

图 2-140　转向盘磨损痕迹对比

另外,转向盘控制性能也是影响行车安全的重要因素之一,通过转向盘可以检查转向系统有无故障,具体检查方法如图 2-141 所示。将车辆停靠在平坦的路面上(无需熄火),将转向盘左右轻微转动,转向盘游动间隙不能超过 15°。

(3) 踏板磨损

勘验二手车时,里程表显示的里程数是否真实,可以从离合器踏板、制动踏板和加速踏板的使用程度进行验证。

当发现这些踏板磨损严重,甚至有不同程度的损坏,间接表明了这辆车使用频繁,使用里程数相对较多,如图 2-142 所示。如果仅凭踏板的磨损不能完全说明问题,则可以结合轮胎的磨损、转向盘的磨损、制动片的磨损等情况一并考虑,得出较为贴合实际的结论。

图 2-141　检查转向盘左右间隙

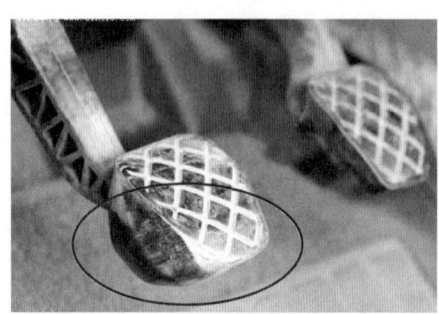

(a) 离合器踏板磨损严重

(b) 制动踏板磨损严重

图 2-142　离合器和制动踏板磨损程度勘验

### 4. 座椅勘验

（1）勘验磨损程度及功能情况

座椅尤其是驾驶人座椅，是驾驶车辆过程中使用频度较高且易磨损的部件，对于表面磨损严重或者脏污的座椅，也可以反映出车辆的使用频度以及车主对车辆的爱惜程度。

勘验时，注意观察座椅表面是否干净完好，有无破损或者划伤，如果有划伤，则需要考虑修复的费用成本。注意检查前排两个座椅是否能前后自由移动，是否能在各个可调节位置很好地固定，如果座椅松动或者磨损严重、凹陷明显，也需考虑座椅修复或者整备的成本，如图 2-143 所示。

对于一些高档车辆的真皮座椅，为了更好地追求舒适性，底座采用慢回弹材质制成，可以用手按下座椅底座平面，观察是否在 3～5 min 恢复，如果抬手后发现座椅很快恢复，则表明座椅材质不好或者是被翻新过。

（2）勘验拆装和锈蚀痕迹

轿车两前排座椅分别通过四个螺栓安装在地板上，水淹车或者车身严重损伤的事故车在修复过程中需要拆掉座椅才能彻底清洁底板的污水或者对车身进行修复。

微课视频
座椅勘验

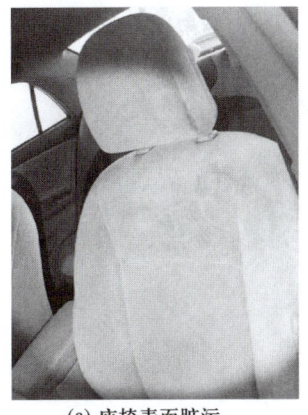
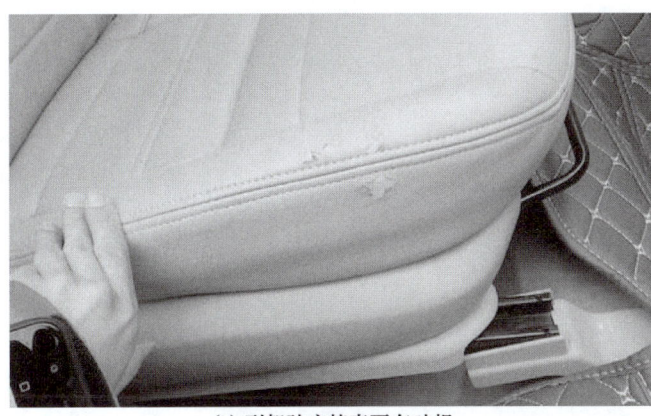

(a) 座椅表面脏污　　　　　　　(b) 副驾驶座椅表面有破损

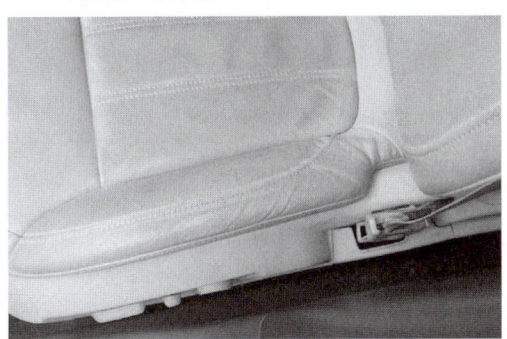
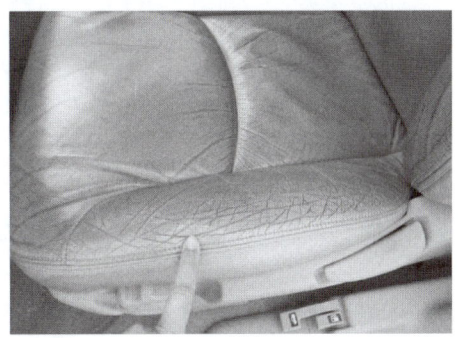

(c) 驾驶人座椅有较多磨损、褶皱

图 2-143　座椅表面勘验

因此，评判水淹车或车身中部曾发生较严重事故的车辆，对座椅螺栓的勘验可以作为极为重要的参考点，如图 2-144 所示。

## 5. 安全气囊检查

相比于车身骨架，安全气囊是辅助型安全设备，其作用是在车辆发生碰撞后，

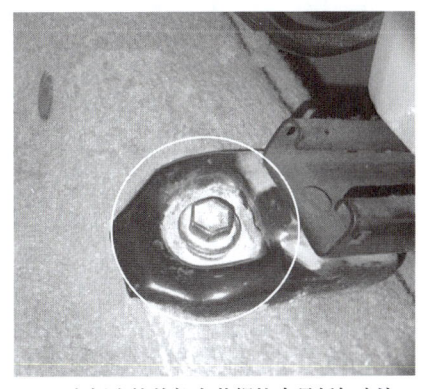

(a) 座椅安装螺栓无拧动痕迹，滑道干净　　　(b) 左侧座椅前部安装螺栓未见拆卸痕迹

(c) 座椅骨架生锈(结合座椅滑轨螺栓的拆卸痕迹可以怀疑是水淹车)

图 2-144 勘验座椅安装螺栓

为避免乘员与车内部件碰撞造成伤害,气囊会弹开并在车内形成缓冲气垫,目的是用来缓解车内乘员与车内部件相碰撞的冲击力,减轻事故对人员的伤害。

安全气囊与座椅安全带配合使用,可以为乘员提供有效的防撞保护。在汽车相撞时,汽车安全气囊可使头部受伤率减少约 25%,面部受伤率减少约 80%。

安全气囊控制系统主要由安全气囊传感器、防撞安全气囊及电子控制装置等组成。多数轿车配备有双前安全气囊,分别为驾驶人安全气囊和前排乘客安全气囊。驾驶人安全气囊装置在转向盘中;乘员安全气囊装置一般装在前排乘客前方的仪表板上。

有些配置较高的轿车装有侧安全气囊和侧安全气帘,在侧面撞击或车辆翻滚时起到保护乘员头部和肩部的作用。侧安全气囊安装在座椅靠背上邻近车窗的位置,侧安全气帘安装在车辆顶部两侧位置。各安全气囊的具体分布如图 2-145 所示。

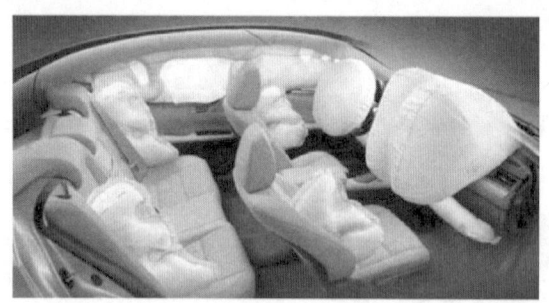

图 2-145 安全气囊的分布

电子控制装置用来进行数据采集与数据处理、诊断安全气囊的可靠性,保证在达到预设的数值时,及时发出点火信号,而且及时点火,保证驱动气体发生器有足够大的驱动电流等。

在碰撞事故中,当安全气囊发生爆炸时,膨胀开的气囊会涨破转向盘中间的饰板和仪表板中间的护板,如图 2-146 所示。此种情况,需对转向盘中部或者仪表板进行更换，更换过程中会出现仪表板拆卸或转向盘下安全气囊安装螺栓的拆卸痕迹。可通过检查转向盘安全气囊安装螺栓，对比转向盘中部与周边区域的颜色，确定该车转向盘安全气囊是否更换过，如图 2-147 所示。

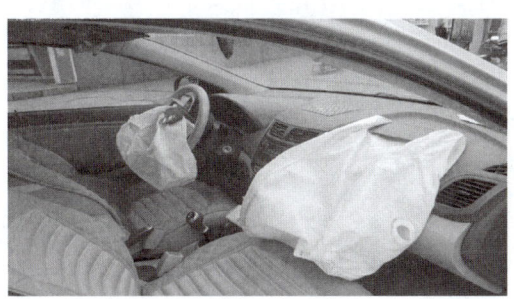

图 2-146　前排安全气囊爆炸后

(a) 安全气囊螺栓安装位置

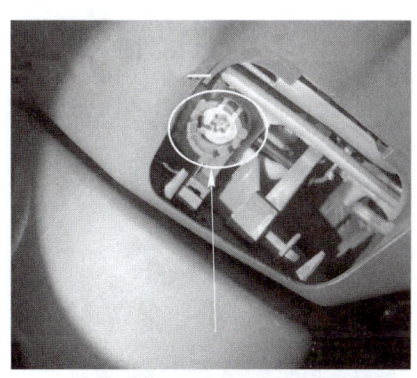

(b) 驾驶座安全气囊可见拆卸痕迹

(c) 驾驶人侧安全气囊有颜色差异

(d) 新安全气囊部件

图 2-147　安全气囊的拆卸和更换勘验

## 6. 安全带检查

安全带在碰撞时能够固定车内乘员，减少乘员与车辆内饰碰撞或者防止车辆翻滚时乘员被甩出的装置。另外，车辆发生碰撞时除了容易给车内乘员造成体表伤害之外，巨大的减速度对于乘员内脏及颅脑的伤害也十分明显。要缓解这种伤害就需要在车内配置碰撞缓冲区，安全带、安全气囊及具有缓冲作用的内饰材料，共同构成碰撞事故的缓冲区，所以说，安全带是当前汽车上一项非常重要的安全配置，如图 2-148 所示。在配有安全气囊的车内，被安全带固定的乘员能够以正确的姿势与爆开的安全气囊接触，才能避免产生严重的二次伤害。

微课视频
安全带检查

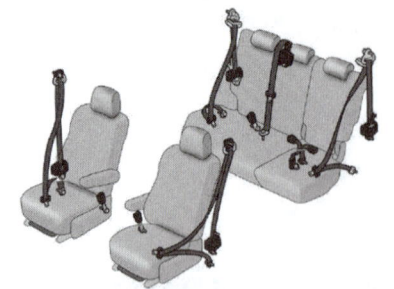
(a) 汽车安全带配置图

(b) 未系安全带的示意图

(c) 系安全带及安全带保护示意图

图 2-148　系安全带的保护示意图

如果车辆发生较为严重的碰撞事故，安全带由于惯性会被锁止，无法抽拉，此种情况下只能更换安全带总成。如图 2-149 所示，某车发生事故后，安全带锁止，需对两侧前安全带进行更换。

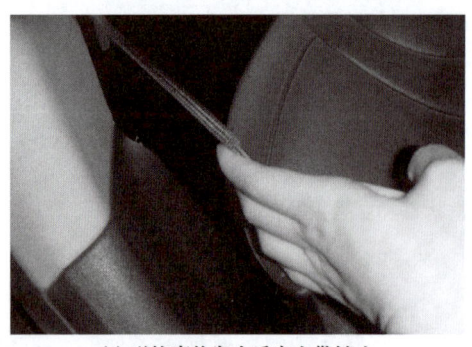
(a) 碰撞事故发生后安全带锁止

(b) 拆卸受损的安全带

图 2-149　安全带锁止需要更换

因此，在二手车勘验过程中，可以结合安全带是否有拆卸、更换痕迹来判断车辆的情况。图 2-150 所示为更换安全带的具体操作过程。

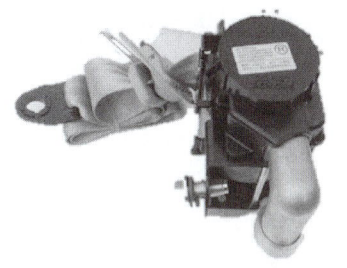

(a) 新安全带总成

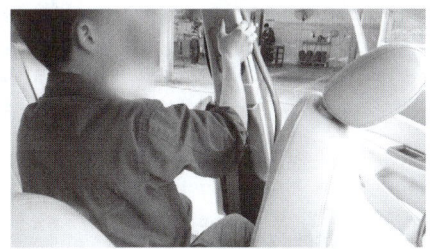

(b) 更换安全带，需对B柱内饰板进行拆除

(c) 拆卸B柱上部内饰板

(d) 拆卸B柱底部内饰板

(e) 拆卸安全带上部的支撑点螺栓

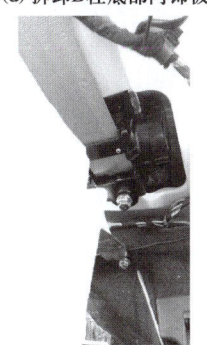

(f) 拆卸安全带下部的固定点螺栓

图 2-150　驾驶人安全带拆卸流程

另外，安全带作为车辆乘员的重要保护装置，虽然相关行业标准没有明确的使用年限要求，但是安全带生产厂家在安全带的铭牌或者塑料卡扣上都标有生产日期。安全带的生产日期较车身铭牌上显示的整车生产日期应略有提前。常见的安全带塑料件生产日期标注方式如图 2-151 所示；圆形标志中心的两位数字为具体生产年份的后两位，周边印有 1~12 的数字，箭头所指的数字为具体的生产月份。

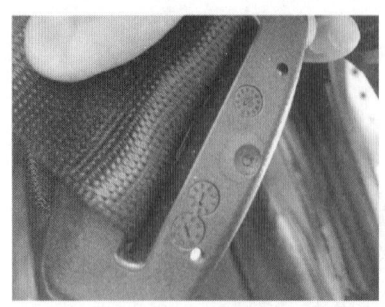
(a) 安全带生产日期

(b) 安全带卡扣件的生产日期

(c) 安全带铭牌(标有生产日期)

图 2-151 安全带部件生产日期标识

另外，在勘验车辆过程中需检查安全带有无脏污、发霉迹象，必要的情况下可将安全带抽拉至最长，检查安全带收卷的根部部分有无发霉痕迹，此种方式是排查水淹车辆的重要途径，如图 2-152 所示。

▷▷▷ **验车手记之——安全带**

*由上述的拆卸和安装过程可知，在车辆勘验过程中，不仅可以通过安全带外部饰板的拆卸痕迹判断安全带是否曾拆装或者更换，还可利用安全带卡扣或者安全带标签上的生产日期标识查验安全带的生产日期与车辆的出厂日期是否相符。如果安全带的生产日期与车辆的生产日期相差太大，则需要核查更换安全带的原因。*

*将安全带抽拉至最长，检查安全带的发霉痕迹和水渍是排查水淹车常用方式。*

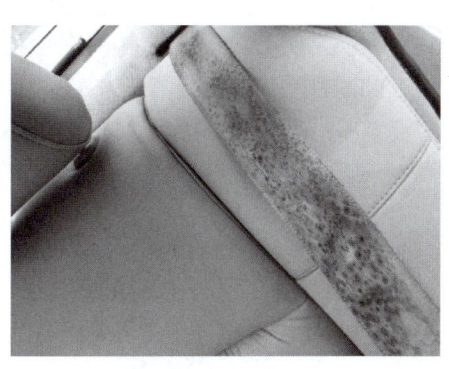
(a) 安全带发霉

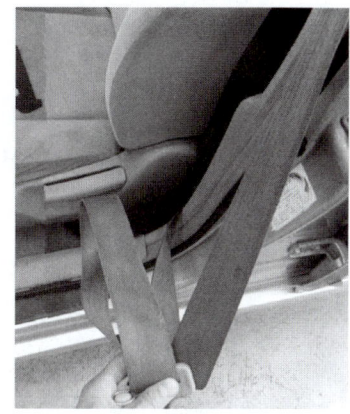
(b) 驾驶人侧安全带脏污严重

图 2-152　检查安全带有无发霉和脏污

## 四、玻璃勘验

在较为严重的事故中通常会对车辆玻璃造成损伤，在二手车检验中判断车辆玻璃是否曾更换是对车身事故进一步排查的关键。在实际操过程中可对汽车前、后风窗玻璃及各车门玻璃逐一勘验，通过识别玻璃边角的标识可以查验玻璃信息。玻璃标识信息内容如图 2-153 所示。在对玻璃标识信息进行勘验时可以从以下几个方面分析。

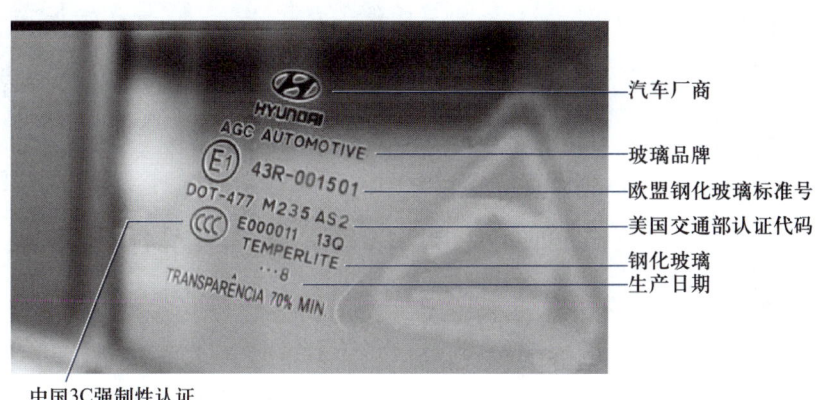

图 2-153　汽车玻璃标识内容

### 1. 确认厂商图标

多数情况下，汽车玻璃在更换后，新玻璃的标识和汽车出厂时的玻璃标识会有很大不同。一般原厂玻璃标识不仅标有汽车品牌，还标有玻璃品牌，如图 2-154 所示。由于汽车生产厂家的一些政策限定，市面上零售的配套厂商供应的玻璃禁止使用该汽车品牌商标。因此，多数后换的玻璃上只有玻璃品牌标识而没有汽车品牌标识（厂商售后服务系统除外），如图 2-155 所示。例如，某款福特轿车更换"福耀"品牌玻璃，如图 2-156 所示，图标中的"SUNLESS"是指防晒节能汽车玻璃品类，而原厂玻璃这个位置一般是品牌名称和供应商名称。如"NISSAN PILKINGSTON"是由皮尔斯顿生产的日产品牌玻璃。

图 2-154　沃尔沃后窗玻璃带有汽车品牌和玻璃品牌标识

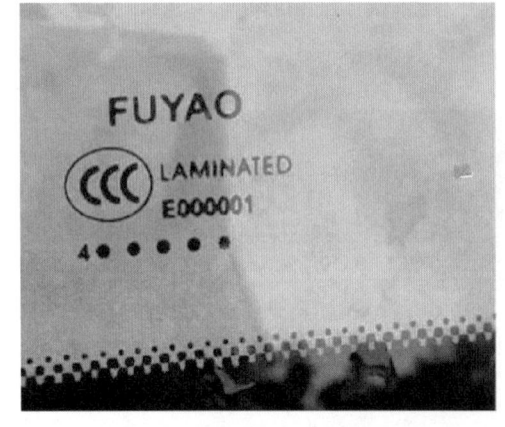

图 2-155　福耀汽车玻璃为某品牌车辆提供的玻璃

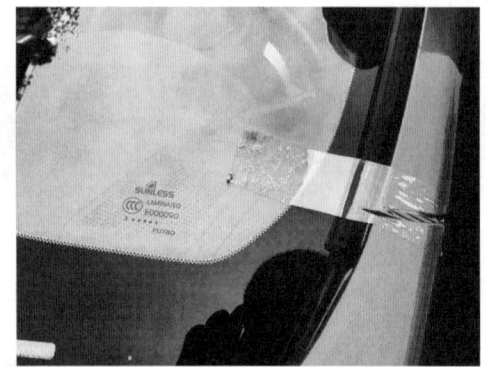

图 2-156　某款福特轿车更换福耀品牌玻璃，没有车商标志

2. 检查生产日期

即使更换的玻璃通过汽车厂商授权的专修厂更换带有原厂标识的玻璃，还可以通过玻璃的生产日期确定玻璃是否为后期更换。因为在正常情况下，全车玻璃的生产日期与整车生产日期接近，如果其中一块玻璃与其他玻璃生产日期差距较大，则说明该块玻璃被更换过。如果多块玻璃的生产日期与车辆的生产日期相差较大，那

么说明车辆曾出现严重事故，甚至翻车的可能较大。

汽车玻璃可以通过标识信息中的数字判断生产日期。汽车玻璃上标识的日期是年和月份，无论是什么规格的玻璃，都会有编号对应着生产日期，如图 2-157 所示，"04"表示年份，说明玻璃为 2004 年生产，黑点在"04"前，表示上半年生产，黑点在"04"后，则表示下半年生产。

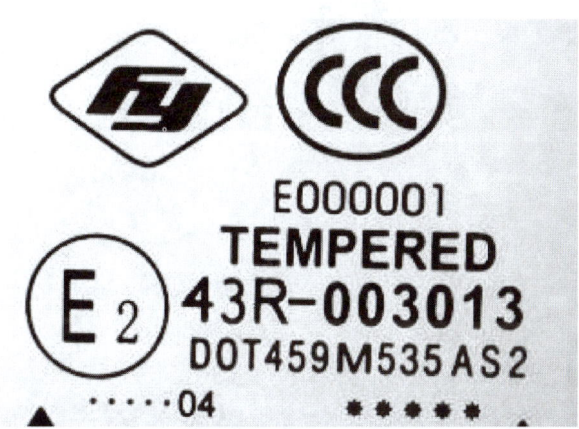

图 2-157　玻璃的生产日期为 2014 年 2 月 1—7 日

其中，上半年生产的玻璃计算公式为，"7-黑点数"，以图中玻璃为例，出厂月份为 7-5=2，表明前风窗玻璃出厂时间为 2004 年 2 月。下半年生产的玻璃计算公式为，"13-黑点数"，例如有 3 个黑点，那么出厂月份为 13-3=10，也就说明出厂时间为 2004 年 10 月。

勘验全车玻璃的生产日期并对比车辆铭牌中标注的车辆生产日期，可以对车辆维修痕迹有一定认定。如图 2-158 所示，车身玻璃都是 2014 年和 2015 年生产，而这辆车的出厂日期是 2011 年，由此可以断定该车曾更换过全车玻璃，更换原因可结合其他部位勘验结果进行综合确认。

### 3. 确认生产地

另外一种方式是查看玻璃的生产地是否相符，如图 2-159 所示，"LAMINATED"是指夹层玻璃（钢化玻璃对应的是"TEMPERLITE"），"E000090"是福耀上海工厂的代码。通过查看玻璃上的生产基地代码，可以识别玻璃出自哪个生产企业，虽然是同一品牌，但是生产基地不同，此代码也不相同。一般汽车生产厂家都是批量采购玻璃，不会出现太多品牌或同品牌不同产地的情况。例如，某款品牌的车辆产地是上海，它的原厂玻璃应该是由上海及附近的生产厂家负责生产，而不会去选择北方的厂家。检验人员可以参考全车玻璃的生产厂家是否都在一个区域，判断某块玻璃是否被更换过。

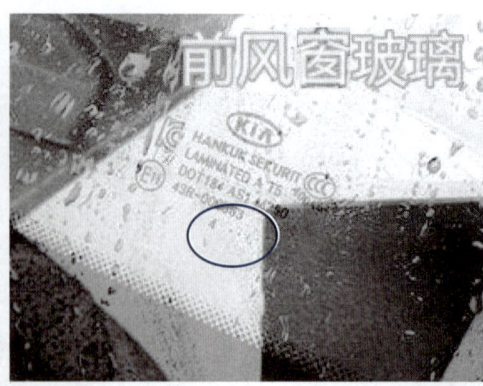

图 2-158　某车车身玻璃信息

图 2-159　玻璃的生产基地代码

拓展知识

## 一、拆装内饰用工具

在对车身关键部件勘验时，有些车辆仅从外部零件无法很好地排除车身修复和泡水状况，例如有些车辆存在疑似车身修复痕迹，此时需要拆卸门槛板内饰盖板，检查底板的修复和泡水痕迹，或拆卸仪表板侧盖板检查仪表板下方有无生锈及拆装痕迹。在拆卸盖板时需要用到专用的内饰拆卸撬板，常见的内饰专用撬板及使用方法如图 2-160 所示。

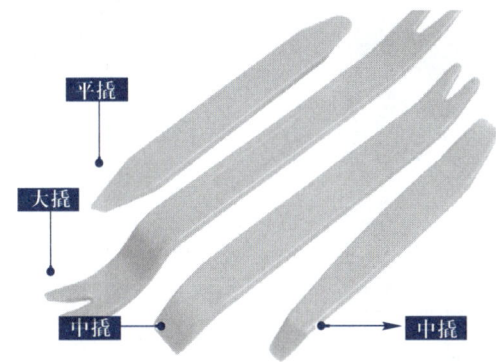

(a) 拆装内饰工具套装

  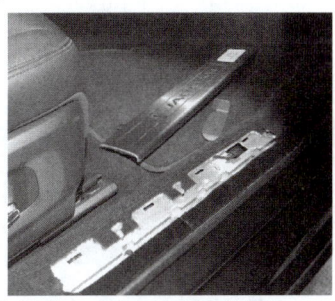 

(b) 小撬板，拆卸面积大且比较硬的接缝面板　　小撬板　　(c) 大撬板，拆卸门槛板内饰盖板，检查底板修复痕迹和泡水痕迹　　大撬板

中撬板

(d) 中撬板，拆卸仪表板侧盖，检查仪表板后部有无锈蚀及拆装痕迹

图 2-160　内饰专用撬板

## 二、车身焊接

### 1. 制造时的车身焊接

车身是由若干个冲压成型的金属零部件焊接在一起构成，在焊接时为保证焊接

点有足够的强度，并且焊接时对材料的破坏性小，制造厂家采用多种焊接形式，并采用流水化焊接作业来保证要求。常见的焊接形式有激光焊接和机械臂式电阻点焊。

（1）激光焊接

激光焊接是利用高能量密度的激光束作为热源，照射需要焊接的部位，照射部位受热形成熔池，在惰性气体的保护下熔池凝固完成焊接。该种方式主要用于焊接薄壁材料，具有热传导量集中，加热面积易控制等特点。20 世纪 70 年代激光焊接逐渐应用于加工制造行业，进入 21 世纪开始在车身制造行业普及，如图 2-161 所示。

图 2-161　激光焊接车顶

由于激光焊接的能量很集中，熔化的材料少，需要的总热量小，因此焊接变形小，焊接速度快。激光焊接的焊缝呈一条细长的连续的直线，如图 2-162 所示。

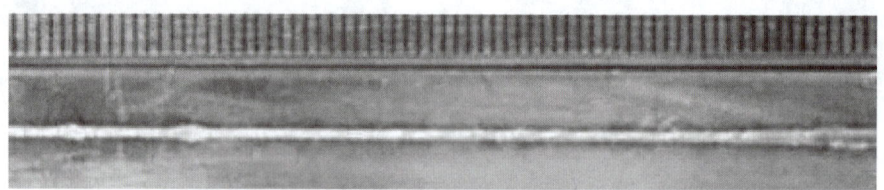

图 2-162　激光焊接焊缝（呈细长条状）

（2）电阻点焊

电阻点焊是压焊的一种常见形式，金属通过电极加热而变软，施加压力后，金属连接到一起。在各种压焊类型中，电阻点焊是汽车制造业中较为常用的焊接方法，对金属加热面积小，对材料的影响小，能够很好地满足车身焊接的要求。

电阻点焊是利用低电压、高强度电流流过夹紧在一起的两块金属板时产生的大量电阻热熔化金属，用焊枪（焊炬）电极的挤压力把它们熔合在一起，如图 2-163 所示。

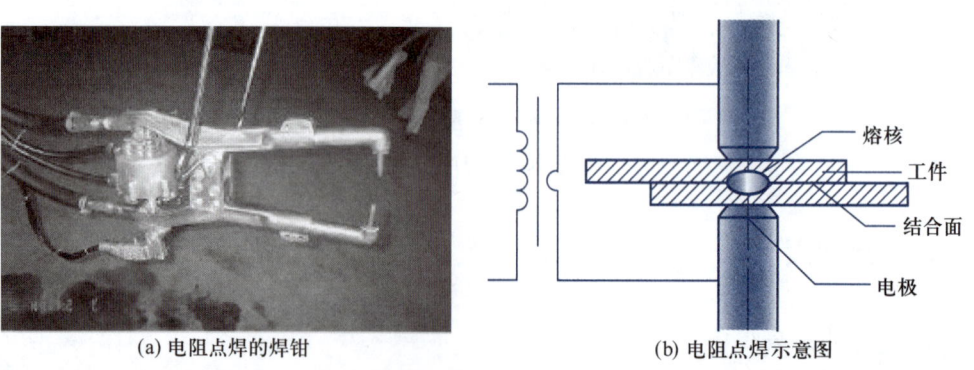

(a) 电阻点焊的焊钳　　　　　　(b) 电阻点焊示意图

图 2-163　电阻点焊工作原理

工作原理及过程和施工要求如下。

加压：将母材置于两电极间，加压使大电流能够集中由某一小区域通过。

通电：电流流经两片母材时，接合部位产生热量，温度升高，进而熔化，并在压力作用下接合为一体。

保持：停止通电时，母材接合部位逐步冷却，形成焊点，在持续压力的作用下，组织紧密且提高了机械性能。

电阻点焊是一种高效、经济且重要的连接方法，尤其适用于焊接不要求气密、厚度小于 3 mm 的冲压或轧制的薄板搭接构件。点焊时焊件搭接接头并排压紧在两电极之间，其主要特点如下。

① 点焊时对连接区的加热时间很短，焊接速度快。

② 点焊只消耗电能，不需要填充材料或焊剂、气体等。

③ 点焊质量主要由点焊机保证。操作简单，机械化、自动化程度高，生产率高。

④ 劳动强度低，劳动条件好。

⑤ 由于焊接通电是在很短时间内完成的，需要用大电流以及施加压力，所以过程的程序控制较复杂，焊机电容量大，设备的价格较高。

随着机械生产自动化的普及，当前的车身生产工艺中，机械手臂控制的自动化电阻点焊被大量应用，如图 2-164 所示，在汽车车身制造中点焊主要应用在薄板冲压件之间的搭接，如汽车发动机舱纵梁和轮罩板，翼子板骨架与轮罩板等；以及薄板与型钢构架间的连接，如侧围板和 B 柱之间，车身底板与车身横梁之间。

(a) 汽车生产车间机械手臂点焊　　(b) 汽车生产车间机械手臂式电阻点焊效果

图 2-164　生产中的电阻点焊

因为金属在接触点受热熔化加上电极压力的作用，所以焊接后两块并在一起的钢板内侧和外侧挤压部位同时出现凹坑，称之为焊点坑，根据焊接电极的不同，焊点坑的直径在 8~10 mm，深度约 1 mm。电阻点焊的焊接处呈一排略微下凹的离散圆点，如图 2-165 所示。

## 2. 车身维修焊接

在车身修复中整体更换或者局部更换车身板件，或者对板件进行分解后校正时通常用到车身焊接。维修中常见的焊接形式有惰性气体保护焊和手动电阻点焊。

图 2-165　电阻点焊的焊点（呈现单个的圆点）

（1）惰性气体保护焊

惰性气体保护焊是金属熔焊的一种形式，金属板件受热至熔点，局部熔化熔合在一起（通常采用焊条），在惰性气体保护的情况下逐渐冷却凝固，以此使得多块金属板件粘接在一起。车身维修过程中常见的有二氧化碳气体保护焊、氩气保护焊等。

车身修理时，根据焊接部位不同采用相应的焊接方法，常见的有对接焊、搭接焊和塞焊等。

① 对接焊。

对接焊是将两个相邻的金属板边缘安装在一起，沿着两个金属板相互配合或对接的边缘进行焊接的方法。

进行对接焊时必须注意（尤其是在薄板上），每次焊接的长度最好不超过 20 mm。要密切注意金属板的熔化、焊丝和焊缝的连续性，如图 2-166 所示。还要注意焊丝的端部不可偏离金属板间的对接处。

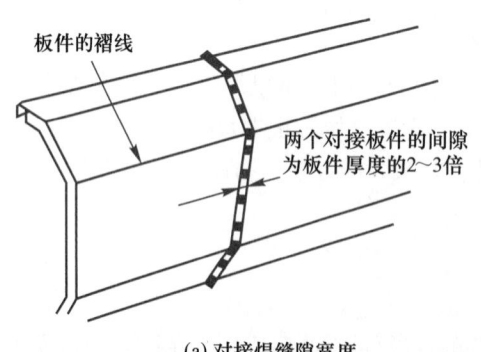

(a) 对接焊缝隙宽度　　　　　　　　(b) 右侧C柱对接焊

图 2-166　对接焊缝

进行对接焊时，熔深一定要达到焊缝的背部。当对接焊的金属厚度为 1.6 mm 以上时，必须留一个坡口，以确保有足够的熔深。如果实际需要焊接的地方没有坡口，可在焊缝处磨出一个 V 形坡口，使熔深到达焊缝的背部。焊接部位的强度与焊接深度有密切关系。

如果焊缝较长，最好在金属板的若干处先进行定位焊（连续点焊），以防止金属板变形，如图 2-167 所示。

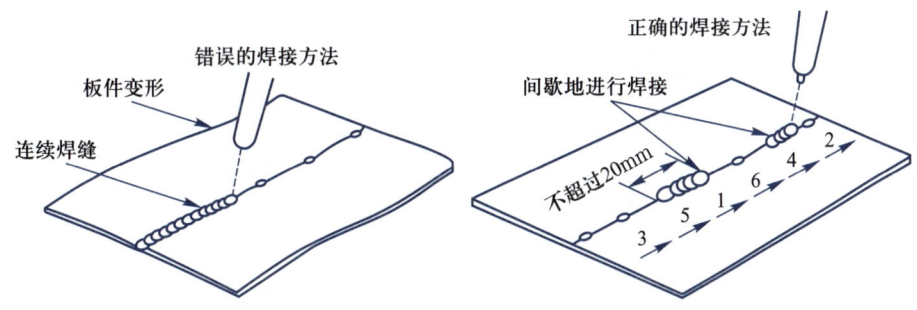

图 2-167　防止金属板弯曲变形的定位焊

对接焊完成后不需要再加固。因为再加固的地方会产生应力集中，使加固过的焊缝强度低于未经加固的焊缝强度。

② 搭接焊。

搭接焊是在需要连接的几个相互重叠的金属板上表面的棱边处将两个金属表面熔化，如图 2-168 所示。这种操作方法与对接焊相似，所不同的是其上表面只有一个棱边。搭接焊只能用于修理原先在制造厂进行过这种焊接的地方，或用于修理外板和非结构性的金属板。当需要焊接的金属多于两层时，不可采用这种方法。搭接焊操作时也要采用对接焊中所采用的温度控制方法，不能连续进行焊接，应按照能使焊接部位自然冷却并预防温度上升的顺序进行焊接。

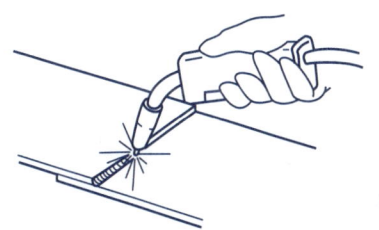

图 2-168　搭接焊

③ 塞焊。

在车身修理中，可采用塞焊来代替汽车制造厂的电阻点焊。塞焊经常用在车身上曾在汽车制造厂进行过电阻点焊的所有地方，它的应用不受钢板厚度限制，而且焊接后的接头具有足够的强度来承受各结构件的载荷。塞焊还可用于装饰性的外部板件和其他金属薄板上。

塞焊是点焊的一种形式，在需要连接的外层板件上钻（或冲）孔来进行焊接（图 2-169）。一般结构性板件的孔直径为 8 mm，装饰性板件上孔的直径为 5 mm，在装饰板件上孔太大会使后面的打磨工作量加大。

焊接时先将两板件紧紧地固定在一起，焊枪和被焊接的表面保持一定的角度，将焊丝放入孔内，短暂地触发电弧，然后断开触发器。熔融金属填满该孔并凝固，

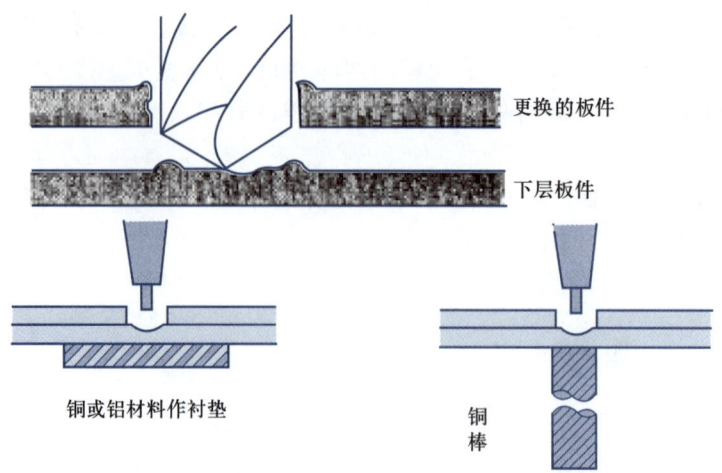

图 2-169　塞焊钻孔和焊接示意图

如图 2-170 所示。一定要让焊接深入到下面的金属板，在金属板下面的半球形隆起表明有适当的焊接熔深。

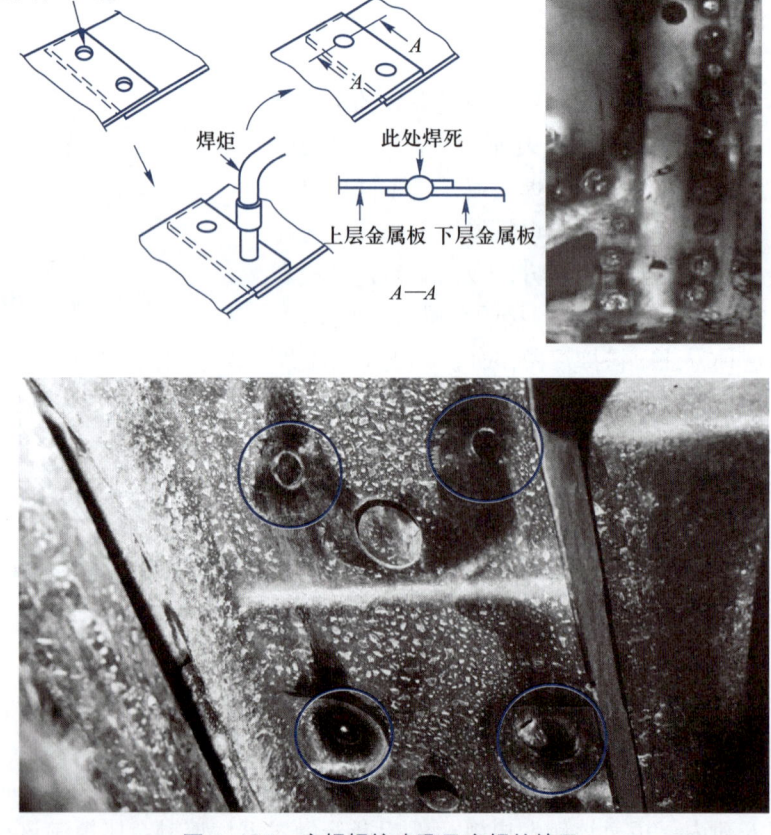

图 2-170　塞焊焊接步骤及塞焊的效果

塞焊焊接过的部位应该自然冷却，然后才可以焊接相邻部位。不能用水或压缩空气对焊点周围进行强制冷却。让其缓慢、自然地冷却，会减小金属板的变形，并使金属板保持原有的强度。

塞焊还用于将两个以上的金属板连接在一起。当需要将两个以上的金属板焊接在一起时，应在每一层金属板上冲一个孔（最下面的金属板除外）。每一层附加金属板的塞焊孔直径应小于最上层金属板塞焊孔的直径。采用塞焊法焊接不同厚度的金属板时，应将较薄的金属板放在上面，并在较薄的金属板上冲较大的孔，这样可以保证较厚的金属板能首先熔化。

（2）维修中的电阻点焊

因为电阻点焊较惰性气体保护焊具有加热面积小、对金属热影响小、焊接简单方便等优点，在当前高强度钢、合金钢普遍应用较多的情况下，汽车厂家通常建议采用电阻点焊形式对部分车身板件进行焊接作业，部分情况下也允许使用塞焊，但坚决杜绝使用氧乙炔火焰焊。

随着小型电阻点焊设备的开发和应用，目前大多数厂家授权的特约维修厂，会应厂家要求购置一定数量的电阻点焊焊接设备对车身钢板采取人工电阻点焊作业，例如大众轿车厂家推荐的电阻点焊设备。

电阻点焊的三个主要参数为电极压力、焊接电流和加压时间，对操作规范要求较高。

电阻点焊机由变压器、控制器和带有可更换电极臂的焊枪（焊炬）构成，如图 2-171 所示。

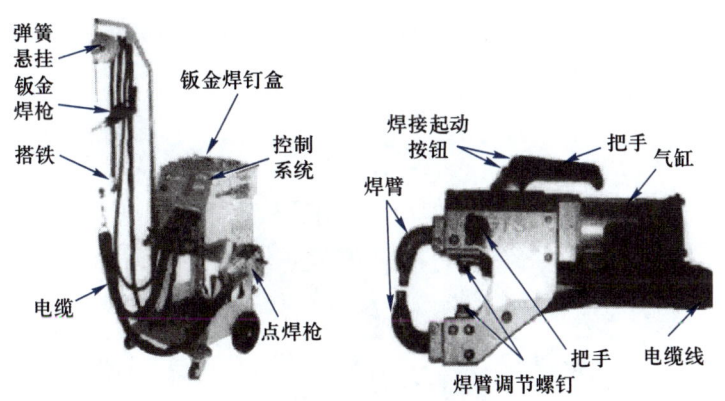

图 2-171　电阻点焊设备和电阻点焊焊枪（焊炬）

修理用的电阻点焊机功率一般小于制造厂的点焊机功率。因此，与制造厂的点焊相比，修理中进行点焊时，应将焊点数量增加 30%，如图 2-172 所示。

点焊的强度取决于焊点的间距（两个焊点之间的距离）和边缘距离（焊点到金属板边缘的距离）。两层金属板之间的结合力随着焊接间距的缩小而增大，如图 2-173 所示。

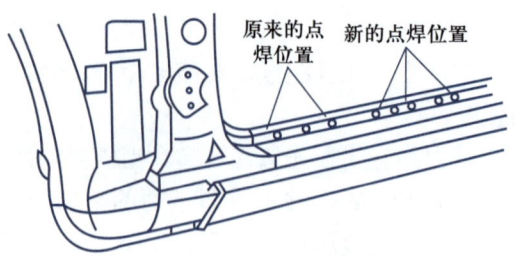

图 2-172 焊点数量

| 钢板厚度<br>mm(in.) | 边缘距离<br>mm(in.) | 最小间距<br>mm(in.) |
| --- | --- | --- |
| 0.6(0.024) | 11(0.43) | 5(0.20) |
| 0.8(0.031) | 14(0.55) | 5(0.20) |
| 1.0(0.039) | 18(0.71) | 6(0.24) |
| 1.2(0.047) | 22(0.87) | 7(0.28) |
| 1.6(0.063) | 29(1.14) | 8(0.31) |

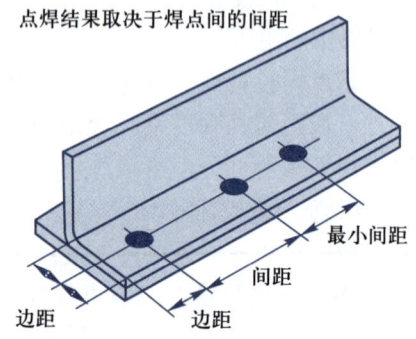

图 2-173 焊点边距和焊点间距

#### ▷▷▷ 验车手记之——辨析焊点

同样是电阻点焊，维修的焊点和原车的焊点在位置、数量、密度、直径等方面都有细微的差别。

在车辆勘验时比较简便、稳妥的办法是对比车身左、右侧相同部位的焊点特性，如图 2-174 所示。

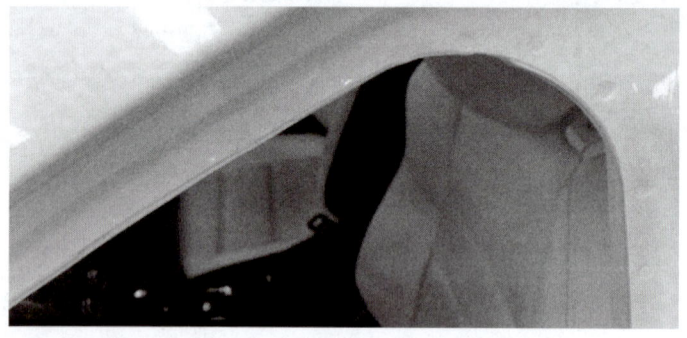

图 2-174 原车的点焊效果

另外，在实际维修过程中存在部分维修企业伪造电阻点焊焊点的情况。综上所述，查看两块钢板的搭接处有没有密密麻麻的凹陷小圆点可以初步判断是否为原车焊接痕迹，每个焊点用手摸一摸里外两侧，是不是对称，并且里外都应该是向内凹陷。如果有 10 cm 或者以上的距离没有凹陷的小圆点，那么这辆车可能存在事故等问题。

在维修企业中，大多数企业采用塞焊代替电阻点焊完成相应的焊接任务。尽管也有些维修企业开始使用电阻点焊设备进行车身焊接维修，但是与汽车制造生产线上的焊接相比，焊点形状、深度、距离一致性等方面存在一定差异。

无论是对接焊还是塞焊，在修理过程中都不会形成原车带有凹陷痕迹的焊点，这是对金属连接处勘验的重点。

同时惰性气体保护焊对金属的加热面积相对较大，对金属的热影响区域大，受人为因素、工艺环境、场地设备等影响，焊接质量很难达到较高水平，不确定性多，另外焊接后容易从背面腐蚀生锈。

## 任务实施

### 车身中部勘验

#### 1. 工作准备

（1）用于勘验的汽车：技术状况良好，配件齐全。
（2）相机或手机等拍照工具、手电筒、内饰板拆装工具。
（3）勘验记录单。

#### 2. 实施步骤

（1）将车辆停放在开阔地带。
（2）勘验车门有无拆装修复痕迹。
（3）拆卸部分门框密封条，勘验 A 柱、B 柱、C 柱的维修痕迹。
（4）勘验仪表是否工作正常，勘验仪表板有无拆装痕迹。
（5）勘验座椅及踏板的拆装及修饰痕迹。
（6）勘验各个内饰部件有无拆装痕迹。
（7）勘验各个玻璃日期、品牌及更换情况。

#### 3. 注意事项

车身中部勘验涉及零部件种类较多，包括车门、立柱、仪表、仪表板、座椅、安全带、玻璃等。每种部件都有其勘验要点，在勘验过程中要侧重排除事故、水淹、拼装等痕迹。

## 学习小结

1. 对于车身骨架部件的勘验侧重检查有无更换和修复痕迹。

2. 车门勘验重点是检查拆装痕迹。
3. 内饰的拆装痕迹和座椅的拆卸及修饰痕迹都是勘验重点。
4. 内饰、开关、踏板和转向盘等部件的磨损情况关系车辆使用的真实里程信息。
5. 玻璃的勘验一方面看拆装痕迹，另一方面需要勘验生产日期。

对于以上勘验，要进行综合分析，有时候仅凭一点很难判断车辆具体的故障范围和损伤程度。

## 课后思考

1. 更换侧围板的施工工艺是怎样的？如何鉴别侧围板是否更换？
2. A 柱的作用是什么？如何勘验 A 柱是否受损？
3. 如何排除底边梁有无修复或更换痕迹？
4. 针对车门检查的意义及方法有哪些？
5. 玻璃检查有哪些勘验要点？
6. 某车辆右侧两车门、两车门玻璃及前风窗玻璃都更换过，还要重点排查哪些部件？
7. 如何勘验车身焊点是否为原车焊点？

## 任务四 后部车身勘验

### 任务描述

后部又称为尾段或后尾，包括后风窗玻璃到后保险杠之间的所有部件，如后侧围板（后翼子板）、行李舱、后地板、后纵梁、行李舱盖、后保险杠等构件。这些部件一方面起到方便承载、提升车辆有效利用空间的作用，同时在发生后部撞击事故时也起到很好的吸能和缓冲作用，如图 2-175 所示。在后部车身设计时也有类似于发动机舱的吸能区的装置。

后部车身部件也是事故损伤的重灾区。例如，某别克轿车被一辆大货车追尾，后半部车身损伤严重，维修人员需要通过拆卸以及更换部分部件的方式对该车进行维修。由于涉及部件众多、车身结构复杂，维修人员需要仔细研究该车的后部车身结构，如图 2-176 所示。

在维修中，该车需要更换的主要车身零件有后纵梁、行李舱底板、后翼子板、后减振器塔座、后风窗玻璃、后行李舱盖、尾灯等。下面结合后部车身部件的作用及相关损伤的维修过程，介绍二手车后部车身部件的勘验。

任务四 后部车身勘验

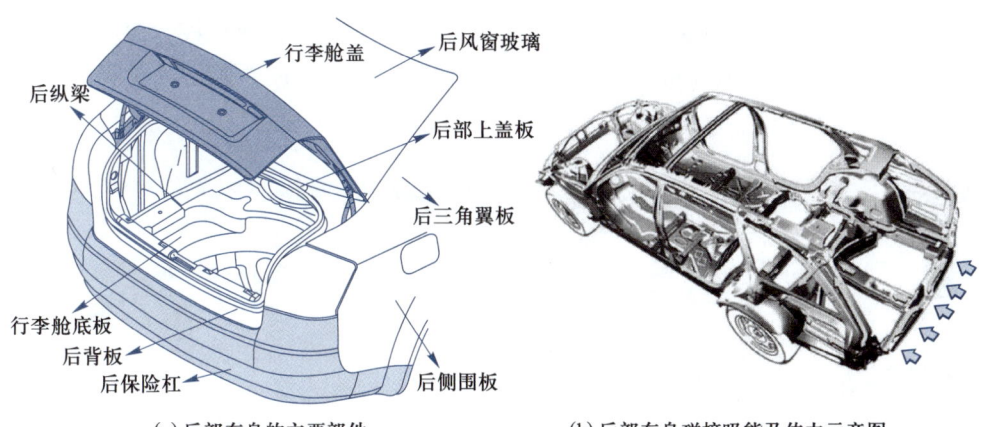

(a) 后部车身的主要部件　　(b) 后部车身碰撞吸能及传力示意图

图 2-175　后部车身部件

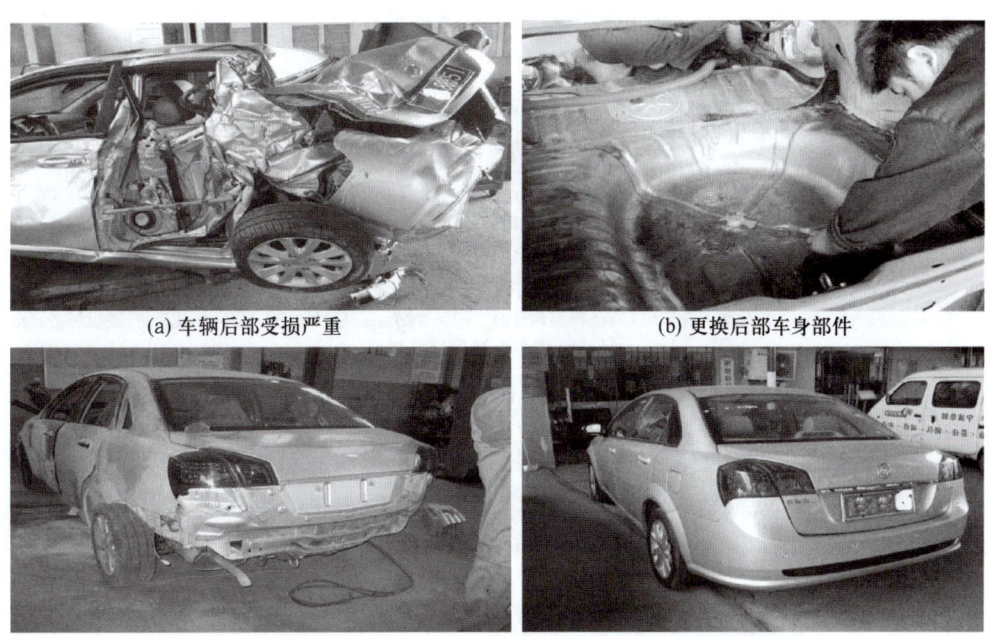

(a) 车辆后部受损严重　　(b) 更换后部车身部件

(c) 修整后部车身部件　　(d) 维修后的效果

图 2-176　别克轿车后部损伤案例

## 相关知识

### 一、后翼子板勘验

后翼子板又称后侧围板，是后部车身两侧的大块板件，从后车门向后一直延伸到后保险杠位置，构成后段车身的侧面。后翼子板通常以焊接方式固定在车身上，是后段车身中的重要覆盖件。

由于后翼子板位于车身的外表面,在事故中容易受伤。后翼子板为薄壁覆盖件,有轻微变形时通过整形即可修复,变形严重时可以采取整体更换的方式予以修复,如图 2-177 所示。

微课视频
后翼子板的知识

(a) 某轿车翼子板钣金及刮涂原子灰

(b) 某轿车更换后翼子板

图 2-177 翼子板的修理及更换情况

由图 2-177 可知,如果后翼子板损伤后整形,需要对损伤处进行敲击,刮涂原子灰,有效填充后进行喷漆,因此对于此种维修方式可以通过测量翼子板油漆厚度的方法进行勘验。如图 2-178 所示,测量油漆厚度证明该车右后翼子板有重新喷漆。

拓展视频
后翼子板更换实例

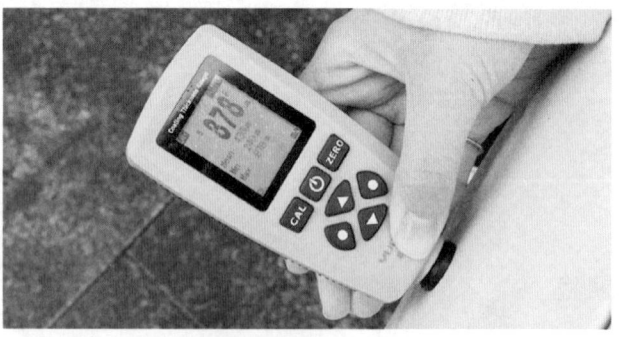

图 2-178 测量后翼子板油漆厚度为 378 μm

对于车辆后方翼子板整块切割更换的维修方式,仅有少部分连接处需要刮涂原子灰填充,此种情况用油漆测厚仪检测不够直观。可以通过勘验 C 柱焊点、翼子板与后部车身连接件之间的焊接痕迹以及后风窗玻璃的生产日期等进行综合判断。如图2-179所示,该轿车后翼子板与后侧侧围板支架处有较多整形痕迹,并缺失原厂焊点。

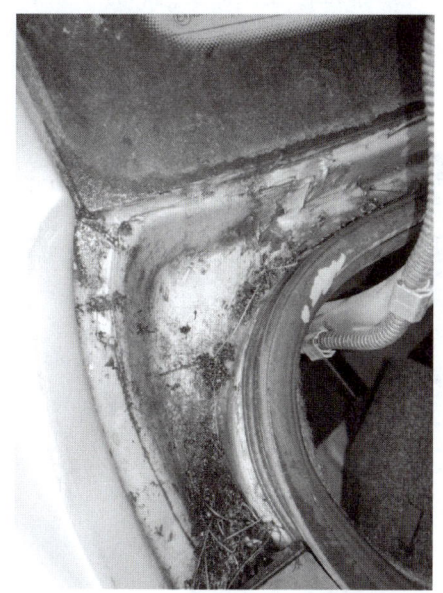

(a) 后流水槽有凸凹不平现象　　(b) 右后导水槽漆面破损(右侧为切割后喷漆不良所致)

图 2-179　后翼子板连接处的痕迹勘验

## 二、行李舱盖勘验

行李舱盖结构比较复杂,通常由外板和内板、内衬、锁闩隔板、支架盖锁内饰板等构成。为了提高行李舱盖的强度和吸能效果,在行李舱内板上装有加强筋,如图2-180所示。行李舱盖内外板件组合的结构形式加大了钣金维修的难度,如果行李舱盖在事故中严重损坏,一般只能整体更换。

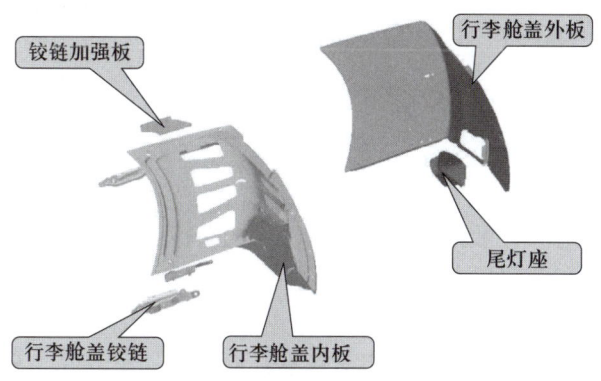

图 2-180　行李舱盖的构成

行李舱盖以铰接方式与车身连接，勘验时要检查行李舱盖铰链螺栓有无拆卸痕迹，如图2-181所示。如果有，则要重点勘验后围板、两侧翼子板、行李舱底板等易损部件有无钣金或者维修焊接痕迹。因为车身后部维修往往需要拆卸行李舱盖。

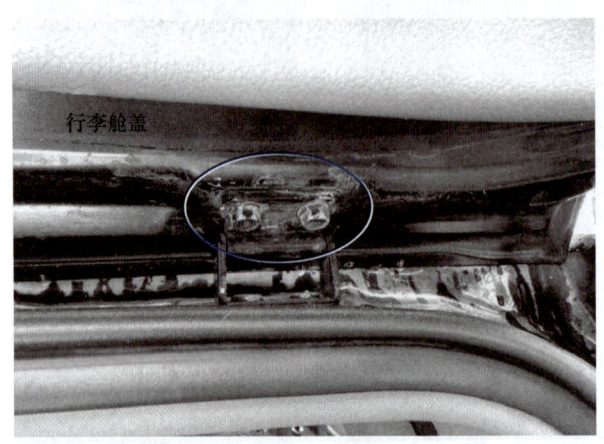

图2-181　某轿车行李舱盖铰链螺栓有拆卸痕迹

## 三、后保险杠勘验

与前保险杠类似，后保险杠在车辆后部碰撞时起到一定的吸能和保护作用，后保险杠通常情况下由保险杠外壳、保险杠骨架构成。具体组件如图2-182所示。

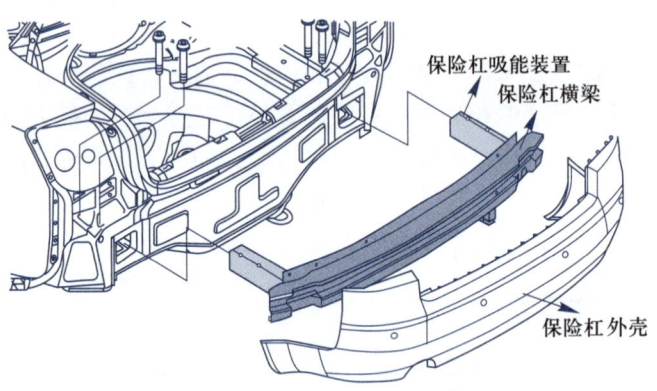

图2-182　后保险杠组件

为了更好地传递和分散冲击力，后保险杠的防撞钢梁通过螺栓或者焊接的形式直接安装在后纵梁的端部，将后防撞梁承受的撞击力直接向后纵梁传导。图2-183所示为速腾轿车后防撞梁。

在二手车的常规勘验过程中，将车辆举升后，可从车辆底部观察防撞梁有无拆卸及更换痕迹，或者查验后保险杠外壳与翼子板的缝隙配合情况及漆面质量情况。

图 2-183　速腾轿车后防撞梁

## 四、后纵梁勘验

后纵梁焊接在后段车身底部，行李舱底板下方，向前一直延伸至车身地板处。后纵梁通常是箱形构件，有较高的强度，为车身后部提供足够支撑，如图 2-184 所示。在后部碰撞事故中，纵梁起到支撑和传力作用。为了较好的缓冲后部的撞击力，有些车辆的后纵梁设有吸能波纹区，这些波纹区在事故中容易变形，因此在二手车勘验过程中可以重点观察此区域是否存在异常，如图 2-185 所示。

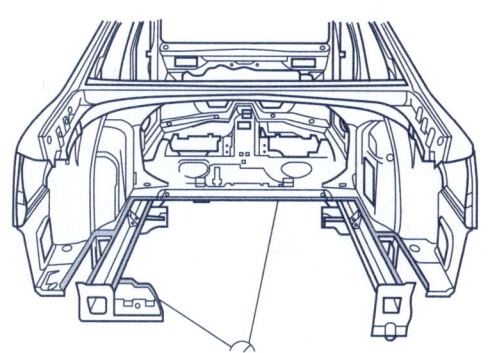

图 2-184　某轿车后纵梁示意图

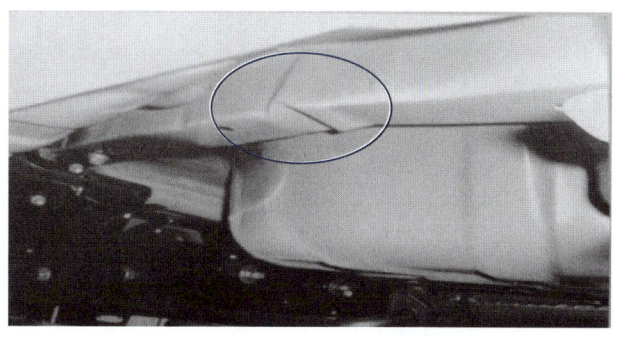

图 2-185　某轿车后纵梁缓冲区存在溃折迹象

当后纵梁受损时，有些厂家建议可以对后纵梁采取局部切割、更换的修理方式，如图 2-186 所示。

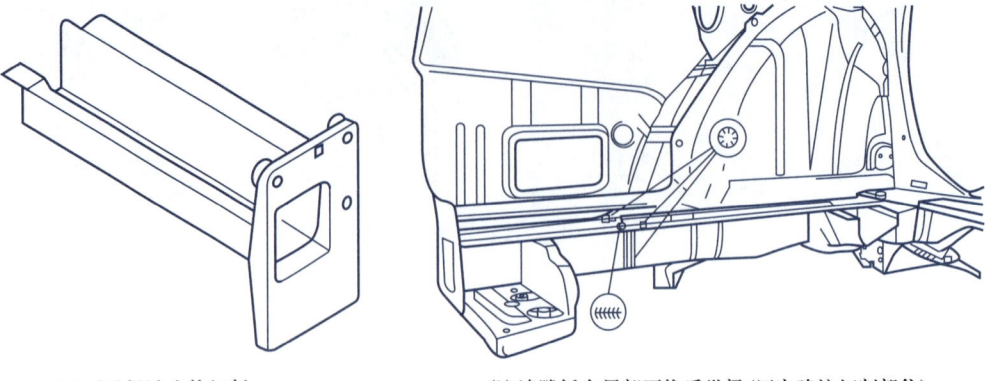

(a) 后纵梁端头的切割　　　　　　　(b) 速腾轿车局部更换后纵梁(厂家建议切割部位)

图 2-186　后纵梁的局部更换维修

在对后部车身进行检查时，需将车辆举升，从车辆底部观察车身后纵梁及纵梁与底板的连接处有无切割及焊接痕迹，如图 2-187 所示。

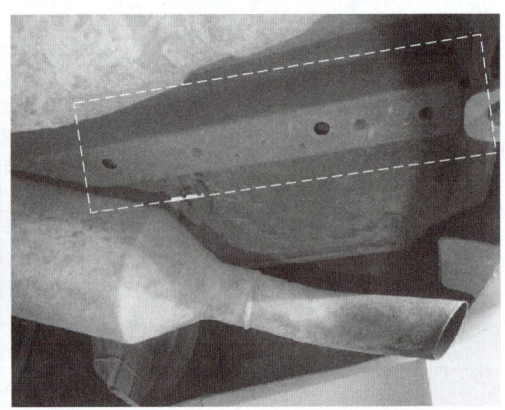

(a) 左侧后纵梁表面无后期焊接和切割痕迹　　　　(b) 右侧后纵梁表面无后期焊接和切割痕迹

图 2-187　举升车辆并勘验后纵梁

## 五、行李舱底板勘验

行李舱底板通常由一整块钢板冲压而成，焊接在后纵梁、后轮罩内板和后围板之间，构成行李舱底部。大多数轿车的行李舱底板上还冲压出一个备胎坑，用于存放备胎，如图 2-188 所示。

在二手车勘验时，可以掀起行李舱中的橡胶地板垫或地毯，观察底板是否有铁锈及修理或焊接痕迹，行李舱密封条处有无发霉迹象。此时，也可以同时对行李舱

任务四 后部车身勘验 121

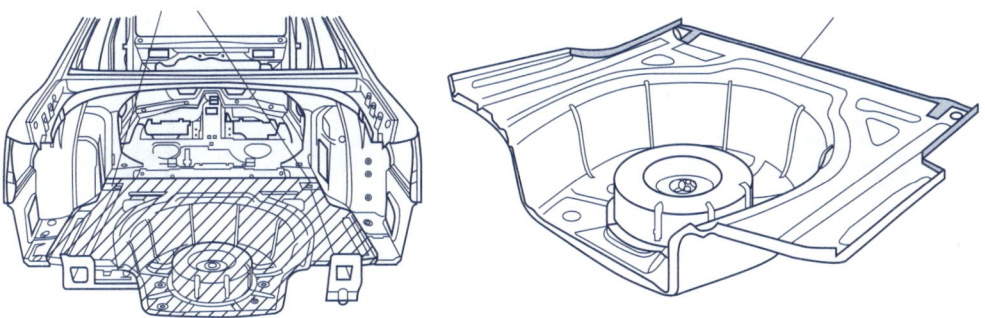

图 2-188 某轿车行李舱底板示意图

微课视频
行李舱底板
知识

的随车用品进行查验，如图 2-189 所示。如果二手车行驶里程较短，其备用轮胎生产日期应该与原车上铭牌标注的日期相近。如果备胎花纹有较大磨损，或随车工具破旧和缺失，则可证明该车使用和保养不当。

图 2-189 某轿车备胎崭新，随车工具齐全

后行李舱底板装在后纵梁上，在装载行李舱物品的同时也承受车辆后部的撞击力。当行李舱损伤时，如果损伤轻微，需拆卸后围板对底板进行整形，如图 2-190 所示，但整形工艺无法完全恢复原车板件的平滑程度，因此在损伤件表面仍会留有微小的凸凹不平。损伤严重时，则需要拆卸整块行李舱底板部件，进行整体更换，此过程需要

(a) 校正轻微变形的行李舱底板

(b) 底板校正后表面仍有不平整

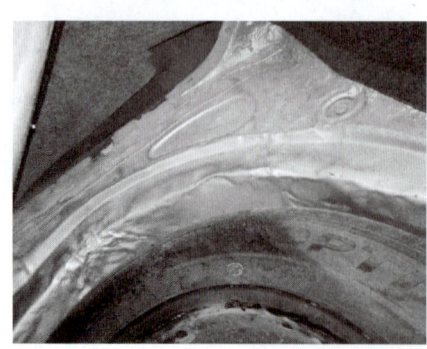

(c) 修复后，能够看到行李舱底板及后纵梁变形的修复痕迹

图 2-190 行李舱底板的整形

进行磨削和焊接操作，可以根据底板周边连接处焊接缝隙的焊点形式与原车焊点进行对比勘验，如图 2-191 所示。

图 2-191 更换后行李舱底板

综上所述，在涉及行李舱底板整形或更换的修复过程中，需要对行李舱周边与行李舱底板连接的后围板、后纵梁、后减振器座等部件进行拆卸焊接。二手车勘验时可以通过连接处密封胶的规范状态判断事故。

## 六、后减振器塔勘验

后减振器塔也称为后减振器拱形座，与后轮罩内板和外板焊接在一起，用于固定后悬架减振器的顶部。后减振器塔不但承受来自地面的冲击载荷，而且其刚度和形状会影响后轮定位参数，因此对其强度和精度要求比较高，如图 2-192 所示。

当车身后部遭受撞击而产生损伤时，如果损伤程度较轻，损伤的后减振器塔座或底板会存在一定的整形敲击痕迹。勘验车身行李舱时，可以揭开内饰板勘验减振器塔座是否平整光滑。如图 2-193 所示，某轿车通过行李舱内侧观察到后减振器座有一定的变形后修复痕迹。

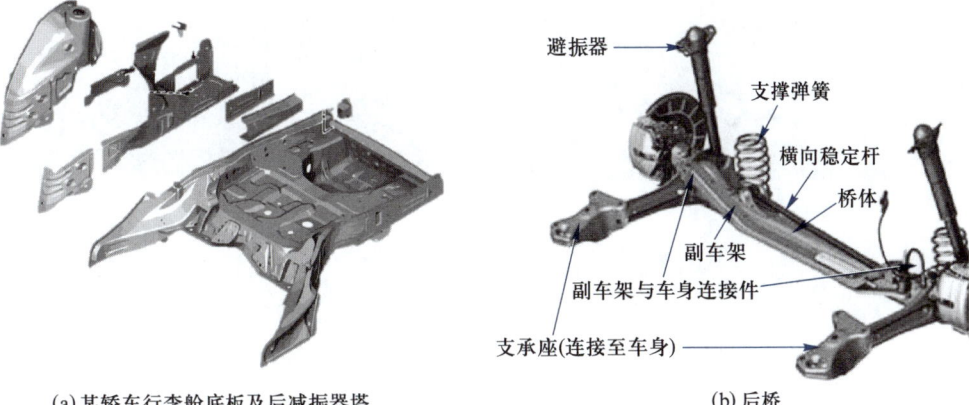

(a) 某轿车行李舱底板及后减振器塔　　　　　　　　(b) 后桥

图 2-192　后减振器塔的位置及后桥

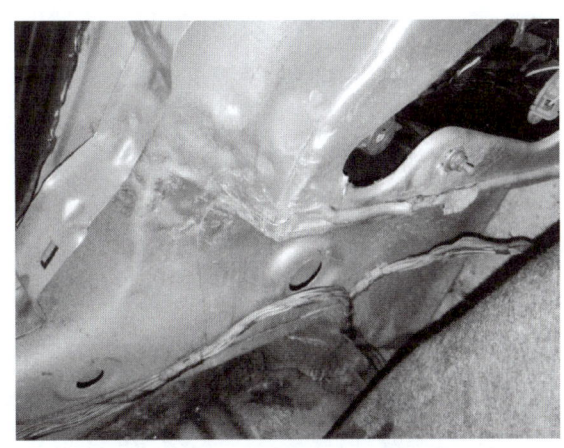

图 2-193　后减振器座的整形痕迹

当车辆后部损毁严重时，需整块更换后减振器塔座。如图 2-194 所示，某轿车车身右后侧损毁严重，需要更换减振器塔座，维修人员将车身后翼子板拆卸，更换新的后减振器塔座并重新焊接塔座和后翼子板。

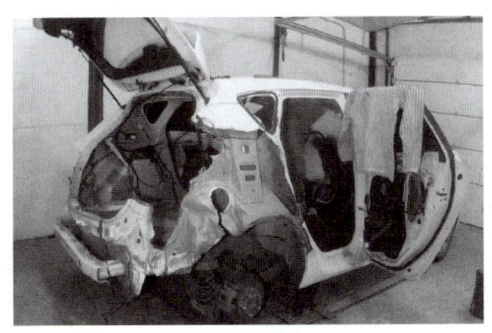
(a) 切割受损部位

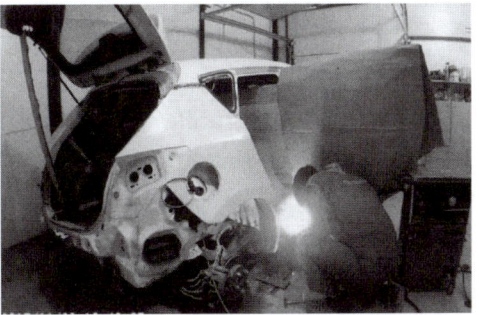
(b) 焊接新部件

(c) 焊接后刮涂腻子　　　　　　(d) 对焊接区域刮涂腻子后的效果

图 2-194　更换减震器塔座的过程

综上所述，更换此类部件需对车身部件进行切割和焊接，维修过程中为减少焊接工作量，通常在风窗处进行切割，此处焊接和切割面积小，因此勘验车身后部时，勘验后风窗立柱处的油漆厚度和切割痕迹是勘验重点。

## 七、后围板勘验

拓展视频
后围板勘验

后围板是行李舱的后部挡板，焊接在行李舱后部以及左、右后翼子板之间，形成车辆后部的储存空间，如图 2-195 所示。

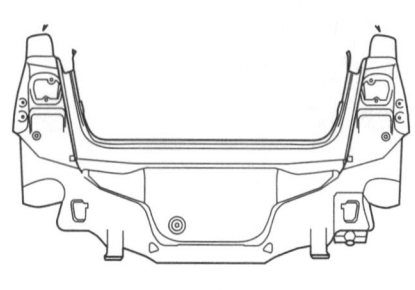
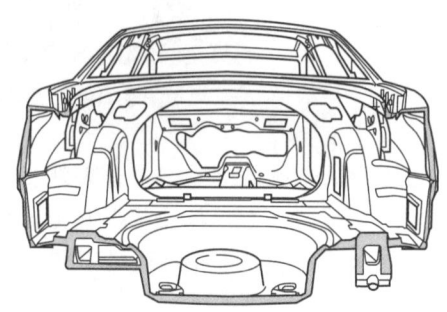

(a) 某轿车后围板(单件)　　　　　(b) 后围板的安装位置

图 2-195　后围板示意图

后围板位于车身后部的位置，当车辆后部发生事故时此部件较易受损。后围板与车身后部部件通过焊接方式连接，涉及后围板损伤的事故中，后围板损伤轻微时可以就车整形，损伤严重时需要将后围板整体更换，如图 2-196 所示。

因此，判断后围板有无拆卸或更换时，需检查后围板表面是否平整以及与周边的连接区域是否有重新焊接或涂胶痕迹。如图 2-197 所示，后围板与行李舱底板连接处有后期涂抹密封胶的痕迹。

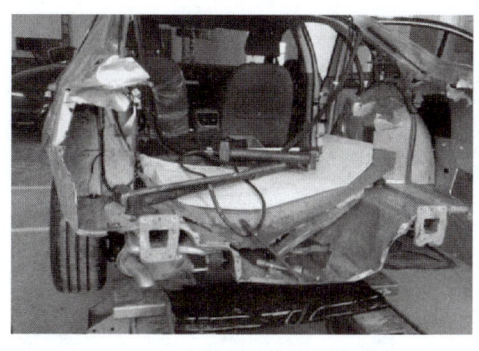 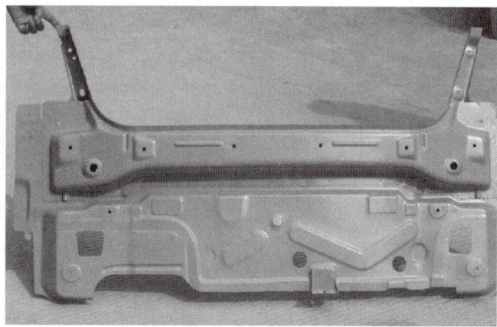

(a) 拆掉后围板的后部车身　　　　　　(b) 某轿车后围板 (新件)

图 2-196　更换后围板总成

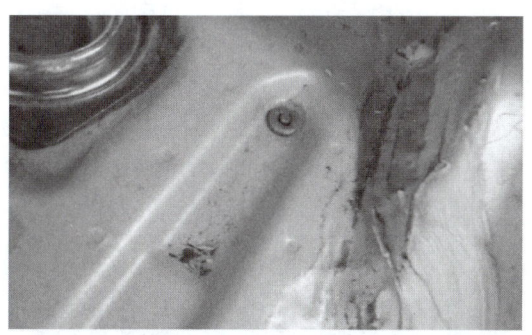

图 2-197　某轿车后围板的密封胶及整形痕迹

除对后围板本身的勘验外，后风窗玻璃是否更换也是后部事故判定的重要参考依据，勘验方法与前风窗玻璃一致。对车身底部勘验时，当车辆举升后也可从车身底部观察后围板与行李舱底板有无重新焊接或刮碰及修饰痕迹，如图 2-198 所示。

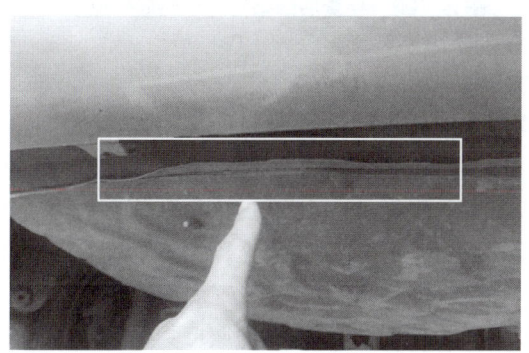

图 2-198　某轿车后围板底部有轻微的磕碰变形

## 八、车身后部维修痕迹勘验实例

某科鲁兹轿车，如图 2-199 所示，在对车身例行检查时发现诸多疑点，经过逐一勘验、核实,最终断定该车右后翼子板曾经被切割。具体勘验过程如下。

(a) 左前方　　　　　　　　　　　　　　(b) 右后方

图 2-199　该车 45°照片

(1) 检查行李舱底板和后围板

检查该车行李舱底板和后围板之间的密封胶,如图 2-200 所示,发现此处密封胶一次性涂抹完成,未见往复涂抹痕迹,可以断定此处未曾修复。

图 2-200　检查后围板与行李舱底板连接处

(2) 检查车身两后侧拐角

对车辆后部两侧拐角进行勘验。因车身的边角位置突出,较易受损,同时边角处涉及板件拼装、焊接等,发生事故后修复难度大,所以有经验的评估师非常注意边角处的勘验和检查。具体勘验方法如下:首先观察左后翼子板与围板结合处的拐角,该车左后翼子板拐角处焊点规范,胶体均匀,如图 2-201 所示,可判断左后方未曾发生事故。

在对右后翼子板拐角勘验时发现异常:原厂焊点缺失,密封胶表面粗糙,尾部有钣金修复痕迹,如图 2-202 所示。

当车辆一侧的后翼子板拐角存在问题时,通常有如下三种可能:

① 单纯的翼子板拐角损伤(此类事故属于轻微损伤);

② 翼子板被切割而进行局部更换;

③ 右侧整个侧围板整体更换。

图 2-201　左后翼子板拐角勘验

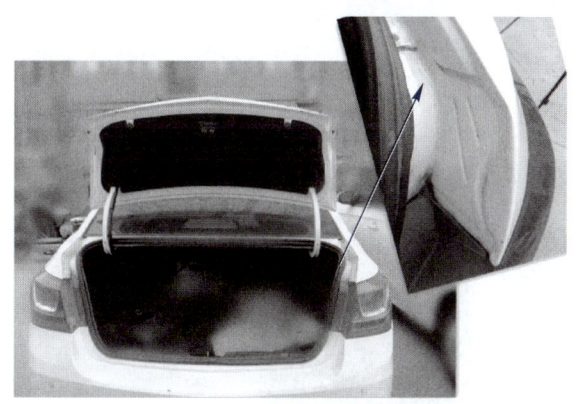

图 2-202　右后翼子板拐角勘验

面对这三种损伤情况,需逐一排查,确定损伤的真正范围。

(3) 勘验右后门框

通过对车身后部的勘验,可以初步确定该车右侧后部存在事故,并且右侧后翼子板存在维修焊接痕迹。接下来重点勘验右后门框有无维修焊接痕迹,勘验门框周边区域时需要拆卸卡在后门框边沿的橡胶密封条。拆卸门框上方密封条后,可以看到此段部位焊点清晰,如图 2-203 所示。于是继续沿门框向后、向下检查,当检查

图 2-203　门框上部焊点清晰

到 C 柱拐角附近时，可以明显看到焊点消失，尽管表面覆盖有油漆，但是仍能够观察到少许凸凹不平的整形痕迹，并能够观察到对接点的痕迹，如图 2-204 所示。

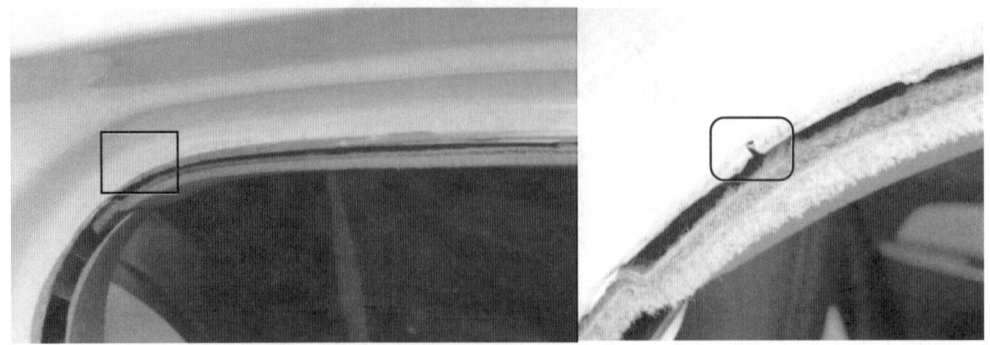

图 2-204　门框边缘焊点缺失，右图方框位置有切割点

沿 C 柱继续向下方勘验，找寻下部切割点的位置。在 C 柱中部锁栓附近找到接缝痕迹，如图 2-205 所示。

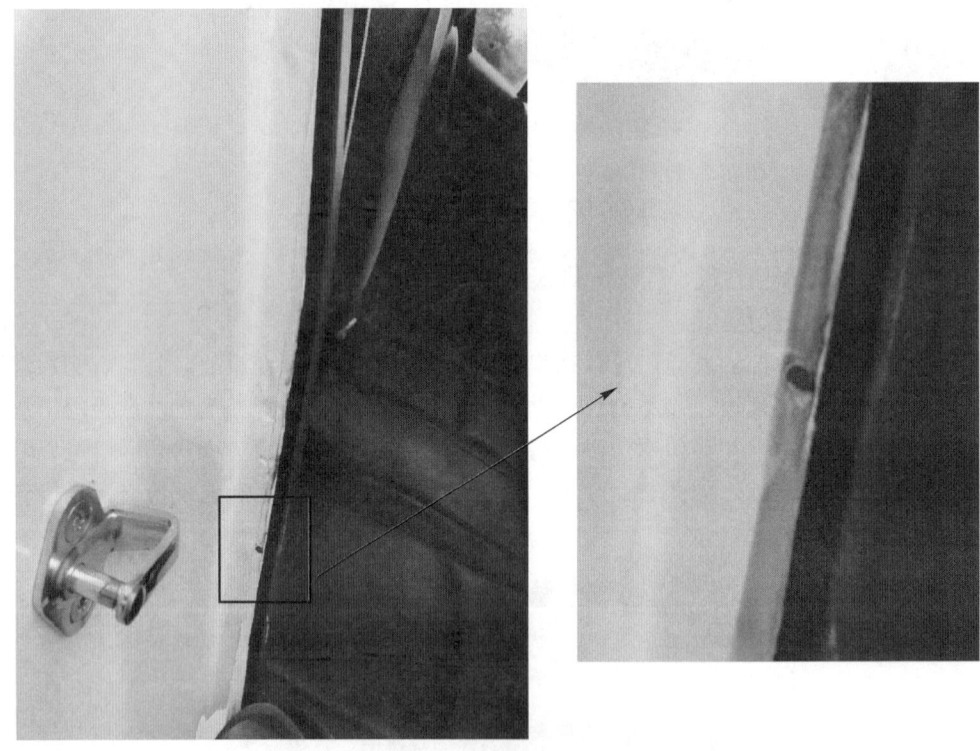

图 2-205　门框立柱的接缝痕迹

上下切割点均已找到，可以判断此车右后翼子板的切割部位及切割范围，也可以明确事故发生在该车的右部，对此可以通过检查右后尾灯进一步验证。仔细对比

两侧尾灯的生产批号和标志，可以明显辨识出该车右后尾灯标识差异，如图2-206所示。

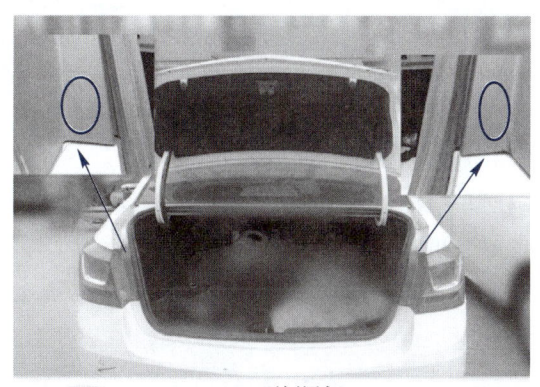

(a) 两侧尾灯

(b) 左侧尾灯零件标识

(c) 右侧尾灯零件标识

图 2-206　对比左、右两侧尾灯标识

至此，该车右后区域的损伤范围可以准确判断，如图2-207所示。同时也基本可以断定该车仅为翼子板损伤，并未伤及C柱、减振器支座、底板等关键承力部件，属于损伤轻微的事故。

图 2-207　克鲁兹轿车右后侧车身损伤区域（图中虚线为切割部位）

### （4）案例总结

对该车行李舱两后角勘验时发现右后车身拐角的焊点异常，初步判断右后翼子板有更换痕迹。拆卸右后门框周边密封胶条，通过焊点和车身板件的维修知识找到右后门框处翼子板的上、下切割点，结合行李舱底板和后围板的密封胶状况，以及两侧后尾灯标识不一致的情况，可判断该车辆的事故损伤范围和程度：确定该车辆仅伤及后翼子板和后尾灯，未伤及行李舱底板、后围板以及C柱，属于一般性事故车，事故对车身安全性影响不大。

综上所述，要准确对车身状况进行评估，需要一定的车身结构知识、车身维修常识和勘验经验。这些知识和经验需要验车师在实践中不断学习和积累。

## 任务实施

### 车身后部勘验

#### 1. 工作准备

（1）用于勘验的汽车：技术状况良好，配件齐全。
（2）相机或手机等拍照工具、手电筒。
（3）勘验记录单。

#### 2. 实施步骤

（1）将车辆停放在开阔地带。
（2）勘验行李舱盖板的拆装及修复痕迹。
（3）勘验两侧后翼子板的焊接缝隙及表面油漆质量。
（4）勘验后保险杠的拆卸及修复痕迹。
（5）勘验行李舱底板和后减振器塔座。
（6）勘验后围板及后纵梁。

#### 3. 注意事项

后底板及后围板勘验时需要掀开行李舱内饰板，勘验时尤其注意拐角处的板件是否平整，因为拐角处容易损伤且修复难度比较大，另外注意后行李舱底板各个钣金结合处涂抹的密封胶是否规范。

## 学习小结

较为严重的车身后部事故，往往涉及多个部件的损伤，需要对车身后部部件逐一排查，确定后部部件损伤或者更换的范围，由此综合分析事故程度。

在核定车辆损伤时要研究车身结构知识和车身维修知识。

## 课后思考

1. 如何勘验后翼子板有无更换？
2. 如何勘验后行李舱盖板有无拆卸痕迹，如果有，需要进一步勘验哪些？
3. 行李舱底板的勘验需要注意哪些？
4. 如何判断后尾灯是否有更换？
5. 后围板的作用是什么？勘验要领有哪些？

# 任务五　汽车底部勘验

## 任务描述

汽车行驶性能受底盘零部件的影响很大，底盘零件存在故障或者曾经有大规模的拆换迹象，都会影响二手车的价值。

二手车检测机构和二手车经销商习惯采用原地检测的方法来判断车况。这种形式省时省力，但是要求勘验人员经验丰富，但是车辆很多隐蔽的故障不通过举升车身很难发现。

只有将车辆举升才能对车辆底部部件进行有效且有针对性的勘验，如图2-208所示。勘验内容列举如下：

图2-208　举升车辆

① 发动机和变速器是否漏油，各橡胶部位是否工况正常；

② 由下向上、由前向后，彻底观察横梁、纵梁等部件是否有整形、切割痕迹；

③ 车身前部悬架各部位部件是否为原厂配件、有无维修更换痕迹（可以在勘验发动机舱时进一步确认车况）；

④ 观察车身底盘有无拖底痕迹、车底零件有无受损凹陷、三元催化转化器尾段排气管有无损伤；

⑤ 悬架部位有无维修痕迹；

⑥ 车辆尾部有无碰撞修复痕迹。

## 相关知识

### 一、底盘勘验

对车辆底部除常规检查渗漏、刮擦等表面痕迹外，对底盘和悬架各个部件的检验是车辆底部勘验的重点。底盘作为车辆的根基，承载着整部车的行驶系统、传动系统、制动系统以及转向系统。如果底盘部件存在故障，则会影响车辆行驶的舒适性以及安全性。另外，底盘部件如果有较为严重的故障，会增加后续维修费用。

汽车在行驶过程中，底盘零部件长期暴露在外，不仅容易受到磕碰、侵蚀，同时车辆行驶里程、使用条件、车辆质量故障等也都可以在底盘上反映出来。因此，只有勘验底盘才能够详细了解车况，同时，通过对底盘部件的检查和勘验能够进一步核实车辆是否曾发生故障。

评估人员尽量将车辆举升，从车辆底部对车辆部件进行全面检查。光线不足时，可以利用辅助照明设备对底部进行勘验，如图 2-209 所示。

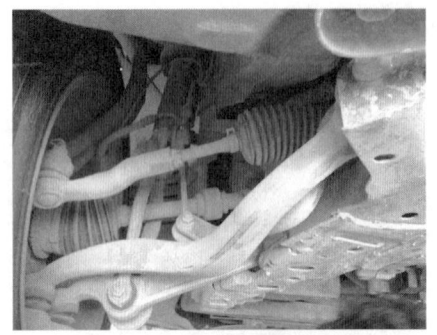
(a) 底盘零部件胶套及球头

(b) 悬架零部件

(c) 借助手电照明勘验车辆底部

图 2-209 车辆底部勘验

图 2-210 车辆底部勘验的路线和顺序

在底部勘验过程中涉及内容众多，包括转向系统、悬架系统、制动系统、轮胎、轮毂、发动机及变速器的渗漏、磕碰情况，以及车辆零件有无维修拆换痕迹等，稍有不慎可能造成某方面疏漏，因此在车辆底部检查时要制定合理的勘验顺序，逐项排查，如图 2-210 所示。

## 二、护罩和渗漏勘验

### 1. 橡胶套勘验

汽车底盘部件中存在大量的胶套,这些部件随着悬架升降起到铰接和缓冲的作用。例如,下摆臂橡胶套及万向节在车轮起伏时起到铰接作用,同时又承担将车轮的驱动力传递至车身的传力和缓冲作用。

这些橡胶部件以及万向节本身比较容易磨损和老化,如老化或者磨损严重,会导致胶套松动、变硬,直接影响行驶稳定性及操控性。橡胶套老化常见的表现为裂纹或者与周边金属壳体脱离。在车龄较长的车辆上,更换万向节和胶套的现象较为常见。大多数车辆更换胶套时需要将零部件拆下后,在专用设备上进行胶套安装。更换胶套的过程如图2-211所示。

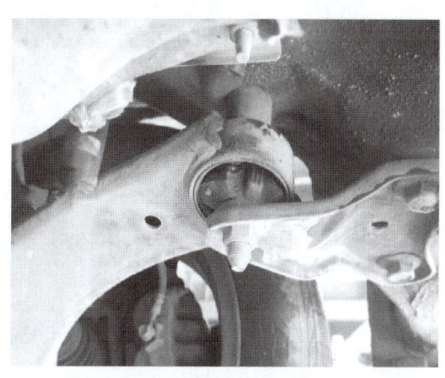

(a) 某轿车下摆臂胶套老化开裂

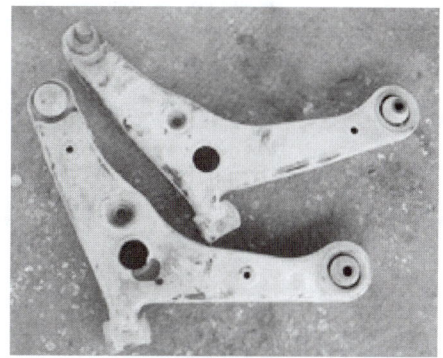

(b) 将摆臂拆离车辆

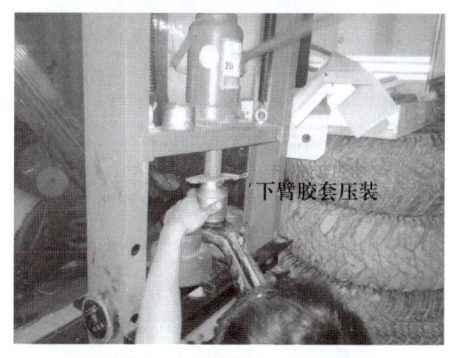

(c) 利用压力更换新的下摆臂胶套

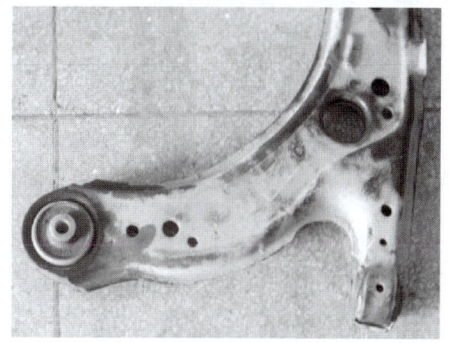

(d) 更换胶套后的下摆臂

图 2-211 更换胶套流程

底盘橡胶部件的老化和磨损是随着时间积累逐渐恶化的,对于车龄较长的车辆,往往多个部件都存在老化的现象。具体哪个需要更换,哪些还能够使用一段时间,需要结合车辆路试,根据响声的类型和部位确定。这些项目需要维修人员有较丰富的经验和恰当的试验方法才能准确判断。

## 2. 橡胶护罩的检查

底盘也存在较多的橡胶护罩,橡胶护罩对各个万向节起到防尘防水的作用。车辆在使用过程中,橡胶护罩老化开裂后要及时更换,否则容易造成万向节等部件漏油、进水,相应部件因缺少润滑、生锈而过早损坏,具体如图 2-212 所示。

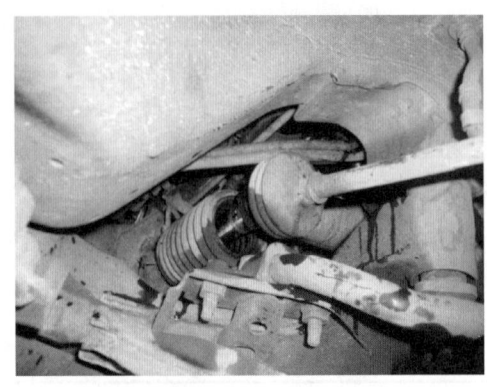

(a) 半轴防尘罩损坏　　　　(b) 横拉杆防尘罩损坏

图 2-212　半轴和横拉杆防尘罩损坏

对于半轴防尘罩的损坏,有些车型可以将半轴拆下,分解后单独更换防尘罩;有些车型只能更换半轴总成。对于转向机拉杆的防尘罩,大多数车型可以将横拉杆拆下,单独更换防尘罩。

图 2-213 所示为某车横拉杆防尘罩的更换过程。

## 3. 渗漏勘验

车辆使用过程中,随着使用年限的增加,车辆橡胶部件、铝制部件等会出现腐蚀、老化现象,严重时会造成渗漏。如散热器及其相关管路、冷凝器、冷凝器管路、制动液管等,如图 2-214 所示。如发现渗漏或拆卸痕迹时要做好记录,并核实拆卸或者渗漏原因。

(a) 拆卸横拉杆调整螺母　　　　(b) 拆卸横拉杆外球头节

(c) 拆卸横拉杆防尘罩卡扣

(d) 取下横拉杆防尘罩

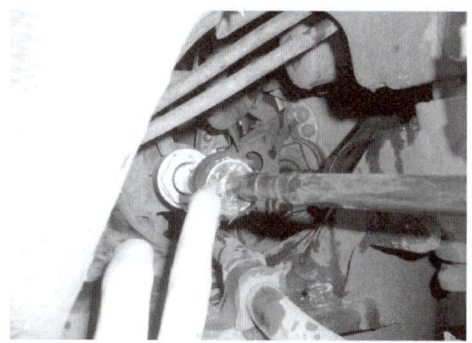
(e) 新防尘罩加注润滑脂

(f) 更换新的防尘罩

图 2-213　横拉杆防尘罩更换过程

## 三、检查万向节

车辆底部有几个关键的万向节，分别是下摆臂万向节（部分车型有上摆臂万向节）、转向拉杆万向节和稳定杆万向节；当这些万向节间隙过大而出现松旷时，一般会出现异响、车辆行驶中跑偏、转向盘发抖、轮胎偏磨损等现象。

(a) 散热器有渗漏痕迹

(b) 发动机、变速器无任何泄漏痕迹

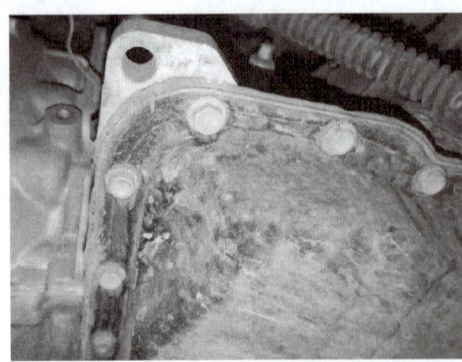
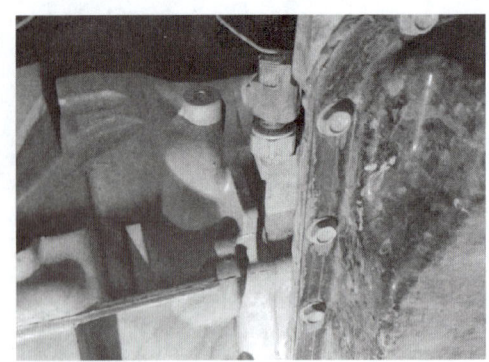

(c) 变速器机油底壳有拆卸痕迹(经核实为更换变速器滤网)

图 2-214 车辆底部渗漏检查

### 案例

某车车龄 6 年,行驶在颠簸路段时,车辆底部发出"咕噜咕噜"的响声,平直路面行驶时几乎没有,到维修厂经维修人员试车后,诊断为 2 个前平衡杆胶垫需更换,2 个后平衡杆胶垫需更换,2 个前平衡杆万向节需更换,左前上摆臂万向节松动(该车上臂不单独供应万向节,只能更换总成)。所需更换的零部件及更换后的情况如图 2-215 所示。

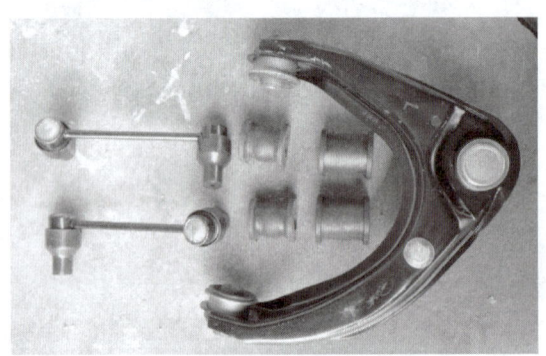

(a) 准备更换的零部件

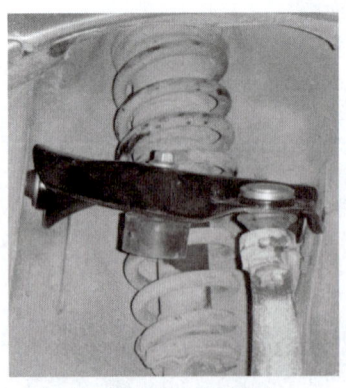

(b) 更换后的上摆臂总成　　(c) 更换后的前稳定杆胶套

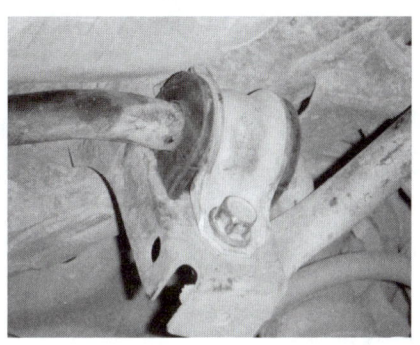
(d) 更换后的后稳定杆胶套

(e) 更换后的后稳定杆连接杆及万向节

图 2-215 底盘胶套更换

### 1. 检查横拉杆万向节

如果车龄较长，应当有针对性地对万向节的松旷情况进行检查。横拉杆万向节的检查方法是，将车辆举升至车轮离地后，用手抓握万向节处横拉杆上下方向晃动，感知有无松动间隙，如图 2-216 所示。或者车辆未举升时，握住转向盘左、右小幅度摆动，感知有无松旷。

### 2. 检查下摆臂万向节

下摆臂万向节的检查必须举升车辆，用撬棍向上撬动下摆臂，看外端有无上、下间隙量，或者向车身外侧搬动轮胎下部，观察万向节有无松旷量，如图 2-217 所示。

图 2-216 检查转向万向节松旷

图 2-217 检查下摆臂万向节松旷

### ▷▷▷ 验车手记之——底部橡胶件

针对胶套的检测，可以从左到右将各个连接处的胶套逐一查看，包括副车架胶套、下摆臂胶套、稳定杆胶套、传动轴防尘罩、转向机防尘罩、减振器防尘罩等，观察表面有无老化、裂纹、橡胶与金属外壳有无脱开等现象。除底盘各个橡胶套之外，还要勘验发动机、变速器的支架胶套，这也是车辆使用频繁时，老化和损坏概率比较高的部件。

## 四、减振器勘验

车身经过不平坦路面时会受到振荡和冲击,螺旋状的缓冲弹簧(或钢板弹簧)减少路面不平整的冲击,但弹簧的伸张和压缩会引起车架与车身的振动,为使振动迅速衰减,改善汽车行驶的平顺性和舒适性,汽车悬架系统上装有减振器。汽车上广泛采用的是双向作用液压阻尼式减振器。车辆悬架和减振器的原理如图 2-218 所示。

减振器是汽车使用过程中的易损配件,其工作情况,将直接影响汽车行驶的平稳性和其他机件的寿命,因此应使减振器始终处于良好的工作状态。

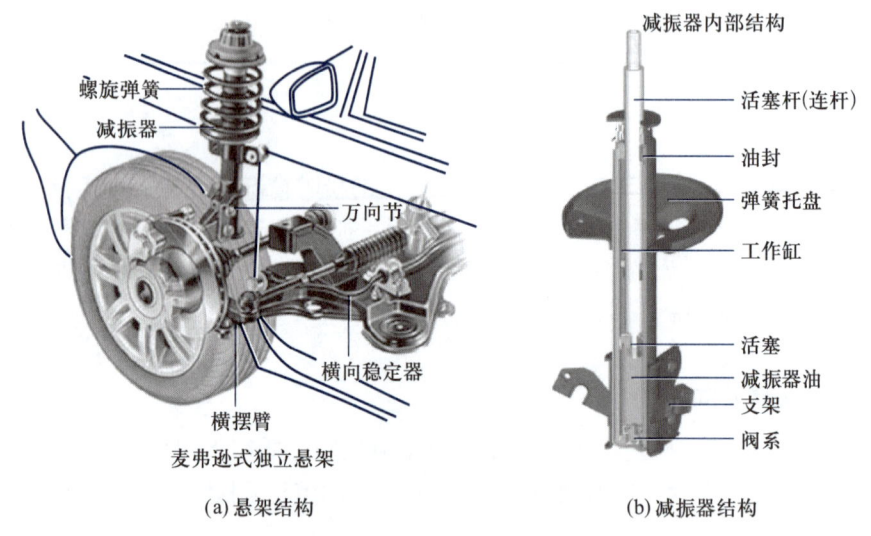

(a) 悬架结构    (b) 减振器结构

图 2-218  减振器结构及工作原理

对于经常行驶在较差路况的车辆,减振器容易出现漏油,如图 2-219 所示。当减振器液压油渗漏时,通常不建议对其进行修复,只能整体更换。另外,减振器也是车辆前部事故中容易受损的部件。

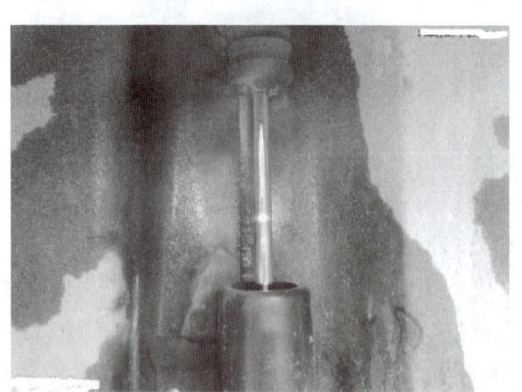
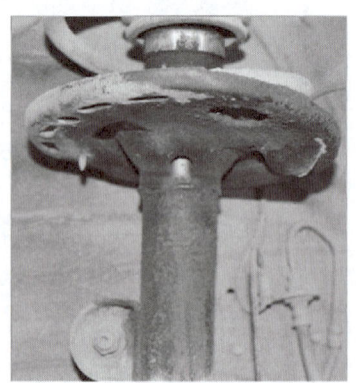

(a) 后减振器漏油    (b) 前减振器漏油

图 2-219  减振器漏油故障

减振器通过上部三个螺栓安装在减振器塔座上,可以通过安装螺栓判断减振器是否曾拆卸或更换,如图 2-220 所示。打开发动机舱盖即可通过螺栓六角面印痕判断减振器是否曾拆卸。

## 五、核实底部事故

图 2-220 减振器安装螺栓

在较为严重的碰撞事故中会涉及发动机部件及底盘部件的损伤,因此车辆底部勘验时,有意识的检查底部拆卸或维修痕迹,有助于进一步核实车辆事故的范围和程度。同时,通过底部观察,容易发现一些在上方无法有效勘验的损伤和维修痕迹。如图 2-221 所示,通过车辆底部勘验,可以进一步观察底盘部件托底碰撞痕迹,以及相关的拆修甚至是纵梁的变形等情况。

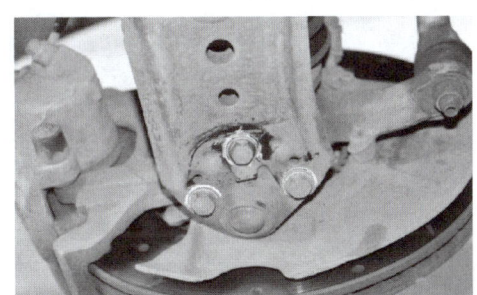
(a) 下摆臂螺栓的拆卸痕迹(无更换件)

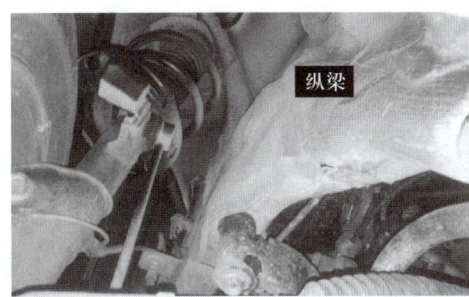
(b) 勘验车辆纵梁

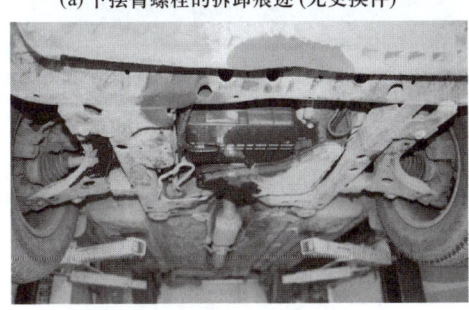
(c) 车辆底部有漏油痕迹

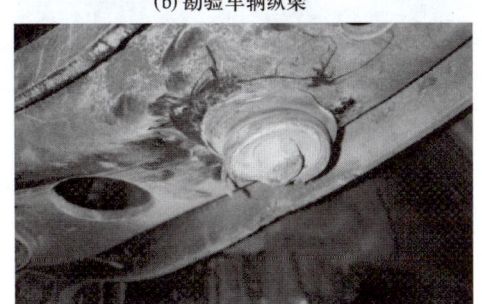
(d) 勘验车辆后桥托底痕迹

图 2-221 车辆底部维修痕迹排查

除通过零部件的安装螺栓勘验拆装痕迹外,还可通过检查底部零部件标签上标注的品牌、生产日期等信息,进一步核实零部件的拆修更换信息。如图 2-222 所示,对该车辆左、右两侧下摆臂表面的标签进行检查时,左侧的生产日期写的是20130508,说明这个部件 2013 年 5 月 8 号出厂,右侧标签的生产日期为 2013 年 5 月 11 日。结合车辆铭牌标注的具体生产日期可以确认该下摆臂是否为更换件。

(a) 左侧下摆标签

(b) 右侧下摆臂标签

图 2-222 勘验下摆臂上的标签

对于发生严重事故的车辆，通常涉及某个区域较多零部件的拆卸和更换，要掌握事故车辆的修复知识，才能根据修复后的痕迹推断出车辆的事故程度和范围。

例如，该轿车在行进中不慎与对面车辆发生碰撞，造成车辆受损，经勘验：该车前部部件，散热器框架、发动机舱盖、散热器、前照灯、冷凝器、风扇、保险杠、防撞钢梁等部件受损，大部分需要更换；蓄电池、熔丝盒、左前翼子板需更换；左前翼子板骨架、左侧纵梁需整形修复。参考图 2-223 所示的事故车底部零件的定损内容，

(a) 某轿车左前部遭受撞击

(b) 该车左前轮向后移位（悬架受损严重）

(c) 散热器防撞梁等部件受损(需更换)

(d) 蓄电池及熔丝盒受损（需更换）

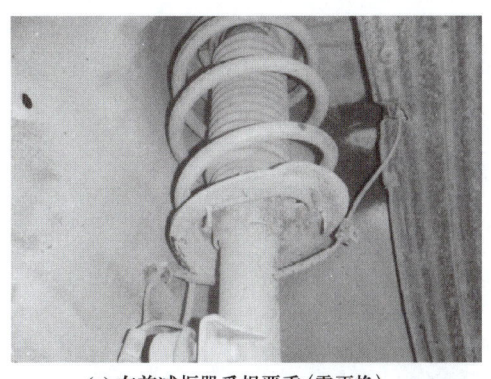
(e) 左前减振器受损严重（需更换）

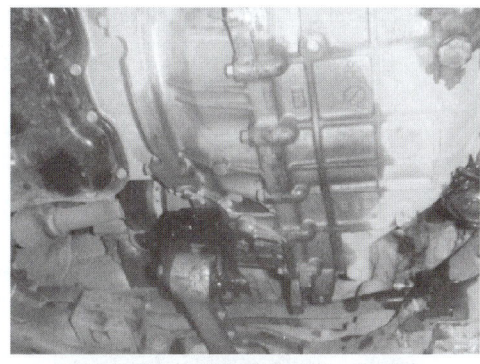
(f) 变速器壳体损伤（壳体破裂，需更换）

(g) 副车架及传动轴脱落（需更换）

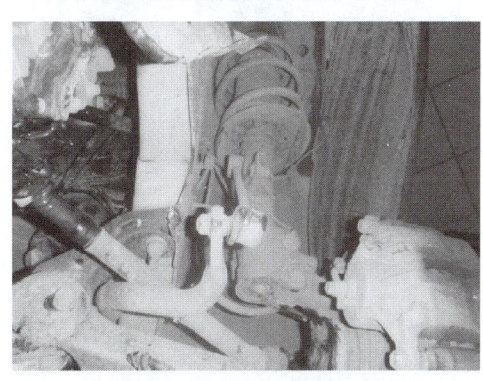
(h) 横向稳定杆及减振器损伤（需更换）

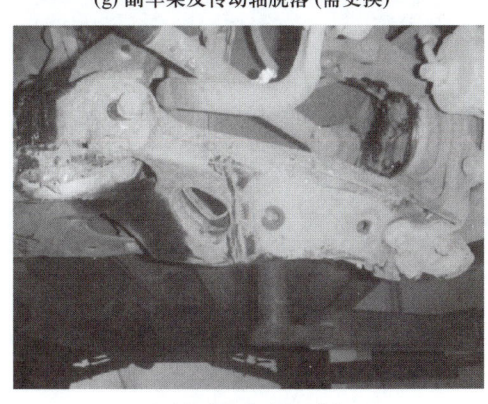
(i) 下支臂损伤（需更换）

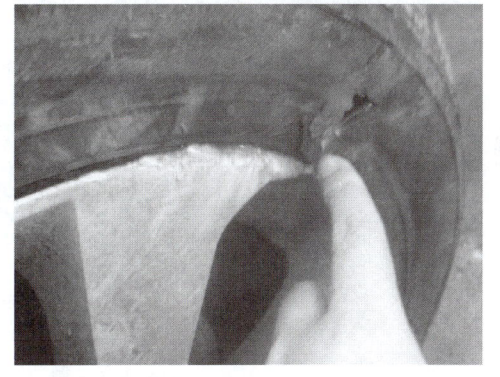
(j) 轮胎爆裂及轮毂损伤（需更换轮胎及轮毂）

图 2-223　勘验事故车损伤程度

思考修复后的勘验措施。

除此之外，该车底盘部件也存在较为严重的损伤：副车架、左前减振器、左前下摆臂、稳定杆、稳定杆连接杆（左侧）、左侧传动轴、左前轮胎（轮毂）需更换；发动机左前支架受损，需更换；变速器壳体被撞出空洞，需更换壳体或变速器总成。

由上可以看出，该车由于左前部发生碰撞事故，需要更换左侧较多的零部件，不仅涉及车身部件，同时也涉及底盘部件。在对此类车辆勘验时，可以结合零件更换的范围进行事故程度判断。如图 2-224 所示，该车底部存在大量的维修痕迹。

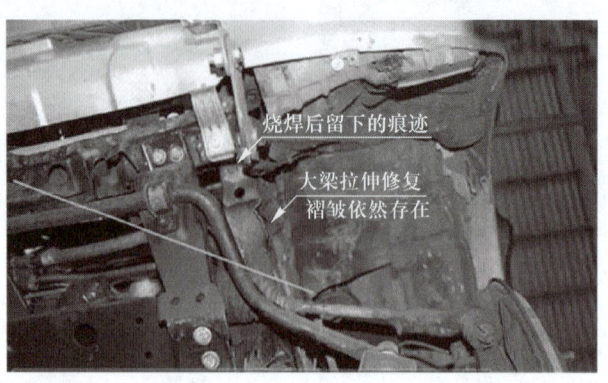

图 2-224　该车底部的修复痕迹

## 六、检查制动

制动系统的作用是使行驶中的汽车按驾驶人的意图进行减速甚至停车。汽车制动系统主要由供能装置、控制装置、传动装置和制动器等部分组成，常见的制动器主要有鼓式制动器和盘式制动器，如图 2-225 所示。

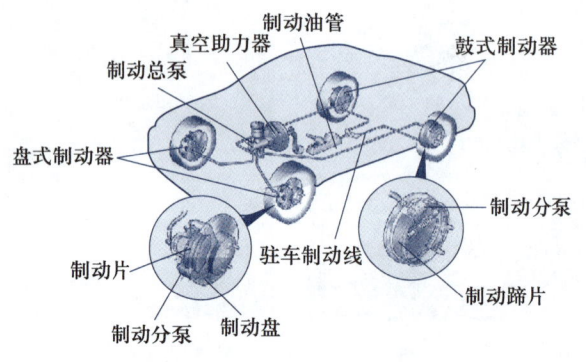

图 2-225　制动系统结构原理

对于制动系统的检查，除对管路、分泵进行目视检查外，通常有如下几个重点检查项目。

### 1. 检查轮胎转动阻滞力

将车轮举升后，轻转车轮，感受车轮有无阻滞感。如果有阻滞感，则存在制动系统回位不彻底的现象。在转动车轮的过程中，也可一并检查轮胎胎面状况。

## 2. 检查制动片厚度

行驶里程较长的轿车，路试试验时轻踩制动踏板，能听见"铁蹭铁"的"吱吱"声，此时需立即对制动片进行检查，确认是否达到磨损极限。这是制动片两侧的极限报警标识已经与制动盘摩擦所致，此报警片高出底板 2 mm 左右，当摩擦至报警片与制动盘接触，此时需立即更换制动片。制动片报警装置如图 2-226 所示。

图 2-226　制动片报警片

新的制动片厚度一般在 10 mm 左右，随着不断摩擦，厚度会逐渐变薄。一般来说，当肉眼观察制动片厚度已经仅剩原厚度的 1/3（3 mm）左右时，制动片基本达到磨损极限，需准备更换。多数车辆的制动片可以透过轮辐直接观察到，如图 2-227 所示。

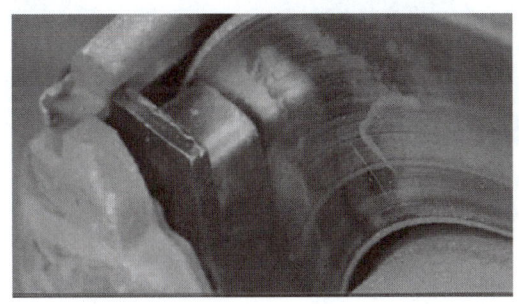 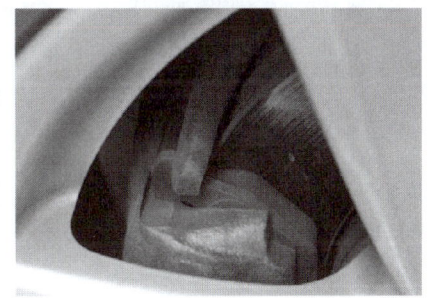

图 2-227　透过轮辐的空隙，观察制动片和制动盘的磨损情况

## 3. 制动盘检查

当制动片磨损严重时，更换制动片的同时也要着重检查制动盘，因为制动片磨损严重时，制动盘也会有较大磨损。

当制动盘磨损量比较大时，制动盘的散热能力和强度都会有所下降，安全起见建议更换。通常制动盘的磨损量应当少于 1 mm。

检查制动盘厚度的同时需要对制动盘内、外表面的光泽程度进行检查，当制动片质量较差或者制动片磨损至极限后未及时更换，则会造成制动盘异常磨损。当制动盘表面出现较明显的沟槽时，继续使用会影响制动片和制动盘之间的摩擦力，造成制动效果差。如图 2-228 所示，制动盘有较深的磨损印痕。

(a) 制动盘摩擦面有沟槽

(b) 制动盘表面有异常磨损的划痕

图 2-228　制动盘表面的磨损情况

另外，制动盘长时间过热或制动盘高温时遇冷水容易造成制动盘裂纹，当出现此种情况时需及时更换制动盘，不能继续使用，如图 2-229 所示。

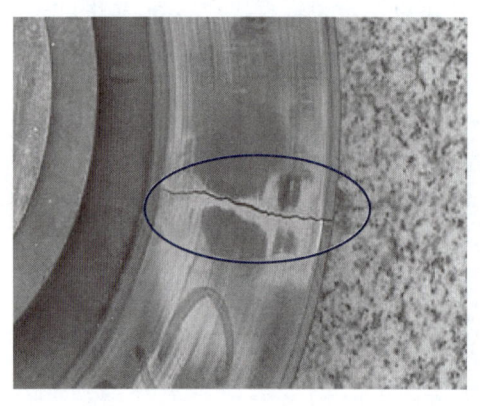
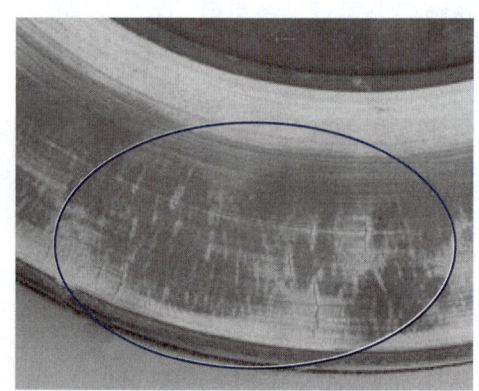

图 2-229　制动盘表面裂纹

## 七、轮胎勘验

轮胎作为汽车的"鞋"，是汽车"运动"和"行走"的关键部件，同时轮胎能够支承汽车总质量以及对应的驱动力，与汽车悬架一起吸收、缓和路面的冲击，以保证汽车具有良好的乘坐舒适性和行驶平顺性，保证汽车车轮与路面有良好的附着能力，以提高汽车的动力性、制动性和通过性。

如轮胎出现异常状况而继续使用，会影响车辆的驾驶性能，甚至引发严重的安全事故。车辆高速行驶时的爆胎事故多由轮胎故障所致。同时，轮胎作为车辆的易损件，其新旧和磨损情况也能从侧面反映车辆的使用状况，加之轮胎易于观察，因此检查轮胎是二手车勘验时必查的项目。车辆举升后是对轮胎进行全面检查的最好时机，如图 2-230 所示。具体检查项目包括轮胎的生产日期、轮胎的磨损以及轮胎的损伤，四只轮胎都要逐一全面检查。

微课视频
轮胎勘验

图 2-230　转动车轮检车轮胎

### 1. 生产日期和老化

轮胎作为橡胶制品，长时间使用或者存放容易老化。制造和使用时，对轮胎的出厂日期有严格的时限规定。通常轮胎侧面的各种标识中有表明轮胎生产日期的图案，如图 2-231 所示。

轮胎侧面的生产日期信息共有四位数字"AA-BB"组成，前两位"AA"表示一年中的第几周，后两位"BB"表示年份。

如图 2-231 所示，该轿车轮胎上标的

图 2-231　轮胎的生产日期

后四位是 0807，表示轮胎是在 2007 年第 8 周生产的，也就是 2007 年 2 月底生产的。

对于车龄较短的车辆，轮胎的生产日期和车辆的生产日期应当相同，或者略微提前。通常一般轮胎的行驶里程在 8 万 km 左右，使用时间为 4 年，两者有一个达到上述条件即需要更换。如果轮胎的更换与使用年限或使用里程有较大出入，则需考虑更换原因，是否因事故导致轮胎更换，或者车辆有更改行驶里程的嫌疑。

如图 2-232 所示，该车辆生产日期为 2009 年，轮胎生产日期为 2013 年，基本符合行驶 4 年后正常更换轮胎的要求。

(a) 轮胎上标识出厂日期　　　　　　　　(b) 车身铭牌标识车辆的生产日期
（此车生产日期为2009年10月）

图 2-232　轮胎生产日期与铭牌日期对比

轮胎作为橡胶制品在风吹、日晒等自然条件下容易老化，表面出现开裂、橡胶变硬等现象，造成性能下降。图 2-233 所示为轮胎老化程度的勘验。如果轮胎老化严重而无法继续使用，则二手车购买后需要更换轮胎，此费用也要考虑进车辆的购置成本。

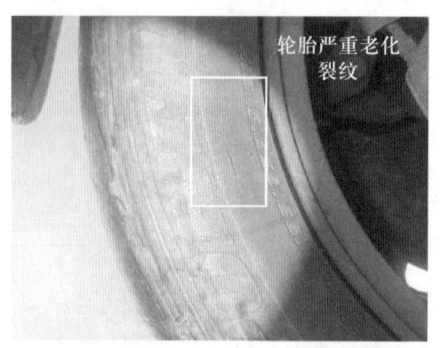
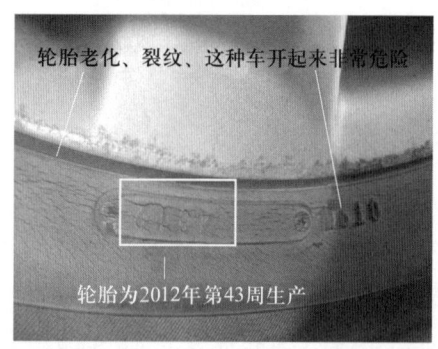

(a) 轮胎表面老化严重，不建议继续使用　　(b) 轮胎年限较长，老化严重，不建议继续使用

图 2-233　轮胎老化程度勘验

## 2. 轮胎磨损

部分车主认为轮胎花纹磨光了只要没破就仍可以使用，这种情况是十分危险的。在湿滑路面，胎面若没有花纹深度则不能将轮胎下方的积水完全排出，车辆非常容易因附着力不够而失控。

轮胎长时间磨损后，排水性能和制动性能降低，舒适感也变差。在日常的轮胎维护和检查中，通常以露出磨损标记 1.6 mm 为标准，判断轮胎是否需要更换。在对轮胎勘验时，可以检查轮胎花纹的深度，如图 2-234 所示。

为便于检查轮胎花纹深度，在轮胎侧面印有磨损指示标志，沿着该三角箭头所指位置检查轮胎正面，能够看到在轮胎的纵向花纹的深沟中设置一横向排布的小凸起，如图 2-235 所示。这些小凸起距离轮胎沟槽底部的深度为 1.6 mm，当轮胎磨损至凸起与胎面一致时，意味着达到磨损极限。

图 2-234 检查轮胎花纹深度

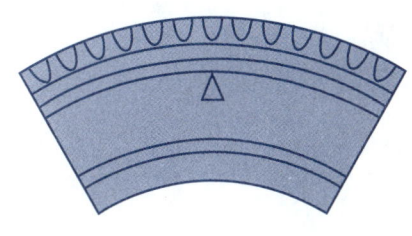

(a) 轮胎磨损标志符号位置

(b) 凸起的位置

(c) 花纹深度细节

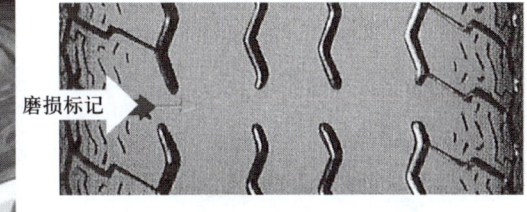

(d) 轮胎磨损极限状态

图 2-235 轮胎磨损标志

## 3. 轮胎损伤

轮胎在使用过程中,不仅有正常的磨损,有时候存在异常磨损造成轮胎损伤,此种情况对轮胎的影响更为严重。

例如,轮胎有损伤时,汽车以高速驶过凹坑、障碍物及马路沿时,轮胎局部在巨大的撞击力下将发生严重变形,内部压力瞬间增大,引起内部连线层断裂,这样的直接后果就是造成轮胎鼓包,此种情况下轮胎长时间行驶,容易从鼓包处爆裂。

或者轮胎在地面滚动时,压扎锋利物品造成轮胎割伤,损毁表面橡胶或者内部尼龙线层，造成轮胎局部的薄弱点，轮胎长时间行驶或负荷变大时容易从此处开裂。当轮胎已经发生鼓包或者表面有伤及连线层的损伤时，必须立即更换，否则就有爆胎的危险，尤其是轮胎侧面的损伤。检查过程中，注意胎面和胎侧的损伤，鼓包等，如图 2-236 所示。

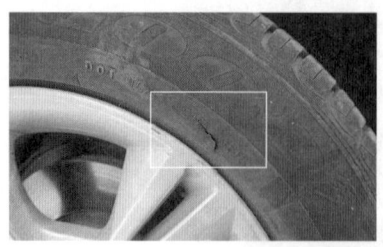
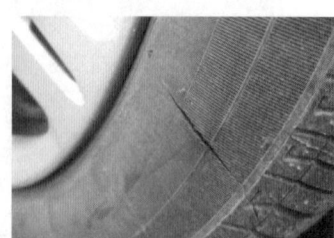

(a) 轮胎侧面有划伤

(b) 轮胎侧面有鼓包

图 2-236　轮胎损伤的检查

另外，轮胎在使用过程中表面应当均匀磨损，如果出现不均匀磨损及偏磨损时，通常是车身或悬架系统有故障造成的，如图 2-237 所示。遇轮胎异常磨损时应当进一步勘验所对应的悬架是否有部件损伤、橡胶件老化、车身定位异常等问题。

(a) 正常磨损的轮胎　　　　　　　　(b) 偏磨损的轮胎

图 2-237　轮胎异常磨损

## 八、底部其他检查项目

在车辆底部检查时，还需针对车辆后桥、排气管以及车辆的托底、发动机和变速器的拆解状况、渗漏等内容一并进行检查，将车辆举升时检查纵梁、防撞梁等部件也比较方便，如图2-238~图2-240所示。此处不再一一赘述。

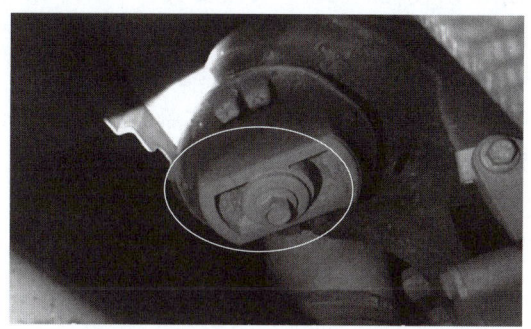

图 2-238　后桥螺栓未见拆卸痕迹

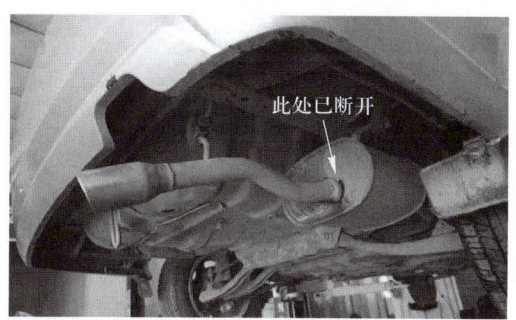

图 2-239　排气管的检查

图 2-240　汽车托底的检查

有些车辆对发动机、变速器等部件从底部进行勘验，需要拆卸发动机舱的下护板，这时不能因为麻烦而省略。

▷▷▷ **验车手记之——底部综合勘验**

实际车辆检查过程中，针对不同车辆所使用的检查方法略有差异，但是若需对车辆进行全面细致的勘验，将车辆举升后勘验底部是必不可少的环节。尤其是一些高档车辆，发动机舱零部件排布密集，从发动机舱上方观察，根本无法有效勘验车身、车桥、纵梁等部件，只有将车辆举升才能全面了解相关部件的情况。

通过发动机舱上部及车身中部上方的勘验，对车辆有无损伤及损伤范围有一定了解后，结合从底部勘验所发现的问题，才能更为全面地了解和评估车辆。同时结合对车辆全面勘验后所发现的问题，二手车买方也可以核算该车购置后的维修成本，便于与卖家协商价格。

例如，举升车辆后，从底部勘验可知某车左侧纵梁前部有修复焊接痕迹，结合该车保险杠、散热器框架拆卸痕迹，可以断定该车事故损伤在左前区域，伤及纵梁，同时悬架和减振器也存在更换痕迹，断定事故较为严重。

所以，底部勘验有助于对车辆事故程度进行更全面的判断。

## 任务实施

拓展视频
车辆底部勘验实例

### 车辆底部勘验

#### 1. 工作准备

（1）用于勘验的汽车：技术状况良好，配件齐全。
（2）车辆举升机。
（3）相机或手机等拍照工具、手电、撬棒。
（4）勘验记录单。

#### 2. 实施步骤

（1）将车辆停放在开阔地带。
（2）举升车辆并确认举升安全。
（3）视情况而定，根据需要决定是否拆卸发动机下护板。
（4）勘验各个橡胶套、发动机支架、橡胶防尘罩、排气管等。
（5）进一步勘验发动机、变速器有无拆卸痕迹，勘验底盘部件有无拆卸及损伤。
（6）勘验纵梁及底部车身有无损伤及修复痕迹。
（7）勘验制动盘和制动衬片的厚薄及磨损均匀性。
（8）勘验各个轮胎生产日期及磨损情况。

#### 3. 注意事项

注意勘验车身底部密封胶是否存在异常，重点勘验座椅下方的车身部件有无焊接痕迹，以及油箱有无拆装痕迹。如果有，则需查明原因。排除拼装车辆的情况。

## 学习小结

1. 当检测到车辆底部零部件有拆卸痕迹时,要落实拆卸原因,区分是保养需要拆卸还是故障维修拆卸。

2. 底盘的橡胶件和球头节等部件属于易损件,在勘验时要着重检查。如果磨损严重,不仅要增加后期维修成本,也表明车辆使用频繁。

3. 底部拆卸和更换痕迹与车身的损伤在一定程度上存在对应关系。如果车辆使用时间不长,但是底盘部件拆卸较多时,要进一步核实车身及发动机等主要部件有无更换和拆修痕迹。

4. 制动盘及制动片不仅要检查厚薄,还要检查磨损的均匀性。

5. 检查轮胎要注意轮胎的生产日期与车辆生产日期和行驶里程是否相符。

6. 要核实轮胎异常磨损以及轮胎非正常更换的原因。

## 课后思考

1. 汽车底盘零部件有哪些?
2. 底盘胶套损伤给行车带来哪些影响?应当如何更换胶套?
3. 思考:更换某车横拉杆橡胶护罩所需材料及人工成本。
4. 如何检查底盘件球头节的损伤?球头节松动会给车辆带来哪些影响?
5. 减振器漏油后还能修复后继续使用吗?行驶里程不长的车辆出现减振器更换的痕迹,需要重点核实哪些问题?
6. 大量的底盘部件有拆卸及更换痕迹,还需要着重勘验哪些车身部件?
7. 制动盘上有较深的沟槽,对二手车评估有无影响?为什么?
8. 如果个别轮胎的生产日期与其他轮胎的生产日期差别较大,能够说明该车发生过严重的事故吗?

# 项目三
## 车辆动态检查

**科学规范篇**

二手汽车结构复杂、种类繁多，状况和性能均存在较大的差异，如何有效评估是个棘手的问题。鉴定评估企业在遵照行业标准的基础上又制订出更为细致和具体的操作规范，并形成工作制度。鉴定评估人，要加强学习，形成依照科学性和规范性进行评估的意识，自觉遵守并执行各级规范和制度。

### 知识目标

1. 了解二手车动态检查的重要性
2. 掌握二手车动态检查的操作要求
3. 掌握二手车动态检查的评判依据

### 能力目标

1. 能够对二手车的各个动态检查指标进行规范的检查
2. 能够对二手车动态检查现象和数据进行基本判断

### 项目简介

微课视频
车辆动态检查概述

车辆处于静止状态时很多部件和系统是不工作的，汽车的很多故障以及各个系统的操作性能只有在相应的工作状态下才能表现出来。因此，对车辆进行动态检验是非常必要的，一方面可以排除或者确认某些潜在的故障，另一方面可以进一步确认车辆各个系统性能的优劣。

经过各个项目的静态检查后，路试准备工作就绪。起动发动机，对发动机各个工况性能进行检查，同时需要驾驶车辆在路上进行行驶中测试，达到对转向、悬架、制动、变速器等系统性能进行相应检查目的，如图3-1所示。

图3-1 道路驾驶检查

# 任务一　发动机和底盘的路试检查

## 任务描述

对发动机工作性能的检验包括起动性能、怠速工况、有无异响、急加速性能、曲轴箱窜气量、排气颜色等项目。路试过程中选择不同的路段、路况，有针对性地对底盘相关部件进行检查测试。

在路试过程中，要求路试人员不仅有一定的路试经验积累，同时还要掌握相应的测试技术及路试测试工具的使用，以及具有能够对测试结果与厂家的技术标准相比对的能力。

## 相关知识

### 一、发动机工作性能检查

（1）检查发动机起动性能

起动发动机，检查发动机是否在 2~3 个循环即可顺利起动。起动后的发动机转速应当保持在 1 500 r/min 左右（冷车）；起动次数不应超过 2~3 次，每次起动时间不超过 5~10 s。随着发动机温度上升，转速逐渐下降，通常 2~3 min 后发动机转速即可回落到 800 r/min。此过程中应当重点勘验发动机有无冷车怠速运转，以及运转是否平稳。

（2）检查怠速情况

发动机起动预热后，使其怠速运转，打开发动机舱盖，观察怠速运转情况。怠速运转应平稳，发动机振动很小。观察仪表盘上的发动机转速表，此时发动机的怠速应在（800±50）r/min。不同发动机的怠速转速可能有一定的差别。若开启空调，发动机转速应上升，其转速应在 1 000 r/min 左右。发动机怠速时，若出现转速过高、过低、抖动严重等现象，均表明发动机怠速不良。

（3）检查发动机异响情况

发动机怠速运转，听发动机有无异响，以及响声大小。增大节气门开度，适当提升发动机转速，倾听发动机的异响是否随之增加，或是否有新的异响出现。正常情况下，发动机无论转速和负荷怎样变化，都是一种平稳有节奏、协调圆润的轰鸣声。发动机发出敲击声、咔嗒声、爆燃声、咯咯声、尖叫声等均是不正常的响声。

（4）检查发动机急加速情况

待水温、机油温度正常后，稍微快速增大节气门开度，使发动机由怠速状态迅速增加转速，查看发动机转速是否可以由低速到高速灵活反应；然后迅速抬起加速踏板，查看是否有怠速熄火现象。通常，急加速时，发动机发出强劲且有节奏的轰鸣声，快速抬起加速踏板后，发动转速应当平稳回落至怠速。

（5）检查发动机窜油、串气情况

打开机油加注口盖，控制加速踏板，使发动机缓慢提升转速，若窜气严重，用肉眼就可以看出。若窜气不严重，可用一张白纸，放在离机油加注口 5 cm 的地方，然后缓慢提速。若窜油、窜气，白纸上会有油迹，串气量越严重，白纸上的油迹就越多。串气量大表明发动机内部磨损严重，后续的使用和维修成本都比较高。

（6）检查排气颜色

正常的汽油发动机在工作时排出的是无色气体。在冬天，可见白色的雾气以及排气管口有一定的滴水现象，如图 3-2 所示。柴油发动机中等负荷运转时，发动机排出的气体一般是淡灰色，负荷略重时，则可为深灰色。如果排气烟色为蓝色，说明机油窜入燃烧室，发动机有烧机油问题。此种问题通常是活塞环与气缸壁磨损过甚，间隙过大或气缸进气不畅，致使机油吸入燃烧室。如果排气管冒黑烟，如图 3-3 所示，则是混合气过浓等原因造成。冒白烟意味着发动机烧自身冷却系统中的冷却液，这可能是气缸垫烧坏，也可能是缸体有裂纹。另外，冒白烟的另一个原因是由低温和潮湿的外界空气引起。

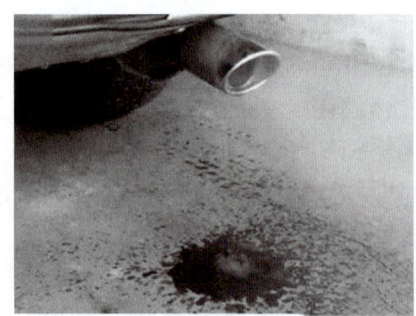 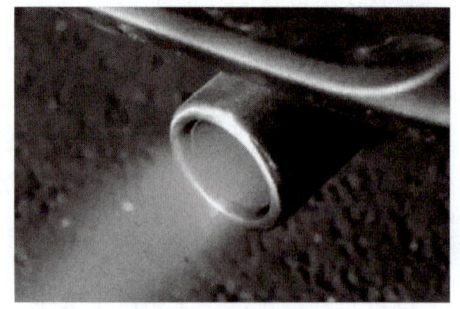

图 3-2　冬天排气管的雾气及滴水　　　　图 3-3　排气管冒黑烟

（7）检查排气气流

将手放在距排气管口 10 cm 左右处，感觉发动机怠速时排气气流的冲击，正常排气气流有很小的脉冲感。若排气气流有周期性的"打隔"或不平稳的喷溅，表明节气门、点火或燃油系统有问题，引起间断性失火。

将一张白纸悬挂并靠近排气口 10 cm 左右，如果纸不断地被排气气流吹开，则表明发动机运转正常；如果纸偶尔被吸向排气口，则表明发动机配气机构可能有很大问题。

## 二、底盘的路试检查

汽车路试时，一般行驶 20 km 以上。在路试过程中有意识地对车辆的离合器、变速器、动力性、制动性能、悬架性能、噪声振动等性能进行查验。

（1）检查离合器工作情况

起步时，原地往复踩踏几次离合器踏板，查看踏板有无松动异响，踏板自由行程是否合适，有无踏板分离点过高，自由行程变小的迹象。如果踏板过高，通常是离合器片磨损严重，后续使用中要尽早更换。起动发动机后，踩踏离合器踏板至最低，将变速器各

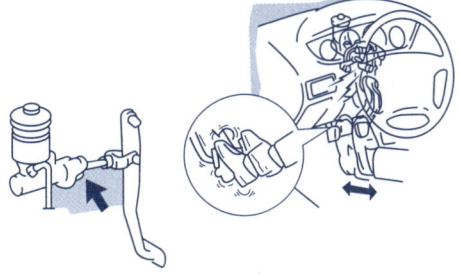

图 3-4　检查离合器各个工况

个挡位切换一遍，检查离合器踏板分离是否彻底；缓慢抬起离合器踏板，查看离合器结合是否平稳。起步后，车辆行进中有意识地在各个挡位切换，检查离合器结合有无发闯、发响和不正常打滑等现象，如图 3-4 所示。

（2）检查变速器

从起步到高速加挡，再由高速挡减至低速挡，看变速器换挡是否灵活，是否乱挡、跳挡，是否发生异响，以及互锁、自锁是否有效，如图 3-5 所示。

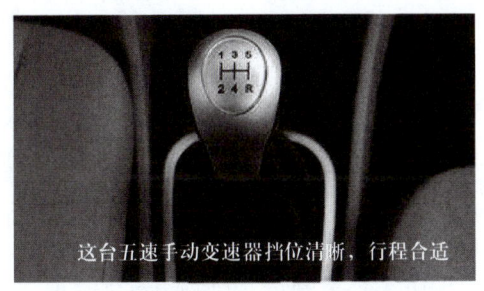
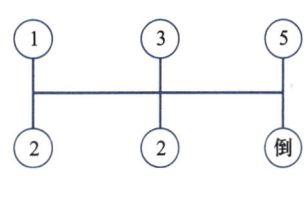

图 3-5　换挡路线及换挡准确性检查

（3）检查汽车动力性

由原地起步后开始加速行驶，快踩加速踏板，感受车辆加速能力，高速行驶时，勘验车辆是否能够达到原车设计的最高车速，车辆行驶是否平稳、是否发生异响；作爬坡试验时，感觉车辆行驶是否有力。如果提速慢，最高车速与原设计车速差距大，上坡无力，则说明车辆动力性能差，发动机状况不佳。

（4）检查制动性能

车辆起步后，用 20 km/h 的车速行驶，试验转向盘是否灵活、可靠；再作一次紧急制动，检查制动是否可靠；再以 50 km/h 的车速行驶，迅速将制动踏板踩到底，车辆是否立即减速、停车，制动时有无制动跑偏、甩尾现象。如 3-6 图所示，该车出现紧急制动甩尾的情况。

图 3-6　汽车制动甩尾

(5)检查车辆的操作稳定性

在宽敞的路段,向左、右转动转向盘,看转向是否灵活、轻便;车辆行进中将转向盘转向一侧时,双手略微松开转向盘,感知转向盘有无自动回正能力;车速以 50 km/h 左右中速直线行驶,略微松开转向盘,看是否跑偏;高速行驶时,是否有跑偏、摆振现象。如图 3-7 所示,该车辆直线行驶时存在跑偏现象。

图 3-7　车辆行进中跑偏

(6)检查汽车行驶平顺性

将汽车行驶至颠簸路面,感受汽车的平顺性和乘坐舒适性。通常汽车排量越大,行驶越平顺。

(7)检查机械传动效率

在平坦路面上,将机动车运行到 30 km/h 时,踏下离合器,将变速器换入空挡,使车辆滑行,然后抬起离合器踏板,检查车辆滑行距离,此过程可以直接反应制动系统有无阻滞力和传动系统效率高低情况,同时也可以注意检查传动系统有无噪声。

(8)检查风噪声

逐渐提高车速,使汽车高速行驶,倾听车外风噪声。风噪声过大,说明车门或车窗密封条变质损坏,或车门变形密封不严,尤其是经过整形后的事故车降噪和止振工作不到位,极易引起行进中发出较大的车身噪声。

(9)检查驻车制动

选一坡路,将车停在坡中,拉上驻车制动,观察汽车是否停稳,有无溜坡现象。通常,驻车制动力不应小于整车质量的 20%。

## 任务实施

### 发动机和底盘性能路试

1. 工作准备

(1)用于勘验的汽车:技术状况良好,配件齐全。

(2)有经验的驾驶人和随车记录人员。

(3)勘验记录单。

## 2. 实施步骤

（1）将车辆停放在开阔地带。

（2）起动发动机，检查发动机冷怠速及正常怠速。

（3）原地加、减速，检查发动机有无杂音异响。

（4）原地检查离合器踏板的松旷和自由行程，缓慢起步，检查离合的分离与结合。

（5）请有经验的驾驶人上路驾驶，将车速提升至一定速度，检查车辆的制动、转向性、平顺性、舒适性、风噪等；通常实验距离不小于 20 km。

## 3. 注意事项

路试过程中，有些故障和性能要达到相应车速后才能表现得更为明显，必要时要参考车辆的使用手册对车辆进行制动距离、制动平顺性、转向灵活性和有无自动跑偏等情况进行检查。道路驾驶试验非同一般的车辆驾驶，因此要选择车辆较少、视野开阔的路段进行。最好是双人模式，做到记录和驾驶合理分工。

## 学习小结

车辆动态检查是二手车勘验中极为重要的环节；勘验时要参考相应车辆的技术指标来进行，不同排量、不同结构、不同型号的车辆驾驶性能有一定差别；只有试验尽可能多的工况才能全面了解车辆故障和性能。

## 课后思考

1. 发动机冷怠速不良是什么原因造成的？如何进一步判断？
2. 如何检查离合器的分离点？分离点过高如何维修？
3. 如何检查制动时车辆跑偏？如果有该现象，说明什么问题？
4. 过颠簸路段时，底盘出现"咯噔"响声，应重点勘验哪些部件？
5. 高速行进过程中，车身噪声比较大，要重点检查哪些部件？
6. 如何检查驻车制动性能？

# 任务二 自动变速器的勘验和路试后整车检查

## 任务描述

自动变速器结构复杂、价值高、维修难度大，因此对自动变速器在路试检查过程中要针对其结构特点和工作要求开展有针对性的项目检验，才能准确判定变速器的实际状况。自动变速器常见的检查指标有升挡时机、升挡转速、加速性能和杂音异响等。另外，车辆运行一段时间后，对渗漏和底盘状况的检验也不容忽视，例如水管或油管的渗漏和老化现象在路试后才能呈现的比较明显。

 相关知识

## 一、自动变速器的路试

当前轿车多配置自动变速器。自动变速器能够根据汽车速度、发动机转速、动力负荷等因素自动升降挡位，不需由驾驶人操作离合器换挡，使用方便。特别在交通比较拥堵的城区道路行驶时，自动变速器体现出很好的便利性。自动变速器各个挡位功能如图 3-8 所示。

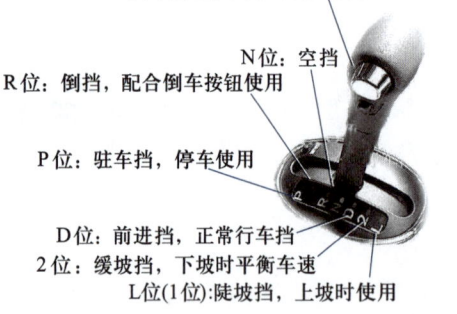

图 3-8　自动变速器挡位及功能图解

随着使用里程及年限增加，自动变速器磨损和老化随之加重。当自动变速器出现故障时，因其结构复杂，无论是更换总成或者解体维修，费用都较高。因此在车辆检查时要注意对自动变速器的勘验，除在静态时检查有无拆卸痕迹及漏油迹象外，在车辆动态检查时要注意如下几个方面。

（1）自动变速器路试前的准备工作

在道路试验之前，利用 10 min 左右的时间让发动机和自动变速器充分预热，达到正常工作温度后进行测试。

（2）检查自动变速器升挡

将操纵手柄拨至前进位（D 位）位置，踩下加速踏板，使节气门保持在 1/2 开度左右，让汽车起步加速，检查自动变速器的升挡情况。车辆行进过程中留意仪表盘上的车速和发动机转速信息，如图 3-9 所示。自动变速器在升挡时，发动机会有瞬时的转速下降，同时车身有轻微的闯动感。

例如，某驾驶人总结的换挡规律如下：在温和驾驶的情况下，福特蒙迪欧致胜

变速器设置的换挡转速在2 200 r/min左右,换挡后转速回落不大,1、2、3挡换挡后回落500 r/min左右,即回落到1 700 r/min左右,4、5挡换挡后转速回落更小,回落到1 800 r/min左右,而5挡换6挡情况比较特殊,5挡情况下缓缓加速到100 km/h左右(此时转速大约在2 500 r/min)才会换6挡,换6挡后转速回落至2 000 r/min。

图3-9　换挡时转速表和车速表的信息(发动机转速与车速有对应关系)

正常情况下,随着车速的升高,试车者应能感觉到自动变速器能顺利地由1挡升入2挡,随后再由2挡升入3挡,最后升入超速挡。若自动变速器不能升入高挡,说明控制系统或换挡执行元件有故障。

(3) 检查自动变速器升挡车速

将变速杆拨至前进位(D位)位置,踩下加速踏板,并使节气门保持在某一固定开度,让汽车加速。当察觉到自动变速器升挡时,记下升挡车速。一般4挡自动变速器在节气门开度保持在1/2时,由1挡升至2挡的升挡车速为25～35 km/h,由2挡升至3挡的升挡车速为55～70 km/h,由3挡升至4挡的升挡车速为90～120 km/h。

由于升挡车速和节气门开度有很大的关系,即节气门开度不同时,升挡车速也不同,而且不同车型的自动变速器各挡位传动比的大小都不相同,其升挡车速也不完全一样。因此,只要升挡车速基本保持在上述范围内,而且汽车行驶中加速良好,无明显的换挡冲击,都可认为其升挡车速基本正常。

由于降挡时刻在行驶中不易察觉,因此,在道路试验中一般无法检查自动变速器的降挡车速,只能通过检查升挡车速来判断自动变速器有无故障。升挡车速过低一般是控制系统故障引起的,换挡车速太高则是控制系统或换挡执行元件故障引起的。

(4) 检查自动变速器升挡时发动机转速

在正常情况下,若自动变速器处于经济模式或普通模式,节气门保持在低于1/2开度范围内,则在汽车由起步加速直至升入高速挡的整个行驶过程中,发动机转速都低于3 000 r/min。通常,在加速至即将升挡时发动机转速可达到2 500～3 000 r/min,在刚刚升挡后的短时间内发动机转速下降至2 000 r/min左右。如果在整个行驶过程中发动机转速始终过低,加速至升挡时仍低于2 000 r/min,说明升挡时间过早或发动机动力不足;如果在行驶过程中发动机转速始终偏高,升挡前后的转速在

2 500～3500 r/min之间，而且换挡冲击明显，说明升挡时间过迟；如果在行驶过程中发动机转速过高，经常高于3 000 r/min，在加速时达到4 000～5 000 r/min甚至更高，则说明自动变速器的换挡执行元件故障，需要拆修。

（5）检查自动变速器换挡质量

检查换挡质量主要是检查有无换挡冲击。正常的自动变速器只能有不太明显的换挡冲击，特别是电子控制自动变速器的换挡冲击十分微弱。

（6）检查自动变速器锁止离合器工作状况

当前的自动变速器为了提高传动效率，普遍采用锁止离合器的结构，即车速超过60 km/h时，根据程序控制锁止液力变矩器，实现机械式离合控制。此离合器工作是否正常可以在道路试验中进行检查。试验中，让汽车加速至超速挡，以高于80 km/h的车速行驶，并让节气门开度保持在低于1/2的位置，使变速器进入锁止状态。此时，将加速踏板快速踩下至2/3开度，同时检查发动机转速的变化情况。若发动机转速没有太大变化，说明锁止离合器处于接合状态；反之，若发动机转速升高很多，则表明锁止离合器没有接合，其原因通常是锁止控制系统有故障。

（7）检查发动机制动功能

检查自动变速器有无发动机制动作用时，应将变速杆拨至前进低挡位置，在汽车以2挡或1挡行驶时，突然松开加速踏板，检查是否有发动机制动作用。若松开加速踏板后，车速立即随之下降，说明有发动机制动作用；否则，说明控制系统或前进强制离合器有故障。

（8）检查自动变速器强制降挡功能

检查自动变速器强制降挡功能时，应将变速杆拨至前进位（D位）位置，保持节气门开度为1/3左右。在以2挡、3挡或超速挡行驶时，突然将加速踏板完全踩到底，检查自动变速器是否被强制降低一个挡位。在强制降挡时，发动机转速会突然上升至4 000 r/min左右，并随着加速升挡，转速逐渐下降。

## 二、车辆路试后检查

车辆在运转过程中各个系统工作，液体流动并建立压力，如果有密封不严处，经过一段时间运转后会出现一定的渗漏迹象。因此，车辆运转后，熄火检查渗漏及温度是非常有必要的。

有些车辆在销售前将发动机表面的油污清理得非常干净，不容易发现漏油痕迹，因此在路试结束后进行油污检查就非常有必要了。

有些验车师在验车时，采取先对车辆进行动态检查和路试，然后将车辆举升对底盘等部件进行勘验，勘验底盘时顺便检查底部各个零件是否有漏油痕迹。

（1）检查各部件温度，主要包括

① 检查冷却水温度、机油温度、齿轮油温度。正常情况下冷却水温度、机油温度不高于90℃，齿轮油温度不高于85℃；

② 检查运动机件过热情况。查看制动鼓、轮毂、变速器壳、传动轴、中间轴轴承、驱动桥壳等，不应有过热现象。

（2）检查"四漏"现象，主要包括

① 发动机运转及停车时，散热器、水泵、气缸、缸盖、暖风装置及所有连接部位均无明显渗漏现象。如图 3-10 所示，检查散热器是否有漏水痕迹；

图 3-10　散热器有渗漏痕迹

② 机动车连续行驶距离不小于 10 km，停车 5 min 后观察，车辆底部不得有明显的漏油现象。如图 3-11 所示，检查各个部件表面有无漏油痕迹；

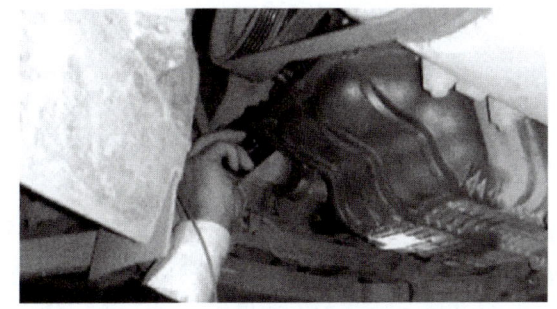

图 3-11　停放一段时间后底部漏油

③ 检查汽车的进气系统、排气系统有无漏气现象；
④ 检查发动机点火系统有无漏电现象。

## 任务实施

### 变速器动态检查和路试后整车检验

**1. 工作准备**

（1）用于勘验的汽车：技术状况良好，配件齐全。
（2）有经验的驾驶人和随车记录人员。
（3）勘验记录单。

**2. 实施步骤**

（1）起动发动机，检查发动机完毕后将发动机预热至正常工作温度。
（2）请有经验的驾驶人上路驾驶，并做好记录准备工作。

拓展视频
车辆动态检验实例

（3）预热后将变速杆由 P 或 N 位切换至不同挡位，感受挡位切换有无冲击。

（4）挂入前进位，行驶中观察和记录各个升挡时机发动机转速和车速值，感受换挡时有无冲击。

（5）切换自动升挡和手动挡模式（如果有），继续进行升降挡时机和品质检查。

（6）在 D 位，将车速提升至 60 km/h 以上，检查锁止离合器工作情况。

（7）路试结束后，在举升装置上，检查底部渗漏情况。

### 3. 注意事项

自动变速器的检查要有一定工作经验的人操作才行，变速器的各个工况需操作和试验多次，以便检查性能的重复性和稳定性。普通 AT 变速器、CVT 变速器、DSG 变速器变速行驶时会有所差异，这点要注意区分。道路驾驶试验非同一般的车辆驾驶，因此要选择车辆较少、视野开阔的路段进行，最好是双人模式，做到记录和驾驶分工进行。

## 学习小结

自动变速器勘验时要参考具体的车辆变速器配置、变速器工作模式来进行。不同型号、品牌，不同年代以及不同变速器结构原理的车辆在换挡规律和换挡品质方面都有一定差异，这点在日常工作过程中要慢慢积累才行。路试后车辆举升检查是必不可少的环节，只有这样才能检查变速器或各个液体管路的渗漏和老化情况。

## 课后思考

1. 什么是 CVT 变速器？此种变速器换挡时为什么没有明显的发动机转速和车速变化？
2. DSG 变速器和普通 AT 变速器换挡品质是否相同？
3. 自动变速器升挡时有明显闯动，如何进一步检查？
4. 自动变速器换挡过晚并且动力性差，说明什么问题？
5. 自动变速器故障指示灯点亮后，换挡品质有无变化？
6. 为什么路试后还要举升车辆进行检查？

# 项目四
## 特殊车况勘验

> **职业道德篇**
>
> 客观、公正是每个鉴定评估人基本的职业道德。鉴定实践中难免会遇到事故车冒充精品车，火烧车掩盖成普通二手车。鉴定人的工作就是客观还原车辆的真实情况，维护交易的公平性。因此，鉴定评估人唯有坚守职业道德底线，做一个诚实和让人信赖的人，才能抵制非法利益的诱惑，坚守工作原则。

### 知识目标

1. 了解拼装车、浸水车及火烧车对车辆使用的影响。
2. 了解拼装车的修复特点。
3. 了解浸水车修理的过程和排查要点。
4. 了解火烧车的勘验要点。

### 能力目标

1. 掌握事故车排查的程序和要点。
2. 掌握浸水车的修复过程和排查要点。
3. 掌握火烧车排查的要点。

### 项目简介

二手车交易中对车辆价值和性能影响最严重的就是问题车，即事故车、浸水车、拼装车、火烧车或者发动机、变速器等高价值部件有严重故障的车辆等，如图4-1所示。这类问题车，经过一定精心掩饰后，没有一定的勘验经验和勘验技能的人员往往很难识别。这也是车辆购置和交易过程中，广大从业人员较为担心的问题。以下针对事故车、拼接车、浸水车和火烧车的维修及勘验进行介绍。

图4-1 等待修理的事故车

# 任务一　事故和拼接车排查

## 任务描述

对事故车和拼接车的勘验要结合具体事故的修复过程和拼接实际来进行勘验。在车辆修复或者拼接完毕后,有些维修人员为掩盖维修痕迹,会采用在隐蔽处维修、伪造原车焊接焊点或者采取非常规的手段进行修理等;勘验人员只有对修理过程和常见事故车维修后掩饰方式熟知,才能有针对地根据勘验出的异常情况进行分析,判别是否为事故车辆,以及事故的损伤范围。

## 相关知识

### 一、事故车勘验

与新车相比,购买二手车更为经济实用,所以越来越多的人开始关注二手车。但是随着事故车修复技术水平的提高,部分企业或人员按照报废车甚至废旧的残值收购事故车,经过维修后宣称精品二手车销售,从中获取高额利润。有些地区事故车收购、维修、销售已经成为一条黑色产业链。如图 4-2 所示,某网站公开拍卖事故车。

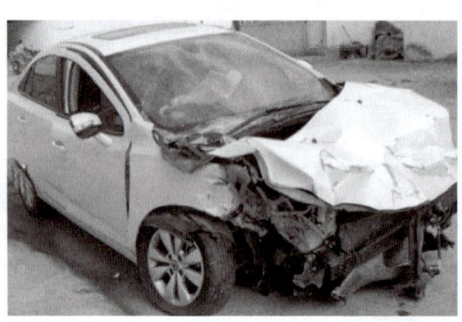

图 4-2　某网站公开拍卖的事故车

随着钣金修复技术及油漆喷涂技术的不断提高,以及一些更为隐秘的维修方式的运用,有些事故车修复后在外观上仅凭目测很难有效识别。图 4-3 所示为某起亚轿车修复前后的对比。

事实上,遭受过严重碰撞创伤的车辆,即使修复后,其车身结构和车身骨架等数据会存在一定的偏差,车身刚度及韧性也因维修工艺等问题存在一定程度的降低,在后续的使用中容易出现轮胎偏磨损、行驶跑偏及转向盘不回位等症状;一旦再次发生交通事故,其受损的严重程度将因车身结构曾遭到破坏而大大增加。因此,此类二手车在销售时其价值必然会受到较大影响。在二手车鉴定和评估过程中,如何分析和识别事故车,确定事故的程度和范围是验车师必备的技能。

(a) 修复前的事故车　　　　　　　　　　(b) 修复后的事故车

图 4-3　事故车修复前后对比

事故车维修后，必然会在车身各处留有一定的维修痕迹，验车人员在了解一定的车辆维修知识的基础上，通过对比分析维修过的痕迹，基本上可以断定事故范围和维修程度，因此掌握和了解维修知识是勘验的基础。在事故车勘验中除观察螺栓拆卸痕迹、密封胶状况、板件整修痕迹以及零部件日期外，还应掌握事故车伪装成非事故车常见的维修手段，即隐匿维修痕迹、伪造焊点和非常规切割等方式。

## 1. 隐匿维修痕迹

在事故车修复过程中，有些维修企业为掩盖事故车的情况，对车身焊接、切割过程中的焊接痕迹和整修后的凸凹不平进行伪装。通常采用刮涂适量原子灰并进行精细的研磨处理，达到表面光滑平整的程度后，进行底漆以及面漆的遮盖喷涂。经过以上步骤修整后的板件表面平整、漆面均匀，加之位置相对隐蔽，未经仔细勘验很难发现事故后维修的痕迹。

具体案例如图 4-4 所示。该车在事故中两前纵梁受损后溃折，在事故车修复中采取拉拽的方式对两纵梁进行校正，校正后喷漆工用原子灰刮涂纵梁表面，并对原子灰烤干、研磨，经过重新喷涂油漆后，很难发现纵梁的维修痕迹。

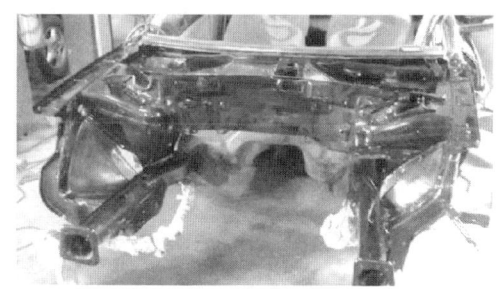

(a) 纵梁校正部位表面刮涂原子灰进行整平　　　(b) 纵梁经修整、喷漆后的效果

图 4-4　纵梁维修痕迹处理

又例如，某轿车后部发生事故，位于行李舱后底板的备胎凹槽出现少量溃折，对该处整形后，无法完全恢复表面的平直状态，因此维修人员在进行尺寸校正后，对维修后的表面凸凹不平处采取刮涂原子灰的方式进行修饰，并重新喷漆，以达到

掩饰的效果,如图4-5和图4-6所示。

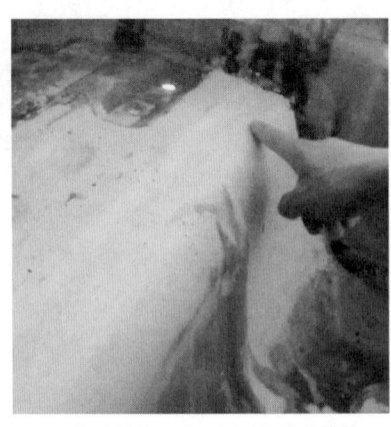

(a) 备胎槽壁的褶皱痕迹(圈内)　　　　　(b) 备胎槽整形后用原子灰填充修整

图4-5　行李舱底板的修复痕迹处理

图4-6　更换后围板后原子灰填充、整平

另外,为使得刚刚喷过的新油漆与周边旧有的油漆在光泽度方面看起来一致,有些维修企业采用对重新喷涂的油漆进行做旧处理。常用的手段就是用毛巾蘸少许粗腊进行表面擦拭,或者蘸少许酸性物质进行表面擦拭,使得表面油漆氧化后变粗糙,光泽度下降,达到光泽与周边一致的效果,如图4-7所示。

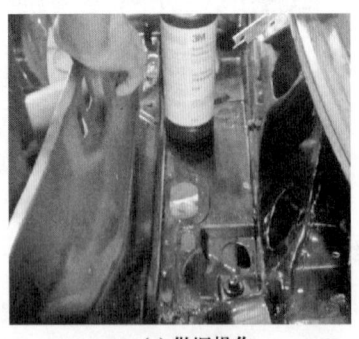

(a) 做旧操作　　　　　　　　　(b) 做旧后

图4-7　表面做旧(毛巾蘸粗腊擦拭)

## 2. 伪造焊点

车身的很多板件通过焊接的形式组装在一起，较为严重的事故则涉及板件拆卸和更换后的焊接作业。车身制造时板件之间通过电阻点焊甚至激光焊接的形式相互连接，此种情况下焊点清晰、焊接接头规范平整。一般的汽车修理厂往往受条件所限，没有电阻点焊设备，只能用普通的惰性气体保护焊，以塞焊的形式进行板件焊接，但是电阻点焊和塞焊在焊接形式和焊接后的痕迹方面有很大区别，有经验的勘验人员很容易据此对事故部位进行识别。

有些维修人员针对此种情况，采取人工伪造电阻点焊焊点的形式对修复痕迹进行伪装，即对惰性气体保护焊后的平整表面，进行原子灰填涂，用对应型号的钻头人为钻出尺寸、深度和距离与生产线焊接点相近的坑，之后对伪造的点焊坑进行喷涂，达到与原车焊点类似的效果。图 4-8 所示为伪造焊点的过程，该车 C 柱的后门框边缘采用惰性气体保护焊的塞焊方式进行焊接后，刮涂原子灰并用电钻伪造焊点。

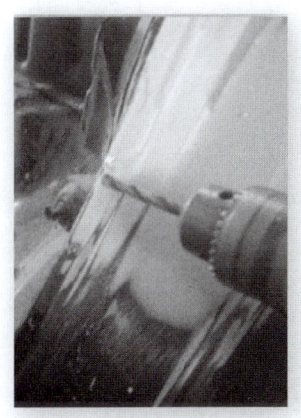
(a) 工人用电钻伪造焊点

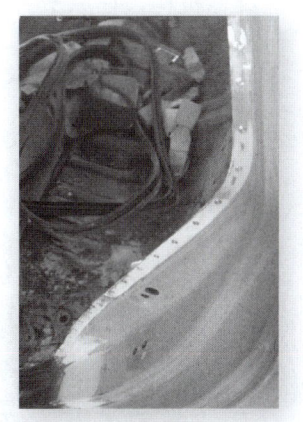
(b) 车身C柱更换后用原子灰制作焊点

(c) 人工伪造的焊点喷漆后的效果

图 4-8　C 柱更换后伪造焊点

又例如，某车左后翼子板及左后减振器在维修中用塞焊将后翼子板与行李舱加强立板进行焊接，然后通过电钻伪造焊点并重新喷涂，达到掩饰维修痕迹的目的，如图4-9所示。

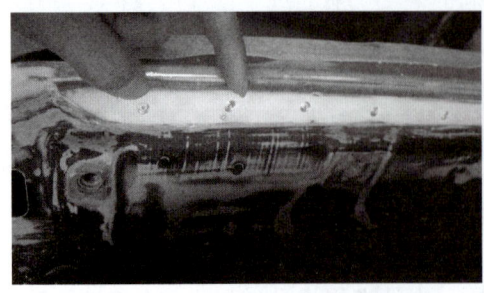 

(a) 后翼子板与行李舱立板处的伪装焊点　　　(b) 喷漆后的效果

图4-9　后翼子板更换后伪造焊点

甚至有些维修机构，在原子灰未硬化前，利用工具对原子灰表面刻痕迹，伪造激光焊点，如图4-10所示。

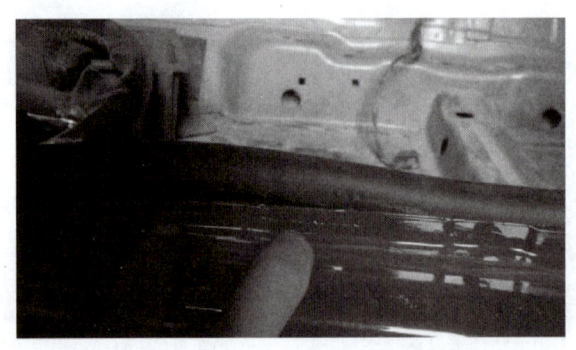

图4-10　伪造激光焊点

### 3. 非常规切割部位

对于事故车，汽车制造厂家的维修手册中有明确的切割位置规定和焊接方式规定。图4-11所示为大众速腾和POLO的维修手册指导建议。通过对厂家建议的部位切割能够做到切割面积小、对内部的加强件影响小、修复后稳定好，从而保持较高的维修质量。

在某些事故车维修中，维修人员为了既不破坏原车的焊点状态，又能更换钢板，达到更为隐蔽的掩饰维修痕迹的目的，可能会采用非常规的切割部位以及焊接方式。

常见的非常规维修方式如图4-12所示。该轿车右后门及右后翼子板损伤，需要对右后门及右后翼子板进行更换，对该车翼子板更换时维修人员选择对翼子板采取车沿身棱线处切割的方式，此种方式带来的问题是焊接面积大，焊接时金属变形严重，焊缝长，对焊缝的后续处理难度大。由图4-13可知，该车焊接后需要大面的施涂原子

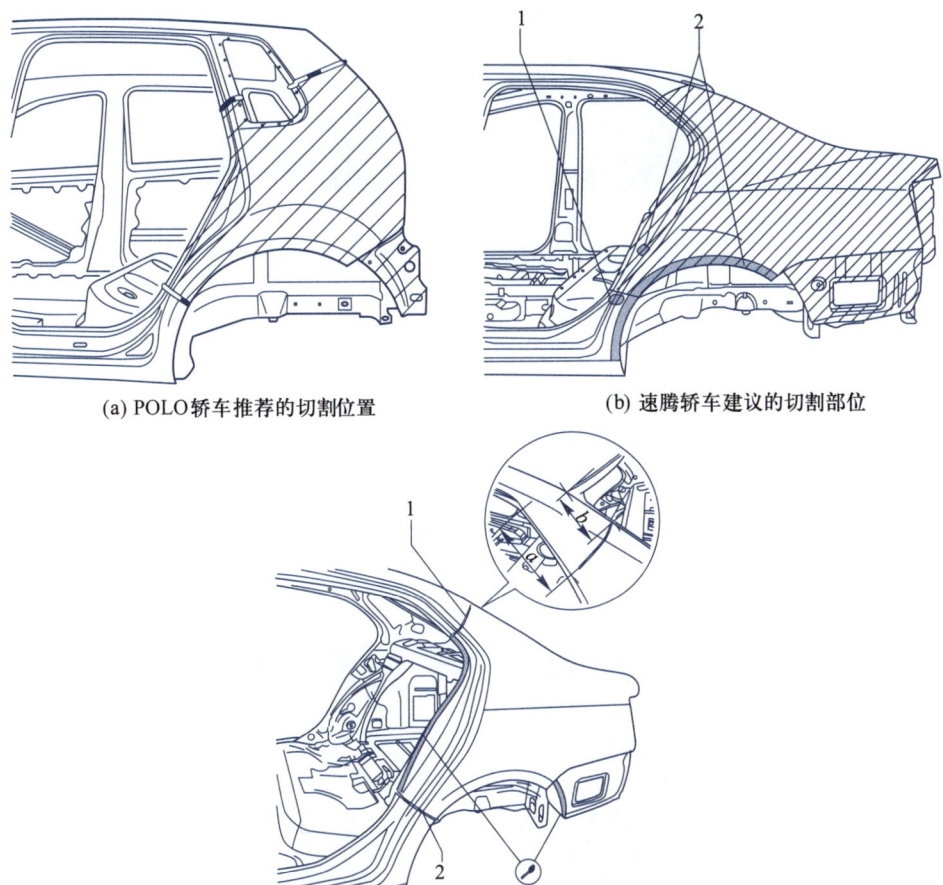

(a) POLO轿车推荐的切割位置　　(b) 速腾轿车建议的切割部位

(c) 速腾轿车厂家建议的切割部位及切割要求

图 4-11　汽车厂商对不同车型建议的切割部位

1-只在外金属板上进行切割，不得损坏内部加强件 $a=200\text{mm}$，$b=120\text{mm}$　2-尺寸所示部位进行切割

灰进行填充并研磨，造成焊接和后处理工作量大，同时大面积的刮涂原子灰也留下原子灰容易开裂、稳定性差的隐患，所以汽车厂家通常不会建议采用此种维修方式。

(a) 受损部位(右后门及后翼子板)　　(b) 车身大面积切割

图 4-12　轿车翼子板非常规切割前后对比

图 4-13 修复痕迹及修复范围

又如图 4-14 所示，维修人员对该轿车后翼子板采用大面积切割而非遵从厂家建议从焊接点处切割的方式，由此达到保留 C 柱焊点的目的。图 4-15 所示为维修人员对后翼子板采用长距离切割，达到保留行李舱边缘焊点的目的。

图 4-14 后翼子板大范围切割 1（非厂家建议）　　图 4-15 后翼子板大范围切割 2（非厂家建议）

尽管此种维修方式不是厂家所推荐的，但是仍有维修企业应车主或车商的要求采用此方式，以达到保留原车焊点，隐藏维修痕迹的目的。

除以上不规范的长距离切割外，在维修中也有其他形式的切割方式。如图 4-16 所示，该车采用贴近门框边缘的切割方式，使得原车焊点保留，并且焊接位置更为隐蔽，但是造成焊接及防锈处理难度大，隐患多。

在一些事故车的维修过程中，采用隐蔽的切割及焊接位置，配合高质量的表面油漆喷涂，精修后能够达到较好的表面效果；勘验人员在不借助油漆测厚仪或者测厚点位较少的情况下，对此类损伤容易造成误判，如图 4-17 所示。

▷▷▷ **验车手记之——事故车识别**

由以上案例可以看出，由于维修人员的非常规做法，使得切割部位更为隐蔽，此时按照常规的维修思路和经验去勘验，有可能忽视一些特殊的事故车切割情况。

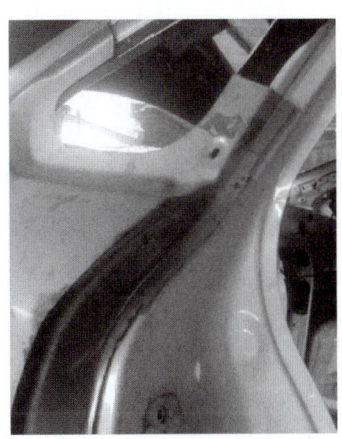
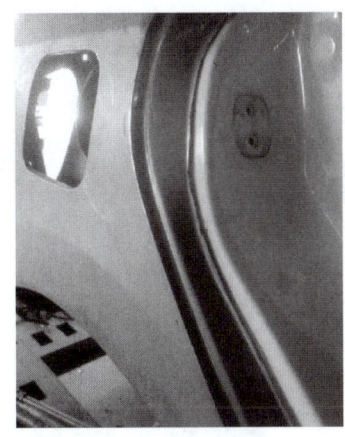

图 4-16 贴近门框边缘位置切割保留原车焊点（非厂家建议）

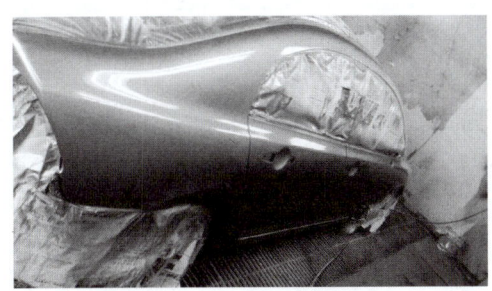

图 4-17 喷涂后漆面效果

针对车身后部容易更换的重点维修部位，不可大意，用好油漆测厚仪，对每个面至少要分散开测量四个点以上才能有效判断该面是否曾局部更换，使得维修痕迹无处隐藏。

## 二、拼接车的辨识

《中华人民共和国道路交通安全法》第十六条规定："任何单位和个人不得有下列行为：（一）拼装机动车或者擅自改变机动车已经登记的结构、构造和特征。"对擅自改变机动车已经登记的结构、构造和特征的车辆称作非法"改装车"，汽车的车架号、发动机号属于车辆注册时的重要信息。

微课视频
拼接车的勘验

### 1. 拼接车的修复过程

对于事故车维修中的拼装车，很多人通过各个渠道也有耳闻。所谓的拼接车就是把两辆接近报废的车身骨架大范围切开，取其可用部分，例如截取一辆车的前部，截取另外一辆车的尾部，通过焊接的方法把这两部分再拼焊上去，表面进行适当的修复后，形成看似完好的整体。如图 4-18 所示，该轿车后部大面积损毁，维修人员找来相同型号且前部损毁的车辆，将两辆车前后部分进行拼接组合。

(a) 事故中损毁严重的后部车身

(b) 对车身进行大范围的切割及组合

(c) B柱及底边梁的切割部位及焊接　　(d) A柱的切割部位及焊接

(e) 车身底边处的焊接及处理

(f) 焊接完毕进行表面填涂修复的情况

(g) 车身表面修复完毕的效果

图 4-18 事故车辆拼接过程

这种修复方式，尤其是对整个车身进行大范围切割的维修方式在汽车维修规范中是不允许的。维修厂家也不建议进行此种方式的维修。这种维修方式不仅车身的定位精度很难保证，同时大范围的切割和焊接对车身的吸能性和结构安全性破坏很大，焊接部位很难达到保证车辆安全的强度要求，大范围的焊接对周围材料的破坏较大。但是因为其成本较低，利润比较高，且很难在二手车交易中被发现，所以很多不法车商仍旧在经营或者从事此类拼装车业务，并且自身有着一整套的购进及销售渠道。

### 2. 拼接车的勘验要领

对于拼装车的勘验，为避免因为疏忽漏掉此方面的检查，建议在验车作业单中应当明确设置拼装车勘验项目。通过合理的流程和作业内容来对是否为拼装车进行有效勘验。

掌握拼装车辆常见的切割及焊接方式，为了切割及焊接方便，拼装车辆通常在B柱后方，以及后排座椅底座前部边缘的钢板接缝处进行分解，并且采用对接焊接形式，如图 4-19 所示。结合上述内容，对拼装车勘验时可以参考如下要点。

(a) 拼接车的拆卸部位　　　　　(b) 拼接车的焊接形式

图 4-19 轿车常见的拼接位置及形式

① 测量整车油漆厚度，查勘有无全车喷漆痕迹，如果有全车喷漆，查找确切原因。

② 有意识地勘验两侧前后门框整个上、下边框有无焊接痕迹。如果有条件，可

以将四门压条全部拆下勘验；由于该处为对接焊接，焊面为横切面比较窄，很有可能没有破坏原车点焊坑，痕迹不明显。

③ 勘验车身底板是关键。因车身底板位于地毯、地胶等内饰之下，通过拆卸地毯及地胶检查底板不现实，因此可以将车辆举升勘验车身底部有无焊接或者密封胶异常情况。由上述案例可知，车身底板为对接焊接，焊接后必然会重新涂抹焊缝密封胶。

④ 拼接车同时也会伴随有前、后风窗玻璃、四门、内饰、座椅等拆装痕迹。

在勘验车辆时遇到以上列举的情况应当提高警惕。

## 任务实施

### 事故车和拼接车勘验

#### 1. 工作准备

（1）用于勘验的汽车：技术状况良好，配件齐全。
（2）相机或手机等拍照工具、手电灯。
（3）勘验记录单。
（4）车辆举升机。

#### 2. 实施步骤

（1）将车辆停放在开阔地带。
（2）勘验车辆内饰、座椅及车门有无拆卸痕迹。
（3）勘验安全带有无拆卸或更换痕迹。
（4）勘验地毯、座椅、内饰有无拆装痕迹。
（5）勘验行李舱各处有无更换或者修复痕迹。
（6）举升车辆，勘验底部有无大范围拆卸痕迹。
（7）勘验底边梁以及车底有无重新喷漆、涂抹密封胶痕迹。

#### 3. 注意事项

车辆勘验过程中，检查内饰或者底盘有无大范围拆卸痕迹是排查此类特殊车况的关键，但是修复时间过久，或者拆装过程非常谨慎，拆装痕迹则很难识别。此时也可以根据车龄、异常进行全车喷漆、车辆玻璃生产日期差异大、轮胎生产日期不一致等信息综合判定。

## 学习小结

无论拼装车、事故车都需经过修理后进行销售，只有了解车辆的修复工艺，才能更好地勘验和识别事故车。

### 课后思考

1. 拼装车常见的切割部位是哪里？如何排查？
2. 常见隐匿事故修复痕迹有哪些？如何进行有效排查？
3. 如何识别车辆是否为伪造焊点？
4. 拼接车辆常见底部拼接部位在哪里？
5. 如何识别密封胶状态？
6. 对于非常规维修车辆，如何有针对性的进行检验？

## 任务二 浸水车和火烧车的排查

### 任务描述

浸水车和火烧车虽然整体数量较事故车少很对，但相对事故车，这两种情况对车辆后续使用遗留的故障隐患和安全隐患同样很多。车辆浸水后内饰件、电气件和一部分机械件的使用寿命、可靠性等方面会受很大影响；车辆火烧后车身结构强度、电气件和橡胶件的工作性能等都会受到影响。

了解了浸水车和事故车损伤形式及维修工艺，才能很好地识别浸水车和事故车。

### 相关知识

#### 一、浸水车辆勘验

每逢多雨季节，经常能够看到媒体报道某个地区有大量轿车被水浸泡的新闻。在浸水车的处理过程中，对于一部分浸水严重的车辆，原车主会选择直接将浸水的车辆卖掉，或者修复后卖掉。资料统计，大部分的浸水车辆在修复后最终流入二手车市场。

浸水车在二手车交易中也称作水淹车，一般是指车门底边以上部位被水浸泡过，浸水深度超过车轮的1/2，水已经进入驾驶室，造成水与车身底部部件及驾驶室内部部件长时间接触的车辆，如图4-20所示。

微课视频
浸水车的勘验

**1. 浸水车的危害**

浸水车即使经过修复，后续故障仍然很多。因为雨水或者混合后的地表水腐蚀性很强，车辆经过浸泡后，对汽车内部的电子控制系统、电器件、内饰件、底盘悬架件、发动机以及变速器等零部件都会存在不同程度的损伤。常见损伤形式有如下几个方面。

(a) 浸水车场景　　　　　　　　　　　　(b) 浸水车的处理

图 4-20　浸水车

（1）电气件损伤

当今汽车配有大量的电子电控设备，如仪表、音响、导线、空调、安全气囊等。另外还搭载相应的控制单元，如发动机 ECU、ABS 系统、SRS 系统、GPS 卫星导航等，这些控制单元经过浸泡造成内部电路板短路、插头端子产生锈斑以及线路插头产生锈蚀，容易造成电路板工作不良，线路插头腐蚀导致接触不良等现象，严重时，甚至引起短路烧毁。如图 4-21 所示，浸水后需要处理的汽车电气件。

 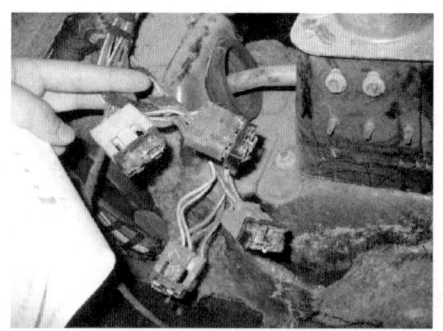

图 4-21　车辆浸水后需要处理的电气件

（2）机械件损伤

浸水车影响的不仅是电气件，同时还会影响车身金属件及内饰件。例如，车身被水浸没，易导致车体生锈，缩短使用寿命，降低安全性能。

发动机、变速器、发电机、空调压缩机、转向机、车轮轴承、底盘悬架等部件，都需要润滑油、润滑脂进行高效润滑。这些部件的轴承尽管有一定的密封性能，但被水长时间浸泡后，油脂腐蚀变质，降低润滑性能，影响轴承正常使用，表现为干摩擦和异响，严重者甚至造成轴承抱死或者传动轴断裂。

如果浸水时某些部件内部沉积的一些泥沙无法有效清理，滞留在齿轮或者传动带上，容易造成部件异常磨损，严重时可能出现异响。

另外，汽车浸水后如果处理不当，则会造成更为严重的损失。例如，汽车浸水后，贸然尝试起动或者转动发动机，会造成发动机连杆严重变形，甚至造成发动机报废，如图 4-22 所示。正确的处置方式是在原地找专业人士处理，或者将车辆推离浸水区域后找专业人士进行处理，避免处置不当造成损失扩大。

(a) 汽车浸水后导致连杆弯曲

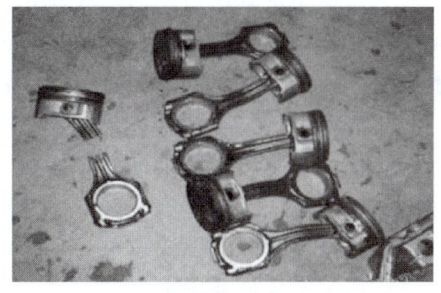
(b) 汽车浸水后导致连杆断裂

图 4-22　发动机燃烧室进水后导致发动机连杆受损

（3）内饰件损伤

乘员舱内部件，如地毯、座椅等皮革或者纺织制品，长时间浸泡易造成材质变形、表面粗糙，甚至发霉产生异味，滋生细菌。很多轿车门饰板里面一般装有隔音棉，这些隔音棉进水后需要彻底烘干或者更换。音响等浸水后则必须更换。内饰件的拆卸处理如图 4-23 所示。如果浸水后不进行彻底处理，地毯或者隔音棉下布置的线束因水汽浓重，易导致电线短路。在水淹车处理过程中，浸水后车身底部的电气件通常需要更换，否则会造成浸水后遗症。

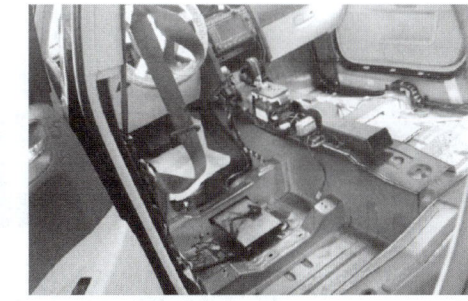

图 4-23　对浸水车辆内饰件进行拆解晾晒

浸水车辆的维修过程复杂，涉及零部件多，维修费用高，通常重度浸水车辆的维修费用要占整车购置费用的 50% 以上。

虽然浸水车在一定程度上可修复，但是修复完毕后存在不确定的隐患，浸泡时间越长后期出现故障的概率就越高。即使当前使用中没有发现明显问题，后续使用过程中仍会出现各种无法预知的故障，因此浸水车辆如果流入市场，必然会给消费者正常使用汽车带来困扰。

例如，浸水车在修复后容易出现高速行驶时发动机突然熄火，安全气囊无法有效弹出等故障，这样的车辆价格虽然便宜，但在日常行驶中却存在严重的安全隐患，所以对此应当谨慎交易。

## 2. 浸水车的修复过程

对于浸水车来说，可以有三个不同级别来判断浸水程度：水位如果超出了车辆底盘，称此种车辆为一般浸水车；如果水位超出了机油尺，称之为中等浸水车；如果水位已经超出了发动机舱盖，或是仪表盘板面，那么就叫全浸水车。

一般情况下，被水浸泡过的车辆处理过程是先把座椅、内饰件、内饰板等内部部件拆卸掉，排干积水后清洗车内泥浆，发动机则视情况决定是否拆卸下来检查机械和电子器件，特别需要检查各个传感器和 ECU 主板是否在浸泡后受损。

下面通过案例了解车辆浸水后的状况及修复的全过程。

（1）浸水车修复案例 1

① 车辆拆解前全貌。

该车静态停放在车库中被浸水，浸水后车主没有起动车辆，在水中浸泡一天后，救援人员使用专用救援车将车辆救援至维修中心。该车辆发动机舱及驾驶舱等有大量泥沙沉积。

救援公司将车辆拖至修理厂后，经与维修人员沟通，确定先拆检，然后根据拆检情况确定损失项目。签订送修单后，维修人员开始拆卸车内、车外物品，并对车辆进行清污、清洁。因为夏季浸泡时间较长、雨水混合城市污水，现场水质非常差，在车内能够闻到明显的臭味。处理现场及浸水深度如图 4-24 所示。由图可见，车内的浸水已经达到仪表台顶部，淹没发动机舱全部，浸水情况很严重。

图 4-24 水位线已经淹至仪表台处（图中虚线）

② 车辆拆解。

维修人员在处理过程中，对该车辆的大部分内饰件拆卸后用水冲洗干净，待晒干后装复至车辆。图 4-25 所示为内饰件拆卸和冲洗过程。所以，有些浸水车修复后车内有异味也就不足为奇。

(a) 拆卸驾驶舱及行李舱内饰件

(b) 对拆卸下的内饰件逐个清洗、晾晒

图 4-25 对内饰件的拆卸和清洗

③ 清除车内泥污。

因为污水中带有大量泥沙，维修人员在将车内物品拆除后手工铲出车内泥污，清除泥沙后对车辆用清水冲洗，如图 4-26 所示。

(a) 清除驾驶舱内泥污　　　　　　(b) 清除行李舱内泥污

(c) 车内经过冲洗后

图 4-26 清除车内泥沙

④ 清洗发动机舱。

由于该车浸水高度超过发动机，所以要对发动机部分拆卸后进行有效清洗。如图 4-27 所示，对发动机相关部件进行拆卸并确认发动机的浸水水位。

(a) 拆卸发动机舱电气件

(b) 发动机水位线确认

图 4-27 发动机舱的清洗

经进一步确认，该车发动机进水后未曾起动，所以发动机机械部件受到损伤的可能性非常低。对该发动机气门室盖、油底壳进行拆卸，检查发动机内部有无泥沙进入，确认发动机内部机械部件干净、完好，曲轴、连杆、活塞等部件均无损伤。由此确认发动机机械部件无碍。

⑤ 修复后交车。

对发动机电脑板、ABS 总线、蓄电池、起动线、制动总泵、电子仪表、DVD 导航等进行更换。将车辆内饰部件清洗干净，装配调试。试车确认各个系统正常后，通知客户提车，如图 4-28 所示。

(a) 更换驾驶室内电气件

(b) 修复后的车辆外观

图 4-28 整理车辆

(2) 浸水车修复案例 2

某车购置后刚刚行驶 2 000 km，经过一个内有积水的铁道涵洞时，在无法确定水位的情况下，贸然将车开进，造成车辆被淹。水位线到达发动机舱盖，造成车辆三分之二高度被浸泡。

车辆被水浸泡 5 h 后，救援人员将车辆拖至修理厂，修理厂的处理过程是拆-洗-换-晒-装。具体过程记录如下。

① 确认水位高度。

车辆运抵修理厂后，维修人员本着将损失减至最小的原则，立即对车辆开展拆卸。因为水分在车内滞留时间越长，造成的危害越严重。根据水淹高度和水淹范围进行针对性的拆卸。经确认，该车水位淹没至车门高度中间位置，以及驾驶舱内仪表台中部，如图 4-29 所示。

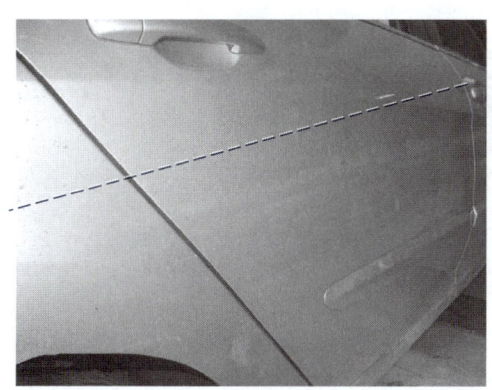
(a) 车身侧面水位线痕迹

(b) 内饰仪表台的水位痕迹

(c) 前照灯被水浸泡

(d) 车身正面水位线痕迹

图 4-29　车身水位线的确定

② 拆卸仪表台。

因该车仪表台下部被淹严重，仪表台下部安装有大量的电气部件，涉及转向盘、仪表、空调、音响、安全气囊等部件。拆卸仪表台及内饰部件需要使用专用工具和规范的程序，拆卸与装配过程本身对车辆内饰件会造成一定程度的损伤，很多塑料件之间的扣合之处需要用到专用工具才能撬动，如图 4-30 所示。

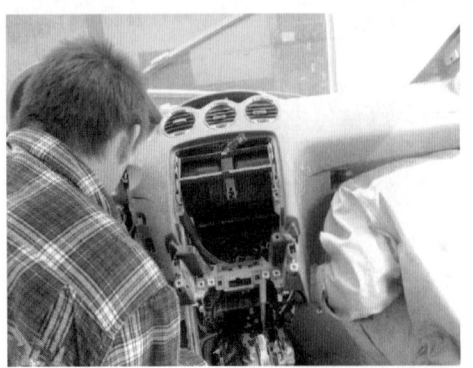

(a) 工作人员拆卸仪表台

(b) 仪表台拆卸后

图 4-30　拆卸仪表台

③ 拆卸地毯及内饰附件。

拆卸仪表台后，需要对座椅、地毯、地胶等部件进行拆卸，才能处理车辆地板的脏污。图 4-31 所示为拆卸座椅。拆卸地毯、地胶并冲洗、烘干，对驾驶舱地板存在的泥沙也需进行反复冲洗并晒干，如图 4-32 所示。由于处理工作较为繁琐，维修人员很难将地板缝隙及地毯、地胶边缘处的泥沙和印渍彻底处理干净，边角和缝隙处往往会有一定的泥沙沉积，这是二手车勘验过程中对浸水车勘验和排查的重点。

(a) 拆卸两前座椅并晾晒　　(b) 拆卸后排座椅(可以看到污泥较多)

图 4-31　拆卸前后排座椅

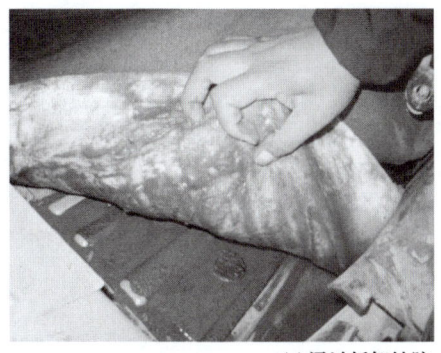
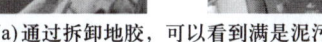

(a) 通过拆卸地胶,可以看到满是泥污

(b) 拆卸地胶、地毡、座椅

(c) 冲洗和晾晒内饰

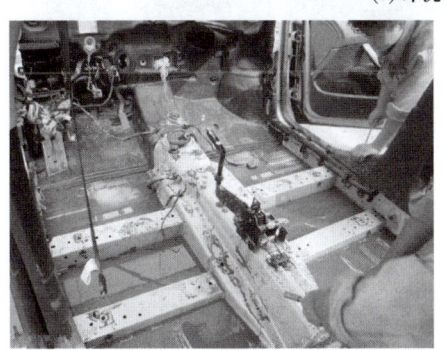
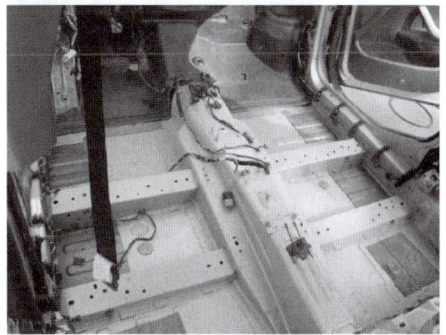

(d) 清除前　　　　　　　　　　　　　(e) 冲洗后

图 4-32　清除地板的污水和泥沙并晾干

④ 拆卸各个电气件。

电气件被水浸泡后常见的损伤形式为开关、线束插头、电路板晶体管元件腐蚀，腐蚀处产生较大的电阻，严重影响元器件正常工作。该车车身控制单元、玻璃升降开关、空调开关、音响控制系统以及熔丝盒、线束等部件都位于浸水线以下，这些部件将严重受损，需要逐一排查。

在电气件损伤处理时，针对少量的针脚及焊点锈蚀，通常利用酒精等溶剂进行清洗、烘干后继续使用，对于大面积或较严重的锈蚀，只能更换电路或者线束总成。具体操作如图 4-33 所示。

(a) 空调开关受水侵蚀严重(更换)

(b) 插头已经开始锈蚀(清洗)

车身控制单元外观

插脚腐蚀

电路板腐蚀

(c) 车身控制单元、插脚、电路板腐蚀(更换)

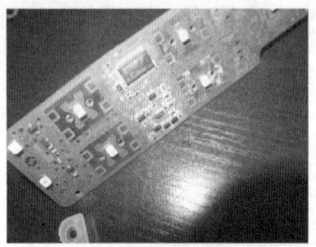

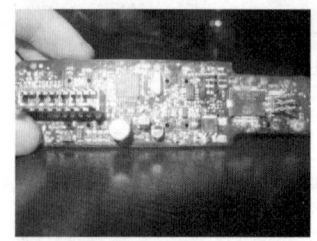

(d) 玻璃升降开关电路板腐蚀(更换)

图 4-33 浸水后电气件受损检查

⑤ 发动机的处理。

内饰拆卸完毕后开始着手对发动机进行处理，基本处理原则是逐步推进，确定合理的拆卸范围。检查时，需要拆卸保险杠、散热器、风扇、蓄电池等部件，以便于对发动机进行拆卸和检查，如图 4-34 所示。

首先检查发电机传动带等外围部件及正时传动带的装配标志是否有变化，理论上传动带及带轮附着泥沙可能导致传动带打滑，造成传动带齿移位。通过检查，本

图 4-34　拆卸保险杠等部件

车的正时传动带的标志正常,但是带轮上附着有锈迹,仅更换带轮即可。进一步拆卸,发现正时传动带张紧轮、惰轮等部件轴承中有浸水后锈蚀的迹象,决定对这些部件更换,如图 4-35 所示。考虑该车行驶里程较短,正时传动带经过清洗后继续使用。

(a) 检查正时传动带,传动带上有泥沙　　(b) 张紧轮、惰轮轴承浸水(更换)

图 4-35　正时机构受损情况

进一步拆下发动机的进气歧管等部件,发现进气管路中有大量水分积存,如图 4-36 所示,同时也可以推测水分由此进入发动机内部。拆下火花塞,用管路抽取燃烧室内的积水,如图 4-37 所示。将车辆举升,排放并检查机油,发现机油中有大量水分,对机油进行更换,如图 4-38 所示。

(a) 拆卸进气歧管后检查气缸盖　　(b) 明显看到水分积存在气道中

(c) 进气管路中存有大量污水

图 4-36 进气管中积水

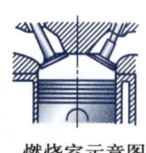

燃烧室示意图

图 4-37 抽取燃烧室内积水

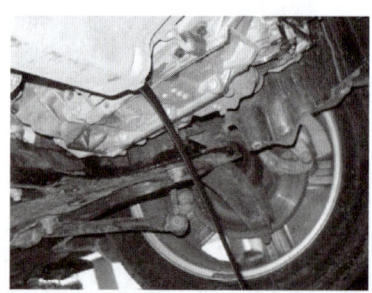

图 4-38 更换发动机机油及滤清器

⑥ 变速器拆检。

该车水位已经没过变速器上方的通气孔，水从通气孔进入变速器内部，极易影响变速器润滑油，引起变速器内部锈蚀。此种情况如果处置不当，极易造成变速器严重损毁甚至报废。处理过程：拆卸变速器放油螺栓，发现变速器油呈油水混合后的乳状，如图 4-39 所示，进一步拆卸变速器侧盖，检查变速器内部情况，因为浸水时间不长，内部锈蚀较少。

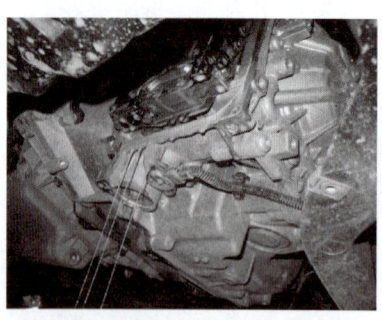

(a) 拆卸变速器侧盖　　　　(b) 变速器油已经和水混合呈现乳状

图 4-39 检查变速器浸水情况

对于变速器浸水的情况，困扰维修人员的难题是变速器是否需要解体处理。有专业人士建议对变速器进行解体,彻底进行内部清洗,这样要更换很多配件,修理费用很高。另外,考虑该车变速器的维修方式,厂家通常不建议进行拆卸维修,如果发生损毁,厂家建议整体更换。

对于此种情况的维修方式要结合实际情况进行具体分析,如果变速器进水后仍继续运转,那么变速器内部的耦合器、电子阀体等机构在润滑油被水污染的情况继续工作,会造成一定的磨损和锈蚀,则必须进行拆解。

但是可以肯定本车浸水后没有再次起动,而是用专业救援车对车辆进行施救,浸水后发动机及变速器没有任何形式的运转。从变速器油底壳放出变速器油呈油水分离的状态,由此分析耦合器没有进水或仅少量进水,不存在带水运转的磨损情况。针对以上情况,决定采用更为保守的处理方式,在不起动发动机及运转变速器的情况下,反复加注并排放变速器油,进行内部冲洗。方法是每次添加 6～8 L 变速器油,直至充满整个变速器为止,保持 30 min,然后放掉,对放出的变速器油进行沉淀并检查是否有水分,如果有水分,则更换新的变速器油,重复上述步骤。该车经过 4 次加注、沉淀、放出、检查的过程,直至未发现有水分随变速器油排出为止,如图 4-40 所示。然后将变速器放在温箱中,低温烘干 48 h。

 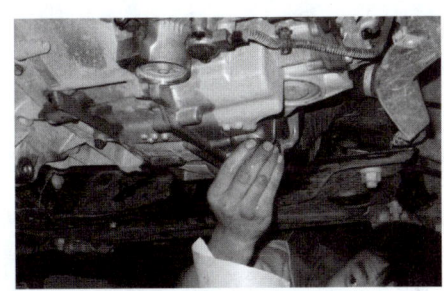

图 4-40　用干净的变速器油反复冲洗变速器

⑦ 安装车辆。

对损毁的电气部件进行更换,对生锈的线路插头进行处理后,开始逐一安装内饰部件。具体过程如图 4-41 所示。

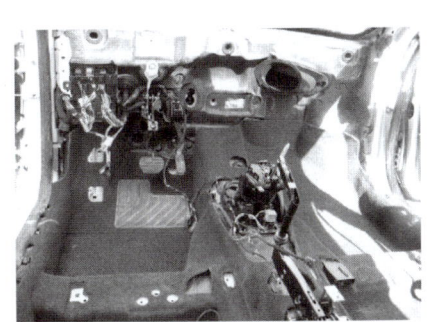 

(a) 安装地毯和地胶　　　　　　　　　(b) 安装仪表台和转向盘

(c) 安装前、后排座椅

(d) 转向柱能够看到明显的锈蚀痕迹

(e) 装复后起动发动机试车

图 4-41 车辆装复及试车

⑧ 更换零部件。

该车辆经过拆卸、清洗、调整、装配、试验等一系列过程后，最终完成浸水后的修复工作，替换掉的部分零件如图 4-42 所示。

(a) 替换的开关等零件

(b) 前照灯进水后更换

(c) 用于清洗和更换的润滑油

图 4-42 替换下来零件

## 3. 浸水车勘验要领

结合以上两个浸水车辆实际修复的案例,总结对浸水车的勘验要领如下。

① 坐进车内,感受车内是否有霉变异味;车辆浸水后清理不及时加之环境温度高,几个小时就可造成座椅、地毯、内饰等织物发霉,即使内饰经过清洗,此种霉味短时间内很难散去。

② 查看座椅是否曾进行拆装。将主、副座椅靠背向后放置最低,查看靠背和底座的缝隙是否有水渍或者泥沙残留,如图4-43所示。查看靠背和底座连接的金属板位置是否有大面积颜色很鲜艳的锈斑,如图4-44所示。滑动座椅以便于检查座椅的安装螺栓,如图4-45所示,若某单个座椅出现生锈或者拆装,则另有原因。如果全车座椅都出现拆卸痕迹或有大面积锈蚀及地胶拆除情况,则要彻底查明原因,考虑浸水和大事故的可能性。

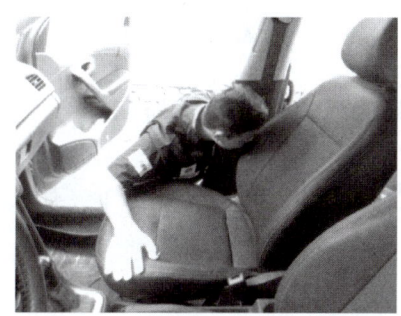

图4-43 检查缝隙有无泥沙残留

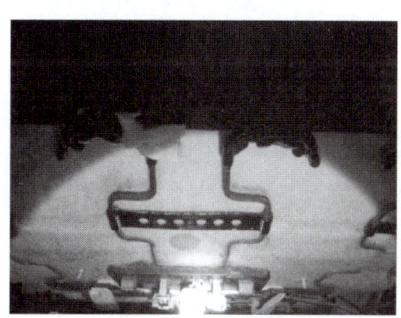

图4-44 借助照明设备检查座椅底部锈蚀痕迹

③ 观察仪表台部件。首先检查仪表台电器设备,液晶屏显示是否明暗不均或有色斑,如图4-46所示。重点勘验各个踏板、支撑杆件等有无大面积锈蚀及泥沙沉积痕迹,如图4-47所示,该车仪表台骨架有锈蚀迹象。制动踏板、加速踏板以及转向柱等机构的金属部分位置低,表面防锈能力弱,如果浸水,容易发生锈蚀。

图4-45 将座椅向后或者向前滑动,查看座椅的4个安装螺栓

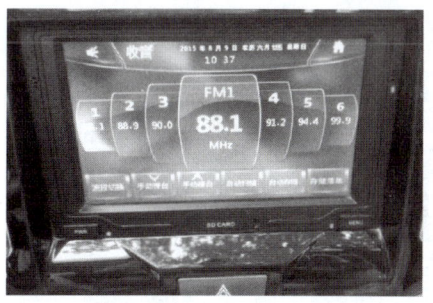

图4-46 检查液晶仪表

④ 将安全带拉出，勘验安全带底部有无水渍痕迹和发霉迹象，如图 4-48 所示。检查安全带上方及下方安装螺栓有无拆装痕迹。部分车型掀起后排底座，即可看到后排座椅靠背和后排安全带的安装位螺栓。

图 4-47　仪表台骨架锈蚀痕迹

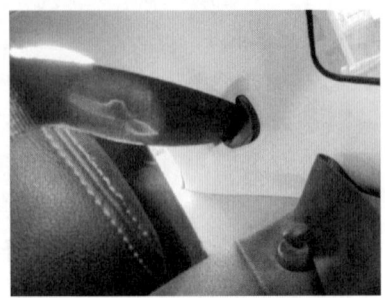

图 4-48　检查安全带底部有无发霉和水渍迹象

⑤ 仔细勘验发动机舱、行李舱各个隐蔽的缝隙处有无泥沙沉积。具体过程如图 4-49 所示。

勘验过程中要注意区分并非只要驾驶舱内有锈蚀痕迹就是浸水车。有些部件靠近空调底部出风口，生锈是正常的，例如转向柱金属管。

(a) 检查前、后灯组水渍、泥沙或黄斑

(b) 检查熔丝盒内水渍、泥沙或锈蚀痕迹

(c) 检查发动机舱各个缝隙的水渍及泥沙情况

(d) 检查发动机舱线束及插头泥沙或腐蚀情况

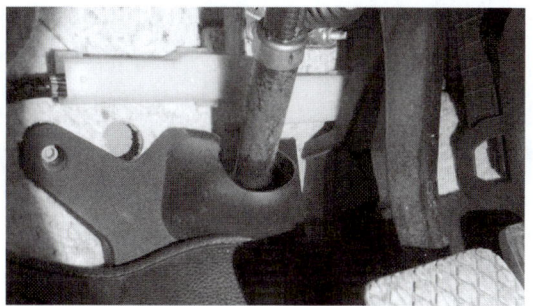

(e) 检查行李舱随车工具、备胎及底板角落是否有泥沙或锈痕　　(f) 检查踏板处有无大面积锈蚀痕迹

图 4-49　发动机舱和行李舱的勘验

虽然在很多的资料中提到浸水车勘验需要检查底板或者座椅等，但是在车辆勘验中，还可以利用另外的一些细节辅助勘验。通过一些容易积存泥沙或者泡水后易发生锈蚀的部位去判断是否曾遭受水淹，如点烟器座孔内部、安全带插孔、地毯缝隙等，如图4-50所示。

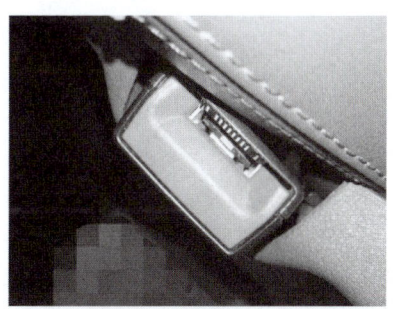
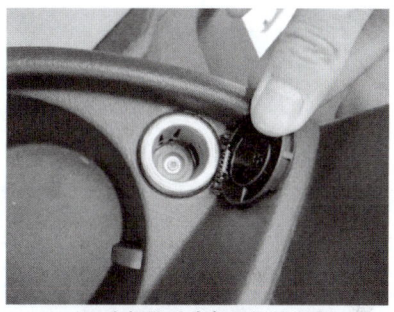

(a) 安全带插孔干净(初步排除泡水嫌疑)　　(b) 点烟器孔内部无泥沙沉积

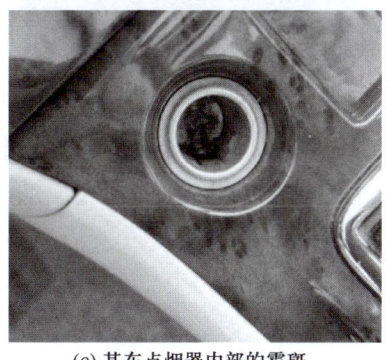
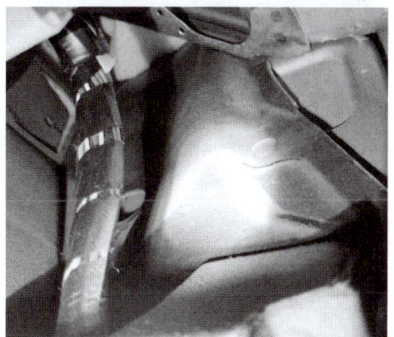

(c) 某车点烟器内部的霉斑　　(d) 仪表台下方，副驾驶位置的泥沙和锈蚀痕迹

图 4-50　辅助排查水淹

## 二、火烧车辆勘验

火烧车也称"过火车"。造成汽车着火的原因有人为纵火、底盘卷入易燃物、事

故造成起火、机械部件摩擦起火以及车辆油液泄漏着火等。无论自燃还是外来火源，只要是发动机舱或乘员舱发生严重的火烧，燃烧面积大，发动机、变速器以及车身承载骨架遭受高温烘烤，应列为严重火烧车，如图4-51所示。但局部着火，过火的只是个别或非主要零部件，并在极短的时间内将火熄灭，发动机、车身骨架等主要机件没有受到影响，经修复换件后，不应列为严重火烧车，但是对车辆价值会存在一定的影响，如图4-52所示。

图 4-51 严重火烧车辆

(a) 驾驶舱内局部着火　　　　　　　　(b) 车身表面轻微过火

图 4-52 一般火烧车

严重过火的车辆会使车身各个承载立柱、横梁等高强度部件受热后退火，强度变低，造成车身承载能力及安全性下降，此种情况下按照要求更换高强度部件。另外，过火车辆还存在轮胎变形；导线线束及相关管路、内饰件、电器件和塑料橡胶件等变形或熔化而失去使用价值；机件修复难度大等。

通常，火烧车即使经过翻新和修整，但是由于火焰灼烧的原因，车体上必然还会残留相关的痕迹，只要仔细勘验，总能发现火烧车的蛛丝马迹。具体可以通过如下方式进行勘验。

### 1. 检查内饰

打开车门，查看车内是否有烧焦刺鼻的味道，内饰、地板、座椅等有无过火痕迹。对于轻微过火的车辆，内部部件即使经过修复，通常也会吸附一定烧焦的挥发性气味，很难短期彻底挥发干净。在车门、车窗长时间关闭的情况下，舱内气味较浓，刚刚打开车门时能够闻到室内的焦糊味,打开车门通风几分钟后车内气味便不太明显。

同时对于轻微过火且损伤不明显或者仅有少量烟熏痕迹的部件,部分车主出于经济因素会选择清洁后继续使用,评估人员在勘验内饰时需注意表面有无过热变形及烟熏后的残留痕迹,如图4-53所示。

图4-53 检查内饰焦糊味及烟熏痕迹

## 2. 检查电气部件

电气部件短路、过载等是汽车火灾发生的主要原因,因此检查发动机舱内和驾驶舱内的熔丝盒是否有更换或火烧熏黑的痕迹。如果发生过火烧事故,发动机外围部件、燃油管路部件以及熔丝盒通常会存在一定的烧毁变形迹象,在维修时会更换这些受损部件。所以,从发动机舱以及车身线束是否曾更换、部分地方是否有火烧痕迹可以判断是否为火烧车。如果怀疑某些电气部件曾更换,那么检查邻近的多个零件、线束是否有更换痕迹,或者线束有无重新包扎及熏黑的痕迹等,通过接口部位是否新旧一致可以判断零部件及线束的更换情况,如图4-54所示。

 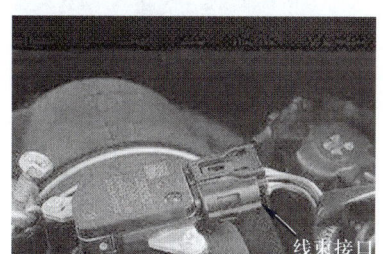

(a) 检查熔丝盒　　　　　　　(b) 检查插头新旧

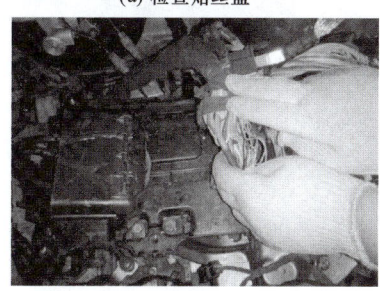 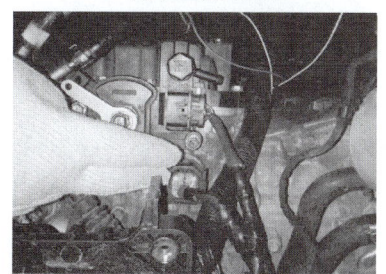

(c) 检查线束　　　　(d) 检查发动机外围部件是否有更换痕迹

图4-54 电气部件的检查

### 3. 检查发动机舱周边痕迹

勘验时可以通过打开发动机舱盖，观察防火墙有无火烧或者熏黑的痕迹。发动机舱属于高温工作环境，起火燃烧的概率明显大于其他部位，所以当车辆发生燃烧时，防火墙是最先被熏烤的地方，一旦被烧，会存在更换表面隔音棉或者烟熏的痕迹。另外，发动机两侧的减振器座、散热器、发动机舱盖内侧等部件也可以一并进行检查。具体检查过程和内容如图 4-55 所示。

(a) 检查防火墙

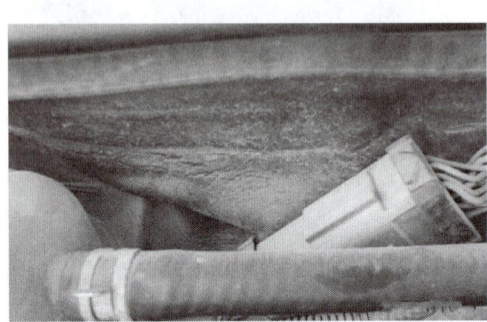
(b) 防火墙过火痕迹

(c) 检查发动机舱盖、散热器等

(d) 进气管的过火痕迹

图 4-55 发动机舱的检查

## 任务实施

## 浸水车和火烧车勘验

### 1. 工作准备

（1）用于勘验的汽车：技术状况良好，配件齐全。
（2）相机或手机等拍照工具、手电等。
（3）勘验记录单。
（4）车辆举升机。

## 2. 实施步骤

(1) 将车辆停放在开阔地带。
(2) 勘验车辆内饰、座椅及车门有无拆卸痕迹。
(3) 勘验各个安全带有无发霉和烟熏迹象。
(4) 勘验地毯、座椅、内饰有无浸水后变质现象，以及感受内饰有无异味。
(5) 勘验行李舱各处角落和缝隙有无浸水痕迹。
(6) 举升车辆，勘验底部有无大范围拆卸痕迹和烟熏迹象。
(7) 勘验发动机轴承、传动带、线束和底盘部件有无更换迹象。

## 3. 注意事项

车辆勘验过程中检查内饰部件或者底盘部件有无大范围拆卸痕迹是排查此类特殊车况的关键，勘验过程中应当根据浸水车或者火烧车的损害形式和维修过程，有针对性的检查电气零件、电气线束、轴承、仪表板、控制面板等浸水或者火烧容易损坏的部件。

## 学习小结

浸水车和火烧车都需要经过修理后方能销售，了解此类车辆的修复工艺才能更好地勘验和识别。

## 课后思考

1. 浸水车驾驶舱内常见排查点有哪些？
2. 浸水车常见的行李舱排查点有哪些？
3. 浸水车的修复过程是什么？对电气部件有何影响？
4. 浸水车的危害有哪些？
5. 火烧车的危害有哪些？
6. 火烧车如何进行有效排查？

# 项目五
## 二手车评估的其他知识

> **创新实践篇**
>
> 处在这样一个科技和思想意识快速更迭的时代，鉴定评估人汲取前人经验和智慧的同时，也应能够有所创新和创造。作为当代年轻人，应当开动脑筋，在熟悉现有技术和工艺的基础上，积极探索，以找寻更加适合现代社会需要的高效便捷的评估方法为己任。

### 知识目标

1. 了解使用仪器勘验的必要性。
2. 了解蓄电池、制动液、防冻液、制动液等对二手车整备成本的影响。
3. 了解查询车辆保养记录和事故记录的意义。
4. 了解事故判别的依据。

### 能力目标

1. 掌握汽车电控系统检测仪的使用及数据分析方法。
2. 掌握事故冰点检测仪、油漆测厚仪、蓄电池检测仪等常用二手车检查工具的使用。
3. 掌握零部件编号及不同配件的区别方法。
4. 了解事故车修复过程及事故车判定标准。

### 项目简介

二手车勘验过程中不仅需要一定的经验积累，同时还要有相应的检车方式和检测工具才能实施。二手车勘验过程中，通常会用到电控系统综合检测仪、蓄电池检测仪、油漆测厚仪、冰点检测仪等工具，采用查验零部件编号确定零部件生产日期、查验车辆维修记录等方法。这些方式和方法都需要勘验人员掌握。

# 任务  二手车勘验常用工具和辅助方法

## 任务描述

能够利用电控系统检测仪检测发动机、变速器、ABS、安全气囊等电控系统是否存在故障；利用蓄电池检测仪检测蓄电池的当前性能；利用油漆测厚仪判断车辆是否重新喷漆或进行钣金维修，是判别事故车的常用手段；制动液的沸点检车和防冻液的冰点检车常用于车辆日常保养情况的判断；维修记录和零部件编号的检查对判定事故和故障车有一定的帮助；另外，勘验人员要掌握和了解事故车判定依据。

## 相关知识

### 一、汽车电控系统检测

当前汽车装备的电控系统众多且控制复杂，如发动机电控系统、空调电控系统、车身控制系统、影音娱乐控系统、ABS、安全气囊等，涉及大量的传感器、执行电动机、控制线路以及仪表、开关、电控单元等，并且各个电控系统之间甚至形成一套完整的局域网络。电控故障有很强的隐蔽性，很难进行直观观察。另外，一些电控系统需要运行一段时间才能表现出故障现象。

在二手车检测中，对电子和电控设备进行基本的检查是十分必要的，但是有些机构和人员限于条件，没法对此有效检查，给车辆交易和使用带来隐患。

对汽车电子设备的检查，不同于车身油漆、钣金修复等直观检查项目，需要借助汽车检测仪器，并需要检测者对汽车电控系统故障诊断方法有一定的基础。

在汽车维修的故障诊断中，需要用汽车故障诊断仪连接至汽车故障诊断插口。汽车 OBD 诊断插口位于驾驶人前方的仪表台下部。通过此插口，检测仪器可以迅速地读取汽车电控系统中存储的故障信息，并通过液晶屏显示给检测者，检测人员可以借助提示信息迅速查明发生故障的部位及原因。诊断插口及检测过程如图 5-1 所示。

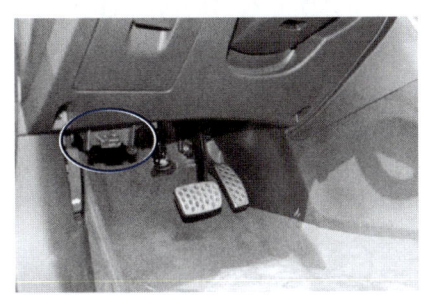
(a) 汽车故障诊断接口

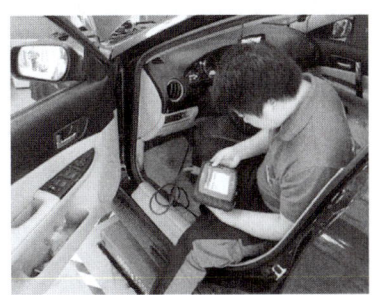
(b) 连接故障诊断仪对车辆进行检测

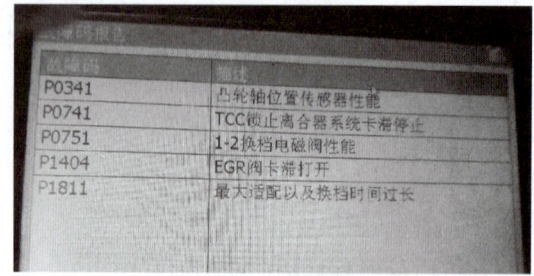

(c) 故障诊断仪显示车辆故障信息

图 5-1　利用故障诊断仪检查电气故障

此类汽车电气检测设备，在汽车维修行业较为常见。对于二手车鉴定人员，市场上一些通用（适用于大多车型）的汽车检测设备即可满足对车辆发动机、变速器等系统的基本检测要求。甚至有些公司现在专门开发带有蓝牙装置配合手机用的简易车辆电气设备检测仪。图 5-2 所示为该检测软件手机操作界面和对应的蓝牙诊断插接器。将此插接器插入车辆诊断插头，开启手机对应的 App 功能，即可读取车辆电控系统的故障码。

图 5-2　具有蓝牙功能的通用型车辆检测仪

## 二、蓄电池检查

一般来说，车用蓄电池 2~3 年更换一次，如果保养得好的话，可以用 4 年左右。对于二手车的蓄电池来讲，还能够继续使用多长时间是购买者较为关心的问题。蓄电池存储电量的能力关系到车辆能否随时起动，另一方面，蓄电池的更换关系到车辆购置后使用和维修花费。所以，了解汽车蓄电池当前状况，既能够使蓄电池得到充分利用，又能够对即将报废的电池及时做出处理，做到经济效益最大化。在二手车检测中对蓄电池的勘验通常从外观和性能两个方面入手。

（1）蓄电池外观检查

首先检查蓄电池的外观和装配，有无损伤、固定不牢、连接线路老化以及私自更改线路等情况。如果有，表明车辆使用和保养不够规范，对蓄电池的寿命影响比较大，如图 5-3 所示。

蓄电池固定极桩生锈

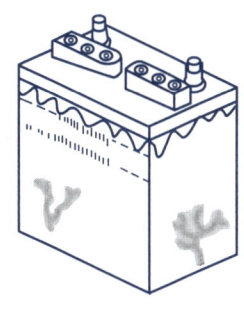
蓄电池外壳老化

图 5-3 检查蓄电池的裂纹、老化和极桩的固定

在蓄电池检查过程中要注意蓄电池的品牌。如图 5-4 所示，原车蓄电池通常带有汽车品牌的商标和蓄电池品牌的商标。后期更换的蓄电池则只有蓄电池品牌标识。后期更换的蓄电池有些知名品牌的可靠性和耐久性是相当不错的，如超威、统一、VARAT、骆驼、风帆等。

(a) 某品牌蓄电池

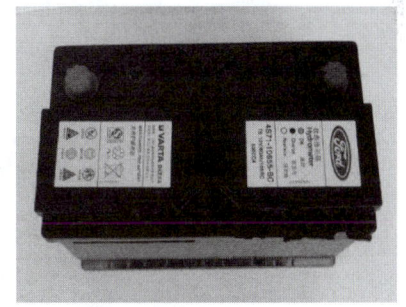
(b) 原车配套蓄电池

图 5-4 注意蓄电池品牌

（2）功能检测

目前，市面上销售的汽车蓄电池多为铅酸电池。铅酸电池最大的特点就是随着电池的使用，电池逐渐老化，但是当电池容量降低到额定容量 80% 的时候，电池的容量可能呈"跳水式"下降，这时尽管该电池可能仍然能够提供一定的能量，但随

时可能报废。电池行业都把80%的电池容量作为铅酸蓄电池的一个临界点,当电池容量降低到其临界点的时候,电池就需要更换了。在蓄电池检测时,有相应的检测方式和检测仪器,如图5-5所示。

图5-5 某型号蓄电池测试仪测量蓄电池容量

汽车蓄电池容量检测通常有传统的蓄电池放电测试和电导仪测试两种方法,其中利用电导仪测试的方法更为普及。

① 放电式蓄电池检测仪。

传统办法是通过放电来检测电池目前的实际容量,从而判定电池的健康状况。国际电池协会(BCI)规定,在常温下以1/2的额定冷起动电流值放电15 s,如果电池电压在9.6 V以上,这个电池就通过放电实验,是健康的电池。但是前提是蓄电池的电量必须满充,至少有12.4 V。如果被测试的蓄电池已经部分放电,则可能造成误判;另外,测试过程要求测试者训练有素,必须在放电15 s的瞬间读出电池的电压值,否则对测试结论会产生影响。图5-6所示为放电式蓄电池测试仪,使用方法:首先将夹子夹住蓄电池负极,然后将指针压紧蓄电池正极,在15 s迅速读出指针所指读数,显示值即为蓄电池的存电量,单位为A·h。

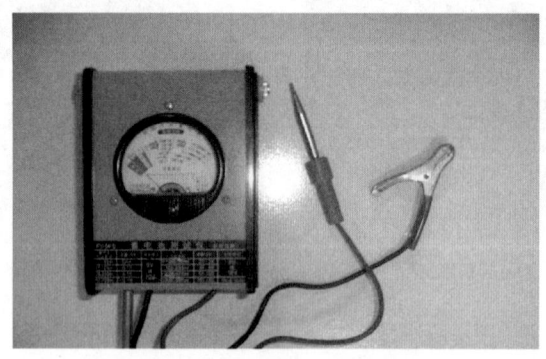

图5-6 放电式蓄电池检测仪

② 电导式蓄电池测试仪。

电池老化的主要原因是电池极板表面发生硫化、腐蚀,活性材料脱落,无法再进行有效的化学反应,这是绝大部分电池无法继续使用的主要原因。图5-7所示为蓄电池的结构示意图。电导式蓄电池测试仪的工作原理就是通过测量极板表面的电阻情况，判定其化学反应能力，并通过极板的变化来推断电池容量的变化，从而判定电池的健康状况。

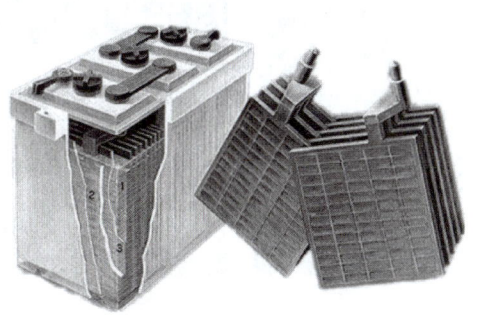

图 5-7　蓄电池结构示意图

电导式蓄电池测试仪所进行的测试工作就是把当前测得的实际电导值与电池完好时的标准电导值进行比较，如果差异大到一定程度，就可以判定该电池需要更换了。实践证明，电导式蓄电池测试仪的测试结果与用 1/2 的冷起动电流值放电的测试结果是吻合的，充分说明该仪器测试的科学性、准确性。目前，蓄电池检测中多使用电导式蓄电池测试仪测量，具有重复性好，不损耗蓄电池电量，数据读取方便的特点。

此类设备购置和使用方便，如图 5-8 所示，蓄电池电导式测试仪的具体使用方法，可见相应的仪器说明书。

图 5-8　用蓄电池电导式测试进行检查

## 三、油漆测厚仪

漆面测厚仪是一种小型便携式仪器，具有测量误差小、可靠性高、稳定性好、操作简便等特点，是控制和保证产品质量必不可少的检测仪器，广泛应用在制造业、金属加工业、化工业、商检等检测领域。因其操作简单、购置费用低，也广泛用于二手车勘验时车身油漆厚度的检测,是当前二手车评估的常用设备之一,可在各个电商平台非常方便地购买到,如图5-9所示。

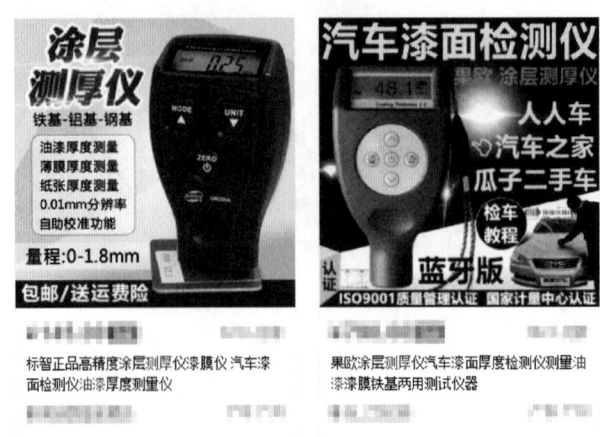

图5-9 某电商平台出售的油漆测厚仪

微课视频
油漆厚度检验

油漆测厚仪可无损测量磁性金属基体(如钢、铁、合金和硬磁性钢等)上非磁性涂层(如铝、铬、铜、珐琅、橡胶、油漆等)的厚度及非磁性金属基体(如铜、铝、锌、锡等)上非导电覆层的厚度(如珐琅、橡胶、油漆、塑料等)。测厚仪分辨率能达到0.1 um,误差达1%,量程达10 mm。

1. 原理及功能

对于涂层厚度的测量,常见的测厚仪针对不同基材工件的涂层厚度采用磁感应测量和电涡流测量两种测量原理。

(1)磁感应测量原理

磁感应测量原理是利用从测头经过油漆层而流入铁磁基体的磁通的大小,来测定覆层厚度。测试系统测定与涂层厚度对应的磁阻的大小,来表示其油漆涂层厚度,如图5-10所示。

覆层越厚,则磁阻越大,磁通越小。利用磁感应原理的测厚仪,原则上可以测量所有导磁基体上的非导磁覆层厚度。现在磁感应测厚仪分辨率达到0.1 um,允许误差达1%,量程达10 mm。

磁感应测厚仪可用来精确测量钢铁表面的油漆层,瓷、搪瓷防护层,塑料、橡胶覆层,包括镍铬在内的各种有色金属电镀层,以及化工石油行业的各种防腐涂层。

(2)电涡流测量原理

电涡流测厚仪的基本原理是控制电路发射的高频交流信号在探头线圈中产生电磁场,探头靠近导体时,就在其中形成涡流。探头离导电基体愈近,则涡流愈大,反射阻抗也愈大。具体原理如图5-11所示。

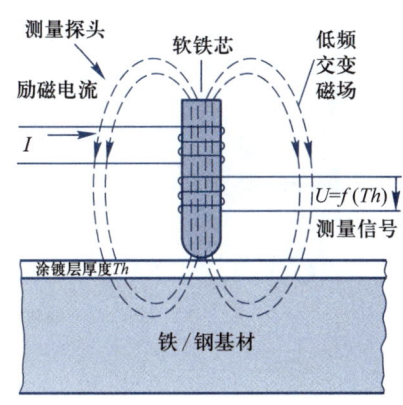
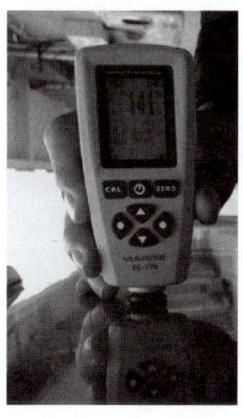

图 5-10 磁感应测厚仪原理

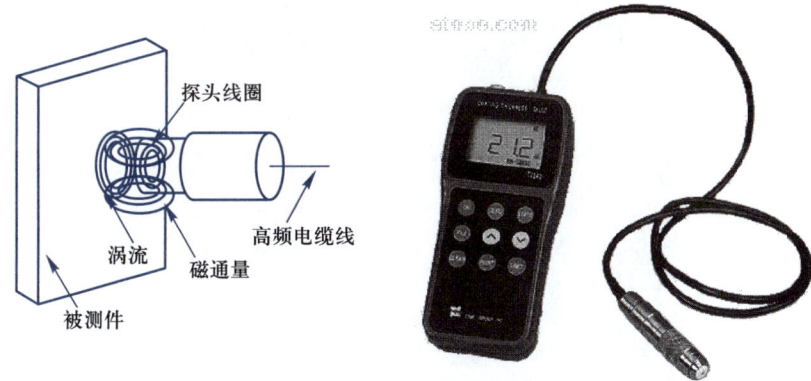

图 5-11 电涡流测厚仪原理

这个反馈作用量表征了探头与导电基体之间距离的大小，也就是导电基体上非导电覆层厚度的大小。由于这类探头专门测量非铁磁金属基材上的覆层厚度，所以通常称之为非磁性探头。与磁感应原理比较，主要区别是探头不同，信号的频率不同，信号的大小、标度关系不同。与磁感应测厚仪一样，电涡流测厚仪分辨率也达到了 0.1 um，允许误差 1%，量程 10 mm 的水平。

电涡流测厚仪通常用于测量铝制车身上的涂层厚度。

现在市面上销售的测厚仪将以上两种涂层的测量方法集成在一个测厚仪中，使用者根据所测量的车身对仪器进行设置，只需选择铝制车身模式还是钢制车身模式即可，测量范围通常在 1～1 000 μm，测量精度能够达到 0.1 μm。另外，在使用中还可以较为方便地对仪器进行零刻度校准。某品牌测厚仪操作界面及外观如图 5-12 所示。

## 2. 使用方法

为了能够对每块板件进行全面检测，在测量时可将每块面板划分为上、下、左、右四个不同的检测区域。图 5-13 所示为车门涂层测量。

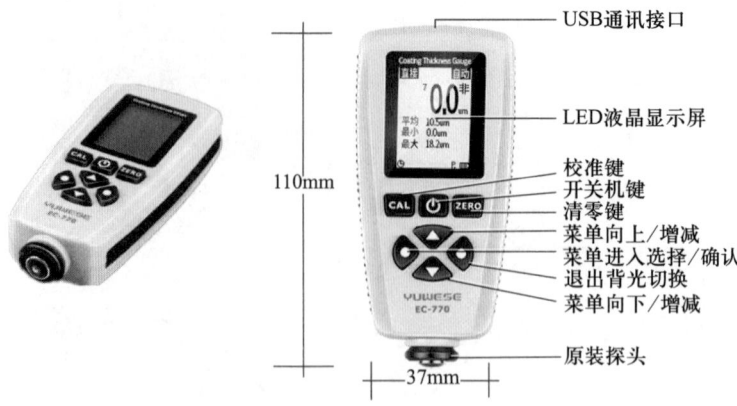

图 5-12 测厚仪的外观及功能键

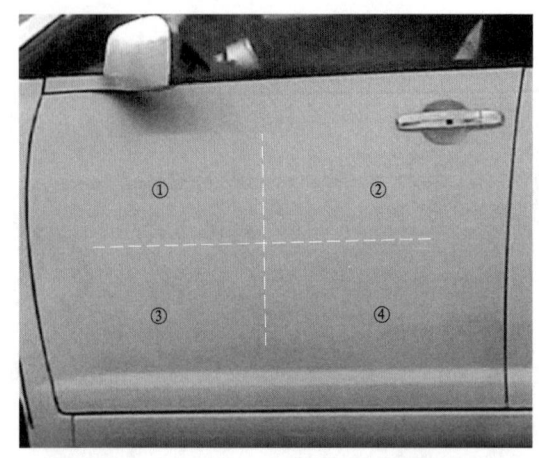

图 5-13 某车门涂层厚度的测量点

测量该车左侧车门油漆厚度为 105~110 μm，误差和厚度复合原车工艺标准。测量右侧车门油漆厚度如图 5-14a 所示，通过以上对比可发现该车右前门④号区域有刮涂原子灰迹象，且整个车门油漆厚度普遍高于车身其他部位，应为门板经钣金修复后刮涂原子灰，并整面重新喷漆所致。

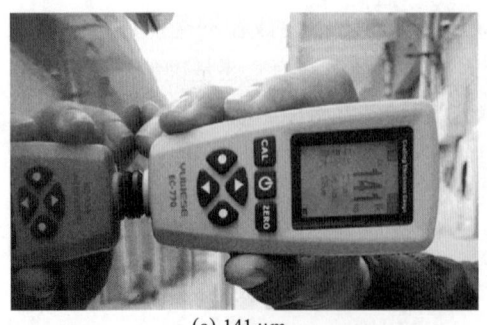

(a) 141 μm

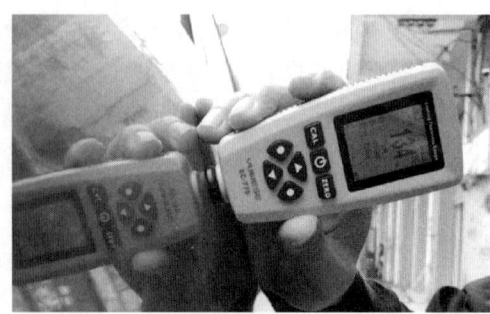

(b) 134 μm

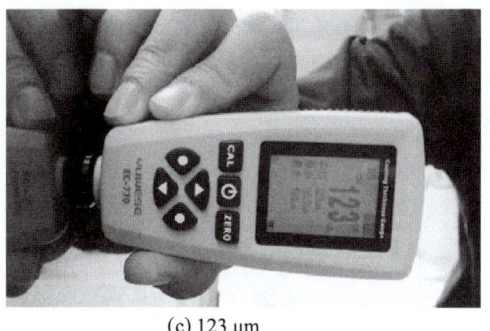 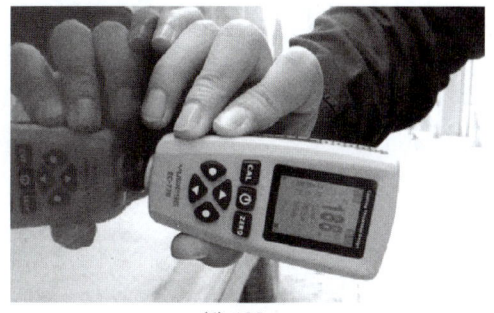

(c) 123 μm  (d) 188 μm

图 5-14　右前门油漆厚度测量值

## 四、制动液检测

制动液俗称刹车油，具有很强的吸水性，随着使用时间的增加，制动液通过储液罐的通气孔吸收空气中的水分，造成制动液沸点下降，引起制动管路中容易产生气泡，严重时影响制动性能，因此制动液必须定期检查和更换。

在保养规范中通常是每 4 年更换一次或者检查制动液的品质，视情况更换。购置二手车时无法确定车辆的制动液上次更换的日期，故需要对当前制动液的品质进行相应的检查，以确定是否可以继续使用，在车辆勘验时，用检测笔可以很方便地对制动液进行检测。

检测笔是根据电导率的变化来测定制动液的水分变化。它通过笔身的发光二极管显示含水分的程度。检测笔使用过程如图 5-15 所示，将检测笔末端的两个金属电极插入制动液液面，笔身上对应的指示灯就会点亮：

 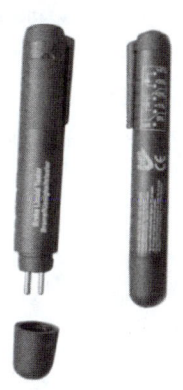 

图 5-15　制动液检测笔

绿色 LED 灯表示制动液含水量 $<1.5\%$，制动液合格；

黄色 LED 灯表示制动液含水量 $=1.5\%\sim3\%$，可以继续使用，6 个月以后再检测一次；

红色 LED 灯表示制动液含水量＞3%，制动液不能继续使用，需要更换。

## 五、冰点检查

防冻液全称应该叫防冻冷却液，意为有防冻功能的冷却液，如图 5-16 所示。防冻液可以防止寒冷季节停车时冷却液结冰而胀裂散热器和冻坏发动机气缸体，与此同时，防冻液不仅仅具有防冻功能，还有较好的防锈、防沸、传热功能，因此应该全年使用优质防冻液。汽车正常的保养项目中，通常建议每两年更换一次。

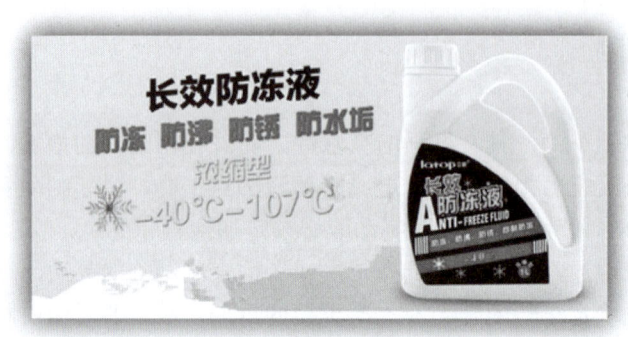

图 5-16　防冻液

防冻液的主要成分是乙二醇或丙二醇与水分构成，并添加少量抗泡沫、防腐蚀等综合添加剂配制而成。乙二醇或丙二醇比例约占 40% 时，冰点约为 -40℃。醇类物质随着使用时间增加不断挥发，含量降低，防冻液冰点上升，防冻能力也随之下降。购买者无法确定所购置的二手车的防冻液达到更换期，为避免提前更换，造成防冻液浪费，在车辆检测时可以使用冰点仪对防冻液进行测量。

冰点检查仪是根据溶液浓度（与冰点对应）与折射率的对应关系而设计的光学仪器。该仪器可快速测试乙二醇与丙二醇型防冻液的浓度，确定结晶冰点。冰点检查仪具体测试操作过程如图 5-17 所示。

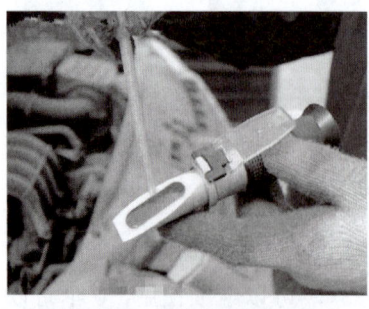 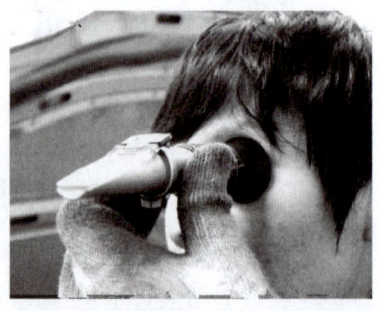

(a) 用吸管取一滴防冻液滴入目镜片　　(b) 朝向光源观察镜面颜色分界面刻度

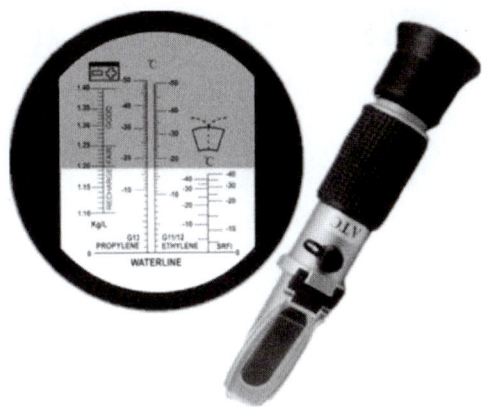

中间标尺：左侧（乙二醇型）防冻液的冰点指示；右侧（丙三醇型）防冻指示
左侧标尺：电解液比重测量
右侧标尺：玻璃清洗液冰点（乙醇型）
(c) 观察视野刻度说明

图 5-17 冰点检查仪的使用

## 六、查询车辆保养及事故记录

随着二手车交易量逐渐增多，多家买卖平台和事故车拍卖平台兴起，部分地区和人员对事故车的收购、翻新、精修、销售形成分工明确的黑色产业链，甚至出现数千元收购事故车，整修后按照非事故车以几万元售出的现象。

实际中，车辆就算全部都翻新作伪识别困难。但是车辆在 4S 店里面的维修记录，以及发生事故后在保险公司的出险记录却不可能作伪。也就是说，相比较于可以大做手脚的车辆，备份在品牌主机厂以及 4S 店的维修记录是不会作假的。

当前有些公司与保险行业协会和汽车主机厂家合作，提供关于车辆维修、保养记录，以及出险事故记录的数据查询业务，例如 CheDone 网。

利用"车当 App"用户可以仅需凭借 17 位车架号查询奔驰、福特、奥迪、大众、宝马等近 90 个品牌的车型信息、里程数据、维修保养记录，以及最多可以查询 5~6 年内的出险记录。

车辆出现火烧、水泡、安全气囊和结构部件的问题都会进行特殊显示，方便用户快速判断。如图 5-18 所示，某奔驰越野车，将车身 VIN 码输入查询平台界面，并支付少许费用后，经平台查询反馈得知，该车曾在 2016 年 8 月份发生事故，涉及更换零件 140 余件，保险公司赔付金额大约 96 万元，由此可知该事故的严重程度。

CheDone 网作为国内几家保险公司的出险数据整合方，查询出险记录无需原车主身份证和保单，解决了众多二手车从业人员查询汽车出险记录难的痛点。为了让公众可以通过一个 VIN 码即可查到更多保险公司的数据，该平台一直在及时更新和整理数据，目前可查范围也在逐步增加。

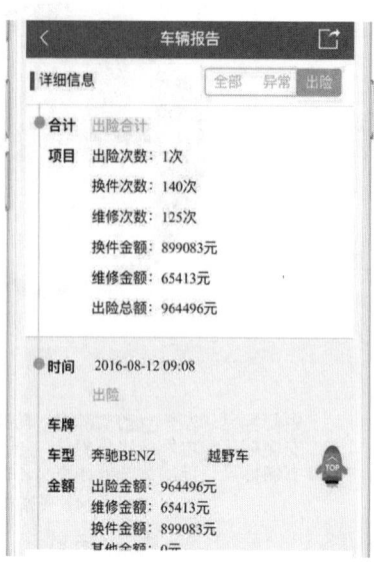

(a) 车辆保养信息显示　　　　　　　　(b) 车辆出险信息查询

图 5-18　二手车的信息查询界面

## 七、零部件编号

汽车零件号是指汽车零部件实物的编号，汽车制造厂家为了制造、管理需要，而编制的产品号和管理号。除普通螺栓、轮胎等通用零部件之外，大部分零件都有相应的编号。

世界上各个汽车生产厂商对零部件的编号都有具体规定。我国汽车工业联合会在 1990 年 1 月 1 日颁布实施的《汽车产品零部件编号规则》规定，一个完整的汽车零部件编号由企业名称代号、组号、分组号、件号、结构区分号、变更经历代号（或者修理件代号）等组成。当前很多零部件在标注零部件编号的同时也标注相应的零部件生产日期，所以，对零部件的生产日期与整车的生产日期进行对比，可以判断零部件的更换情况。

首先可以肯定的是，一辆车的所有零部件的生产日期绝对应该跟整车出厂日期相同或者略有提前，如果零部件的生产日期晚于整车的出厂日期，那么证明这个零部件肯定换过或者不是原车的零部件。在车辆查验过程中，不仅轮胎、玻璃、安全带能够直接通过标识查阅生产日期，部分品牌车型的铝制品部件、塑料部件等同样也利用激光打码或者热印打码的方式标注零部件编号和生产日期等信息。这些内容在二手车勘验时应当多注意积累和总结，如图 5-19 所示。

在车辆实际勘验中，并不是所有的零部件表面都能查到编号信息。如果有编号信息，则是零部件对比的重要依据。

(a) 下摆臂胶套上的零部件编号，日期为2011年5月

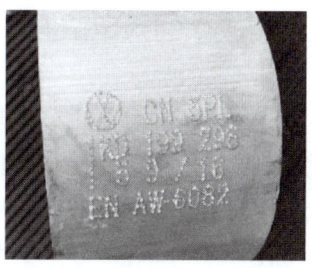
(b) 零部件表面的编号，生产日期2016年5月

(c) 发动机安装支架的出厂日期（2013年4月24日）

(d) 安全带卡扣上的生产日期2012年12月

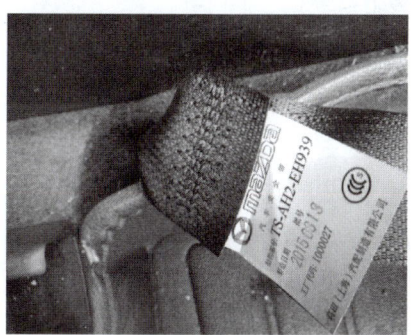
(e) 安全带生产日期标识

(f) 某车离合器踏板生产日期标识

(g) 某日系车散热器生产日期(2009年3月24日)

图 5-19　零部件编号知识

## 八、事故车的判定依据

二手车交易时所指的事故车，并非一般意义上的发生交通事故后的车辆。汽车使用过程中出现轻微刮擦，造成保险杠、车门、翼子板等覆盖件损伤，几乎是不可避免的。这类部件的损伤容易修复，修复后对车辆的驾驶性能和安全性能没有影响，这种情况的车辆评估时不作为事故车处理。

车辆评估行业所说的事故车，是指发生较为严重的事故，造成车辆结构件受损的情况。因为结构件受损后，修复难度大、要求高，即使经过规范的修复，修复后的性能很难达到未发生事故前的状态，同时也会存在汽车驾驶控制性变差，安全性能降低等隐患。这也是很多车主在车辆修理完毕后短时间内即会转让车辆的原因。

国家市场监察管理总局总局与国家标准化委员会在 2013 年联合发布《二手车鉴定评估技术规范》（标准号为 GB/T 30323—2013，以下简称技术规范），规范中对事故车的认定给予一定的说明。相关内容如下：按照图 5-20 及表 5-1 所示 13 个项目检查车身结构。

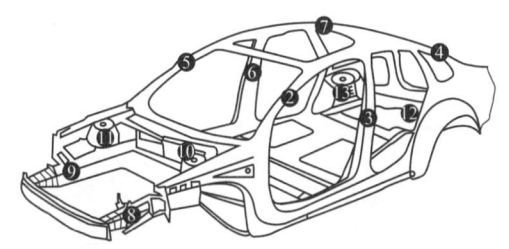

图 5-20 车体结构检查点示意图

表 5-1 车体部位代码表

| 序号 | 检查项目 | 序号 | 检查项目 |
| --- | --- | --- | --- |
| 1 | 车体左右对称性（整体检查） | 8 | 左前纵梁 |
| 2 | 左 A 柱 | 9 | 右前纵梁 |
| 3 | 左 B 柱 | 10 | 左前减振器悬架部位 |
| 4 | 左 C 柱 | 11 | 右前减振器悬架部位 |
| 5 | 右 A 柱 | 12 | 左后减振器悬架部位 |
| 6 | 右 B 柱 | 13 | 右后减振器悬架部位 |
| 7 | 右 C 柱 | | |

该规范建议使用漆面厚度检测设备配合对车体结构部件进行检测；使用车辆结构尺寸检测工具或检测设备对车体左、右对称性进行检测。建议根据表 5-1 和表 5-2 对车体状态进行缺陷描述，即车身部位＋状态，如 4SH，即左 C 柱有烧焊痕迹。当表 5-1 中任何一个检查项目存在表 5-2 中对应的缺陷时，则该车为事故车。

表 5-2 车辆缺陷状态描述对应表

| 代表字母 | BX | NQ | GH | SH | ZZ |
|---|---|---|---|---|---|
| 缺陷描述 | 变形 | 扭曲 | 更换 | 烧焊 | 褶皱 |

在车辆交易过程中，对于散热器框架更换或者有损伤是否为事故车，有时候买卖双方存在争议。有客户卖车，此车前面发生过碰撞，只是伤及散热器框，未伤及纵梁，车商说此车为事故车，贬值不少。之后该客户去某平台买购车，购车后过户时发现散热器框受损，找车辆销售商家讨说法，该销售商家说散热器框架不算结构件，不能算事故车。客户对此疑惑不解。

严格来讲，散热器框架属于发动机舱外围件，通常用薄壁钢板冲压成型，有一定强度，用于安装散热器、冷凝器、风扇等部件的支撑板，甚至有些车辆厂家将散热器框架材料更改为塑料材质。因此对于大多轿车，散热器框架不用于支撑车身或者承载悬架等，不属于承力件，因此也就不属于结构件。

交易过程中对车况的基本要求是发动机、变速器不能拆解，基本框架不能受损，这就是保证汽车安全和质量的基础。如果只是简单的散热器框架及其附件受损，不涉及车辆的纵梁、翼子板支撑等承载悬架和支撑车身轮廓的部件，对车身结构安全及驾驶性能不会产生影响，因此不属于严重事故车的范畴。因此，参考以上规范可以说明，仅散热器框架受损的车辆不能归结为事故车。

## 九、鉴定调表车

二手车鉴定中，公里数在评估权重占有较大比例。例如同一年款、同一配置的上汽大众帕萨特，公里数相差 20 000 km 就可能会有 1 万～2 万元的差价。

部分地区的二手车商家，存在调整车辆里程表数据的行为，隐瞒车辆的真实行驶里程，将使用频度较高的车辆冒充使用频度较少的车辆出售。图 5-21 所示为工作人员在利用仪器调整车辆里程表。

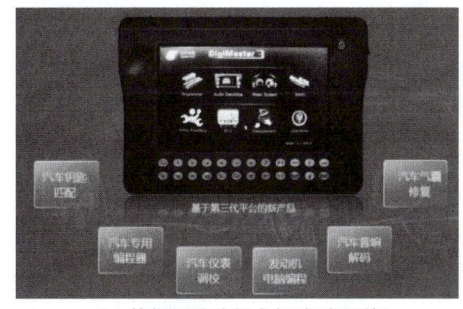
(a) 某仪器的功能介绍(仪表调校)

(b) 操作人员利用仪器调整里程表数据

图 5-21 调整里程表

评估人员在勘验二手车时要注意对此进行有效甄别，一方面可以减少经济上的损失，另一方面也有助于判断车辆的真实状况，以便预判买入后需要进行维修和保养的项目。

有经验的商家会结合二手车的实际车况来调整相对应的公里数，否则很容易被人识破。因此，识别车辆里程是否真实，需要一定的经验和技巧。下面说明快速判断车辆是否调整里程表的逻辑、方法和基本常识。

### 1. 常见的调整里程表车型

一般来说，私家车年正常使用里程数为2万～2.5万km/年，商务用车一般为4万km/年（个别情况下也会更多）。

商务型轿车由于其车型定位和使用性质决定，使用里程要远远大于私家车，例如凯美瑞、雅阁、天籁这样的车型。同时租赁公司、专车企业等也经常使用这样的B级车（中型车），一方面车辆比较经济，另一方面车辆耐用。所以这样的车型流通到二手车市场，调表车的概率特别大。

通常，高档豪华轿车很少调整里程表，因为高档车一般会在专业的汽车4S店进行保养。而且每辆车的原装车钥匙上都装有特定的芯片，通过4S店的专业检测即可读取有关这辆车的详细保养记录和里程信息，因此很少有商家调整高档豪华轿车的里程信息。

所以，多数商家只选择新车售价在50万元以下的中低端车辆进行里程调整。

### 2. 查询维修记录

有条件的情况下，可以通过4S店查询车辆的维修保养记录（一般为有偿查询），也可以通过专业机构进行查询，这是最简单、最直观的方法。这种方法特别适用于年份较新的车，一般这样的车基本都会在4S店完成保养，汽车4S店内的汽车维修和保养记录都可以查询到。但是也有些车辆质保期过后，都会选择非4S店来保养，这时，只能查询到原车主最后一次在4S保养的日期，但仍可以作为年行驶里程的参考依据。

如图5-22所示，某车辆在2015年交易时，里程表显示行驶里程为6万余km，经过调取该车辆的保养记录，到2011年8月份已经行驶将近11万km，2013年10月份却变成了1万多km，显然当前数据为非真实里程。截止到2011年1月份，该车辆两年行驶了8万余km，到2011年8月份时车辆行驶至11万km，平均每年行驶里程约4万km。可据此简单估算在2015年交易时累计行驶里程约30万km。

图5-22　车辆保养记录查询信息截图

## 3. 勘验内饰老化和磨损

对于有经验的验车人员，从内饰的老化程度和磨损程度就可以断定车辆里程的真实性，磨损程度和车辆的行驶里程成正比。如果更换过新内饰要核实更换的原因。

可以想象一下每个人开车时都有自己的姿势习惯，使用时常用力的位置一定会发生磨损，例如转向盘、变速杆、转向灯开关、车门把手、玻璃升降开关、仪表台上各个操作按钮等。如图 5-23 所示，除了这些日常手脚可触及的部件，还可以检查主驾座椅，以及操作踏板的磨损程度，如图 5-24 所示。这些开关和座椅等操作部件的磨损程度都反映了车辆使用的频繁程度，也与车辆行驶里程相对应。

图 5-23　变速杆及转向盘的磨损情况

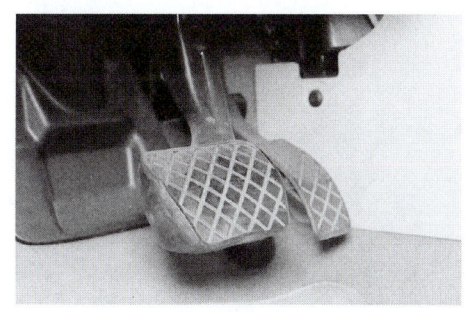
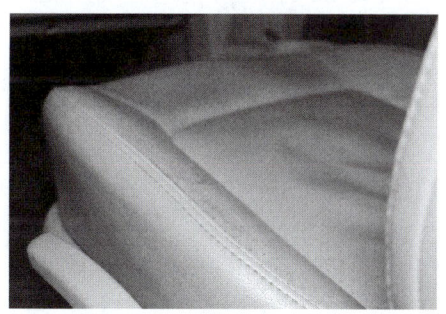

图 5-24　勘验踏板及座椅的磨损情况

## 4. 勘验制动与轮胎

根据汽车构造原理可知，制动盘的磨损程度与行驶里程和驾驶习惯有直接关系。

例如，如图 5-25 所示，车辆仪表显示 61 375 km，内饰比较规整。但前轮的制动盘磨损量很少（可能刚换过不久），后制动盘变薄严重，且沟槽很深。为了进一步验证，可以一并勘验同轴的两轮制动片薄厚，并测量后轮制动盘片的磨损程度。

通常制动盘的更换周期为 100 000 km，且前轮制动盘磨损较后轮严重。该车前轮制动盘基本未磨损，后轮制动盘寿命过半，磨损接近极限，在磨损如此严重情况下的前轮制动盘更不可能较后轮转动盘新，所以前轮制动盘一定更换过，由此基本可以判断实际里程数与里程表不符。

(a) 车辆里程　　　　　　　　(b) 后轮制动盘磨损情况

图 5-25　仪表显示里程与制动盘磨损比对

在勘验制动系统的同时可以勘验轮胎是否有过度磨损或者是否有更换的迹象。通常轮胎的使用寿命都在 8 万 km 左右。

### 5. 查勘发动机舱

行驶里程数越高的车辆，往往发动机磨损越严重，同时还会伴随烧机油、渗油、渗水等现象，以及存在底盘部件老化的迹象，如图 5-26 所示。即使发动机舱经过精心清理，仍然会有些渗漏痕迹存在，如图 5-26a 所示，变速器和减振器有渗油老化现象。另外，在勘验发动机舱时，尤其要注意橡胶件，大到塑料板，小到密封条，发动机长时间运行使得橡胶在高温过程中龟裂、变硬，通常发动机舱橡胶件在使用 7 万～8 万 km 的里程内较少有老化迹象。

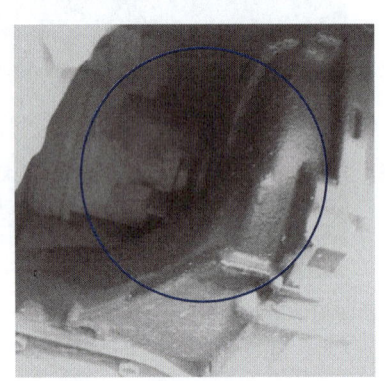 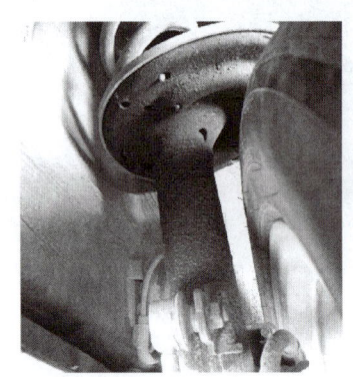

(a) 变速器漏油　　　　　　　　(b) 减振器漏油

图 5-26　检查车辆底部有无大面积漏油

## 🔧 任务实施

### 二手车勘验基础

#### 1. 工作准备

（1）用于勘验的汽车：技术状况良好，配件齐全。

(2）相机或手机等拍照工具、手电。
(3）勘验记录单。
(4）电控系统检测仪、蓄电池检测仪、测厚仪、冰点检测仪。
(5）连接网络的电脑。

2. 实施步骤

(1）将车辆停放在开阔地带。
(2）利用检测仪检测发动机、变速器及各个控系统的故障情况。
(3）检查蓄电池品牌、安装以及当前容量。
(4）检查蓄电池蓄电能力、防冻液冰点、制动液沸点。
(5）尝试查阅试验车辆的维修记录，零部件编号。
(6）勘验内饰及各个开关、手柄、踏板、座椅的磨损情况，发动机舱橡胶件、制动系统及轮胎的磨损情况，核对车辆里程信息与磨损程度的一致性。
(7）勘验发动机舱、驾驶舱、行李舱各处有无更换或者修复痕迹，判断车辆是否为事故车。

拓展视频
事故车的判定依据

3. 注意事项

在查询车辆保养和事故记录时，针对有些车辆保养或事故修复未在 4S 店进行，或者未投保车辆损失险的情况，根据目前的信息普及程度则很难在查询系统中查到。

在判定事故是否为事故车时，有些维修人员把后翼子板出现切割更换，但未伤及车身立柱的情况也称为事故车辆，此种情况虽不属于《二手车鉴定评估技术规范》中标明的事故车，但是对车身的防锈及美观也带来不小的影响。

## 学习小结

熟练使用各种检查工具是能够进行车辆勘验的关键。对比和分析零部件编号显示的生产日期也是判定车辆是否有维修的依据；在不确定车辆事故范围的情况下，查询车辆的维修记录和保养记录也是进一步核实车辆技术状况的有效方法。

## 课后思考

1. 如何读取发动机和其他电控系统的故障码？
2. 对蓄电池的勘验需要关注哪些信息和指标？
3. 制动液沸点和防冻液冰点检查的作用是什么？如何检查？
4. 如何查询车辆的维修保养记录？
5. 车辆经过修复是否就是事故车？事故车的依据有哪些？

## 郑重声明

高等教育出版社依法对本书享有专有出版权。任何未经许可的复制、销售行为均违反《中华人民共和国著作权法》，其行为人将承担相应的民事责任和行政责任；构成犯罪的，将被依法追究刑事责任。为了维护市场秩序，保护读者的合法权益，避免读者误用盗版书造成不良后果，我社将配合行政执法部门和司法机关对违法犯罪的单位和个人进行严厉打击。社会各界人士如发现上述侵权行为，希望及时举报，我社将奖励举报有功人员。

反盗版举报电话　（010）58581999　58582371
反盗版举报邮箱　dd@hep.com.cn
通信地址　北京市西城区德外大街4号　高等教育出版社法律事务部
邮政编码　100120

读者意见反馈

为收集对教材的意见建议，进一步完善教材编写并做好服务工作，读者可将对本教材的意见建议通过如下渠道反馈至我社。

咨询电话　400-810-0598
反馈邮箱　gjdzfwb@pub.hep.cn
通信地址　北京市朝阳区惠新东街4号富盛大厦1座
　　　　　高等教育出版社总编辑办公室
邮政编码　100029